AF372818

HISTORIA DE LA FELICIDAD

(Desde los griegos, hasta la actualidad)

Osvaldo Cifuentes Visconti

Osvaldo Cifuentes Visconti

(Periodista. Trabajó en Radio Portales, el diario Las Ultimas Noticias, en la sección Economía y Negocios de El Mercurio, socio fundador de El Diario Financiero y editor económico de la revista Ercilla)

INDICE

A mi hijo Andrés

COMENCEMOS

El mundo, la vida, no sería lo que es si no fuera en su esencia una permanente dificultad que entorpece nuestro desenvolvimiento. Esta situación   implica que el hombre ha debido desde siempre luchar contra las adversidades, lo cual, a su vez, da cuenta de todos los éxitos y fracasos que jalonan la historia de la humanidad. Es claro que si el hombre no hubiese tenido el acicate que representa el tener que salvar los múltiples y peligrosos escollos que se le presentaban para persistir en su existencia, y no perecer, habría optado, sin más, en en permanecer somnoliento y encantado en el modo de vida que le depararon las suaves, acariciadoras y felices circunstancias. Pero no, las cosas no se presentaron de ese último modo, y no se presentan hoy y no se presentarán jamás, para bien o para mal de la humanidad. Esta es la opinión, no literal, de Emmanuel Kant.

Ahora bien, escollos y adversidades causan en el hombre infelicidad. La   superación de los mismos, felicidad. Esta es, mirado el tema desde la amplia perspectiva de la historia humana conocida, la realidad en la que se ha desenvuelto el devenir mayúsculo y minúsculo de la existencia individual del hombre y de la mujer en la Tierra.

Este libro nació de una forma absolutamente impremeditada. Entre las múltiples lecturas de aficionado a la filosofía surgió un interés especial sobre la felicidad, lo cual dio lugar a notas y resúmenes de la o las ideas sobre el tema de pensadores y literatos conocidos y no tanto, filósofos en su gran mayoría. En el transcurso del tiempo, de los años en realidad, las notas acumuladas alcanzaron tal volumen que saltó sola idea de transformar dicho material en un libro. No obstante, el proyecto sufrió varias postergaciones debido a que siempre surgía la conveniencia de agregar un pensador más.

Este seguimiento de la felicidad a través de las mentes que se cuentan entre las más poderosas que han existido en la historia de la humanidad, comienza con Platón y Aristóteles; sigue con los estoicos, cínicos y epicúreos; hace una breve parada en San Agustín y Santo Tomás; continúa con los principales filósofos occidentales de los siglos XVII, XVIII y XIX, y termina, después de hacer una escala en el oriente, con Ortega y Gasset, Sartre y Heidegger. Desde los tiempos más remotos se descubren las ansias del hombre por alcanzar la felicidad, hecho que por sí solo nos revela que la dicha ha sido siempre un bien escaso. Vivimos constantemente convencidos de que la ventura está a la vuelta de la esquina; que ya nos falta poco para llegar a ella. Y muchas veces, cuando parece que -¡ahora sí!- la tenemos asida del cuello, porque nos compramos al fin, después de años de espera, lo que tanto deseábamos; porque resultó el viaje tan largamente anhelado o porque nos llegó el dinero adeudado o, en fin, porque logramos el aumento salarial o el ascenso prometido, algo pasa que, al poco tiempo, vuelve a nacer en nosotros un dejo de insatisfacción, un vacío que es necesario llenar con otro ansiado logro que está a la espera. Y así en forma indefinida. "Nuestra felicidad, amigo mío, es como el agua en las redes del pescador: tiras de ellas y parecen llenas; las sacas y nada encuentras", dice León Tolstoi en "La Guerra y la paz" a través de uno de sus personajes. Sondeos efectuados en Estados Unidos muestran que la gente es notablemente adaptable tanto a las buenas como a las malas circunstancias. Los que ganan el loto son más felices que el término medio, pero sólo durante uno o dos años después de haber recibido el gran premio. Con el matrimonio y la llegada de los hijos sucede algo similar. Luego de un tiempo de euforia, rápidamente se regresa al nivel inicial. Los aumentos de salarios y las promociones causan efectos aún más transitorios, antes que las personas vuelvan a sumergirse en sus anteriores niveles de felicidad. En la otra cara de la moneda, las desgracias no necesariamente predicen el fin de la dicha. Estos estudios sugieren que la mayoría de las personas se encuentran oscilando alrededor de un eje fijador de la felicidad, lo cual es otra forma de decir lo que en el siglo XIX ya había destacado el filósofo alemán Arturo Schopenhauer, de que el hombre, cada hombre, tiene una capacidad de dolor y de felicidad, más allá de la cual no puede pasar. Otros trabajos de investigación efectuados recientemente indican que sin bien el dinero compra la felicidad, la satisfacción lograda se diluye a medida que las expectativas aumentan y las ganancias de los demás crecen, lo cual genera envidia. Llama la atención que los resultados de las costosas y largas indagaciones que de tiempo en tiempo de presentan a conocimiento del público, no hacen más que repetir y confirmar lo destacado siglos antes por los sabios que se presentan en estas páginas. Aquiles habló así a Príamo en la Iliada (no sé si podemos ir más atrás): "Aunque los dos estamos afligidos, dejemos reposar en el alma las penas, pues triste llanto para nada aprovecha. Los dioses destinaron a los míseros mortales a vivir en la tristeza, y sólo ellos están descuitados. En los umbrales del palacio de Júpiter hay dos toneles de dones que el dios reparte: en unos están los males y en el otro los bienes. Aquel a quien Júpiter, que se complace en lanzar rayos, se los da mezclados, unas veces topa con la desdicha y otras con la buena ventura".

Y Marcel Proust en "Busca del tiempo perdido" dice que "La mayoría de las veces seguimos afanándonos y esperando durante un tiempo. Pero la felicidad nunca puede tener lugar. Si logramos superar, vencer las circunstancia, la naturaleza traslada la lucha de fuera a dentro y poco a poco hace mudarse nuestro corazón lo suficiente   para que desee otra cosa distinta de lo que va a poseer. Y la peripecia ha sido tan rápida que nuestro corazón no ha tenido tiempo de mudar, no por ello pierde la naturaleza su esperanza de vencernos, de un modo tardío, cierto, más sutil, pero también más eficaz. Y es entonces, en el último segundo, cuando nos vemos privados de la posesión de la felicidad, mejor dicho es a esa posesión misma a la que, mediante una treta diabólica, la naturaleza se encarga de destruir la felicidad. Porque habiendo fracasado todo lo que dependía del plano de los hechos y de la vida, es una imposibilidad última, la imposibilidad psicológica de la felicidad, lo que la naturaleza crea. El fenómeno de la felicidad no se produce, o da lugar a reacciones más amargas". "La felicidad -dice en otra parte- nos llega cuando nos hemos vuelto indiferentes a ella"

Es imposible entregar una definición de felicidad que satisfaga a todos. Pero sí se puede señalar algunos requisitos básicos para alcanzarla como, por ejemplo, sacar el yo escondido en nuestro interior, de forma tal de llegar a ser lo que debemos ser. Y eso se logra, según Ortega y Gasset, a través de lo que él llama "un proyecto de vida", que es la realización de nuestra vocación. Nosotros no somos nuestro cuerpo y espíritu, o inteligencia si se quiere; esas son sólo las herramientas con que contamos para estructurar el yo verdadero que se revela en nuestro proyecto de vida. Este es el yo. Por supuesto que se trata de una tarea complicada de llevar a efecto. Múltiples circunstancia adversas se cruzan en el camino para impedir dicho propósito y son pocos los que perseveran hasta alcanzar la meta. La mayoría se rinde ante el primer contratiempo y el resultado es una existencia falsa y vacía, en que el inicio de cada jornada representa un tormento que se acentúa con el correr de los años. La persona, sumida en una profunda frustración, pasa su vida imaginando que, si en vez del camino elegido, hubiese hecho caso al llamado de su real vocación, su vida habría alcanzado niveles de felicidad insospechados. Como ya es tarde, termina convencido que, junto al yo que no pudo ser, quedaron sepultados para siempre sus chances de alcanzar la ventura".

Pero lo desazonador del caso es que aún entre las personas que exhiben una buena situación económica, una familia modelo y un trabajo perfectamente armónico con su vocación, sigue presente un grado de infelicidad. En este caso, para encontrar una respuesta, no tenemos más remedio que acudir a los filósofos que afirman que es una condición ontológica del hombre el ser infeliz; parte de su ser es ser infeliz. Es la metafísica de los pesimistas, cuyo máximo representante es el ya mencionado Schopenhauer.

En el otro extremo de esta posición de hallan dos pensadores firmemente optimistas: el poeta Johann W. Goethe y Bertrand Russell. Aunque también es posible incluir a Ortega y Gasset y a otros pensadores, ninguno se compara a los mencionados. Sin meterse en metafísicas, Goethe y Russell postulan que el hombre puede encontrar la felicidad tan ansiada o algo muy similar a ello, ampliando al máximo su abanico de intereses. Mientras más cosas sean motivo de atracción para la persona, más posibilidades tiene de llevar una vida entretenida. Así, entonces, recomiendan tomar afición por la naturaleza, los hobbies, las bellas artes, la lectura, los trabajos manuales, la jardinería, los amigos, los paseos, los viajes, etcétera.

Luego están los filósofos que señalan que la felicidad depende exclusivamente de aspectos orgánicos, relacionados con la química del cuerpo. La parte negativa y pesimista de esta escuela, es que, según dicen, no está en nuestras manos la posibilidad de interferir en dichos procesos. El cuerpo, nuestro organismo, se maneja solo, en forma independiente a nuestros deseos. Y la otra posición, también con rasgos pesimistas, es la que expone Platón. Este afirma que la felicidad de las personas está determinada, en forma muy importante, por el temperamento, de suerte tal que los caracteres joviales tienen más posibilidades de ser felices que los melancólicos. El hombre jovial, alegre y gracioso por naturaleza, tenderá a enfrentar los reveses de la vida en forma más sabia, con más filosofía, no permitiendo que los sinsabores del diario vivir le amarguen la existencia. La parte desesperanzadora de esta visión está dada por el hecho de que, como es obvio, el ser jovial no depende de nosotros. Pero, Platón no cierra la puerta a la posibilidad de que los individuos que no tuvieron la suerte de nacer joviales lleguen a tener una existencia dichosa. El, al igual que Aristóteles, dice que una persona puede construir una vida feliz haciendo suyas las virtudes de la prudencia, valor, templanza y justicia.

Después, aparecen los que, cansados de leer, estudiar, razonar y discutir sobre la felicidad, se rinden ante la imposibilidad de avanzar y deciden ponerse en manos de la naturaleza. Son los

estoicos, cínicos y epicúreos, que tienen en común la idea de que la vida individual es buena cuando está en armonía con la naturaleza, y que una vida humana sólo está en armonía con la naturaleza cuando la voluntad individual se dirige a un fin que está entre los de la naturaleza. La virtud, en consecuencia, consiste en una voluntad que está de acuerdo con la naturaleza. En la vida de las personas, la virtud es el único bien. Cosas tales como la salud, la felicidad y las propiedades, no cuentan. Y como la virtud reside en la voluntad, las cosas realmente buenas o malas en la vida de un hombre dependen sólo de él mismo. Así, cuando las personas logran desprenderse de los placeres mundanos, alcanzan la libertad perfecta.

Y, por último, llegamos a los que, hartos de los pesares de la existencia, aburridos y cansados de todo, deciden romper por completo las amarras que los mantienen ligados al mundo, a fin de alcanzar el nirvana, en el caso de algunos orientales, o el estado de gracia, en el caso de los santos cristianos. Unos de estos santos, San Francisco, afirmaba que para vivir necesitaba muy poco, y de ese poco, muy poco. Los seguidores de Buda son capaces de vivir varios días sin alimentos. Lo que tienen en común los místicos orientales con los santos cristianos, es el control absoluto de los deseos -del querer sin pausa-, que no dan respiro al hombre y que, en muchos casos, terminan por llevarlo a la ruina. Como veremos, Schopenhauer opina que las personas que alcanzan este estado son los únicos que verdaderamente logran la felicidad aquí en la Tierra. Y si uno toma en serio y por su significado literal lo que nos dicen los santos y budistas, por ejemplo, veremos que el filósofo alemán tiene razón. En efecto, para describir su estado, repiten mucho las palabras "dicha", "goce", "paz", "tranquilidad", "serenidad", "deleite", "incomprensible dulzura" (San Agustín), "amor", "misericordia" y, claro está, "felicidad". Como no tenemos más que creer a estas personas, he ahí, entonces, por fin, el camino a la tan anhelada felicidad. Pero, dirá usted, con saber esto no hemos adelantado mucho, porque a lo difícil que resulta desprenderse radicalmente y para siempre de todos los apetitos (el de la carne a San Agustín le llevó media vida dominarlo, pues cada vez que pedía a Dios continencia, agregaba "pero todavía no"), hay que sumar el intento, tal vez más complicado aún, de decidirse a dejar abandonados a su suerte a todos, absolutamente a todos los familiares y seres queridos. Porque, digamos de paso, se produce en estos individuos una transformación bastante extraña para los simples mortales, y que explica la proeza de dejar atrás a los seres más apreciados, cual es la de empezar a amar a todos por igual: hombres, mujeres, niños, pájaros, perros, gatos y piedras, lo que representa un trago amargo para las esposas, madres, hermanos, hermanas y amigos, pues pasan todos a la categoría de ex.

Una visión sobre el particular no tan drástica, nos la ofrece André Maurois en sus "Memorias". Ahí señala que "las grandes felicidades de mi vida, los breves momentos de éxtasis y de encanto, se presentaron ante mí sólo cuando me liberaba, sea por medio del amor o por el de la caridad, del interés hacia mi propia persona. Borrarse a sí mismo es algo delicioso; en la humildad, cuando es completa y se acepta libremente, radica una prodigiosa seguridad. Ya lo dice Sygne en "L'Otage": 'Me hallo sentado ahora en el asiento menos visible y por tanto no puedo ser depuesto'". Y también dice Maurois: "¿Qué hace falta para ser feliz? Un poco de cielo azul encima de nuestras cabezas, un vientecillo tibio, la paz del espíritu".

Pero hay otra cuestión que surge de la lectura de estos textos, y es la siguiente: ¿Somos las generaciones actuales más o menos felices que nuestros antepasados, sin importar cuanto nos remontemos en el tiempo? ¿Es el chileno de principios del siglo XXI más o menos feliz que el griego del siglo de Pericles, por ejemplo, o del romano de los tiempos de Julio César? Es probable que quien desee responder a estas preguntas se sienta tentado a destacar los espectaculares avances tecnológicos registrados en las últimas dos centurias, que han significado mejoras indudables tanto en nuestro bienestar como en nuestras expectativas de vida. Las posibilidades de viajar más rápido, gracias al avión; de vivir más, gracias a las vacunas; de trabajar mejor y más aceleradamente, gracias a internet; de calentar más eficiente y cómodamente nuestras viviendas, gracias a la electricidad, ¿nos hace más felices que los romanos que no tenían aviones, ni vacunas, ni internet, ni electricidad? Permítaseme destacar un solo hecho. Leyendo a Séneca, sobre los romanos del siglo I después de Cristo y a Montaigne, sobre los franceses de 1.500 años después, descubrimos en ambos pueblos los mismos sinsabores y alegrías que les provocan las mismas circunstancias. Y, si los escritos de Séneca y de Montaigne, los comparamos ahora con las penalidades y dichas que padecemos los chilenos de hoy, nuevamente nos encontramos con sorprendentes semejanzas. Ahí está el padre preocupado por su esposa e hijos; la madre inquieta ante la desordenada vida que llevan sus hijos; el joven agobiado por los estudios; las mismas ansias de riquezas y las mismas frustraciones por la imposibilidad de obtenerlas. Parece ser, entonces, que al menos desde este punto de vista, esto es, de la felicidad o de la falta de la misma, así como de otras instancias de la vida de un sujeto estrechamente ligadas a su ser, no hay variaciones a través del tiempo. Esto explica, por lo demás, que sigan plenas de actualidad las opiniones sobre el particular de Platón, Aristóteles, Séneca, San Agustín, Santo Tomás, Kant, Hegel, Ortega y Gasset y Heidegger, sólo por citar algunos nombres. Todos ellos están hablando sobre el mismo hombre. Si no fuera así, es decir, si el hombre de que nos habla Platón fuera ontológicamente otro que el de hoy, porque cambió a través de los siglos, las ideas del filósofo griego se leerían con el mismo talante con que hoy se revisan los libros de astrología. Pero no; cuando usted revise los extractos de estos filósofos sobre la felicidad, se va a dar cuenta que tienen perfecta validez y vigencia para nosotros, generaciones del siglo XXI.

Ahora, si nos sacamos en traje del filósofo y nos colocamos el del historiador, la cosa cambia sustancialmente. Al historiador no le interesa el hombre de siempre; al revés, fija su lente de aumento en las tierras y las eras que le interesan, para estudiar ahí, en su ambiente, al hombre específico que moraba en ese tiempo. Su meta es detallar su comportamiento y las razones que lo hacían actuar de tal o cual manera. Para ello debe analizar todas las múltiples y complejas circunstancias políticas, económicas, sociales y culturales que lo rodeaban. Determinado de este modo, es claro que el romano de los tiempos de Julio César no va a guardar ninguna semejanza con el francés de Montaigne, ni con el chileno de hoy. Desde este punto de vista, cobra todo su sentido la idea de que el hombre es histórico. Pero es claro que el filósofo no va detrás del hombre histórico, sino de aquello que permanece invariable en él, a pesar de su historia. Sea esto dicho para que usted lea con la misma atención e interés tanto lo que Ortega y Gasset tenga que decirnos sobre la materia, como las reflexiones hechas 100, 500, 1.000, 2.000 o 2.500 años atrás por otros filósofos tan brillantes como el español.

TURISTEO HISTÓRICO

El tema de la felicidad en filosofía es un asunto de características especiales. Salvo los griegos, especialmente Aristóteles y Platón, así como en cierto sentido los estoicos y epicúreos, los filósofos han abordado esta materia siempre de paso, a propósito de cualquier otro tema que tengan en estudio, en calidad de paréntesis y en términos vagos, no obstante que la mayoría está de acuerdo en que se trata de un tema importante. Así y todo, han dejado la impresión de no querer comprometerse con una opinión definitiva. Incluso más, cuando algunos de ellos, cansados de pensar y de dar forma a sus sistemas, deciden darse un respiro, un pequeño descanso a su mente, han optado por escribir sobre la felicidad. Y medio en broma, medio en serio, lanzan algunas ideas, discuten algunos puntos, pero, más que nada, prescriben algunas recetas casi siempre relacionadas con la sabiduría de la vida; esto es, lo que dice la experiencia sobre cómo vivir bien, sin problemas. No más que eso. Y está bien que así sea, puesto que el fin de la metafísica, del estudio del ser, no es la búsqueda de la felicidad, sino dar luces sobre qué sea el hombre y porqué es como es, para después, con este conocimiento en la mano, ir donde él para decirle cómo ser feliz, si acaso es posible. Así, en el prólogo de su libro "La Conquista de la Felicidad", Bertrand Russell advierte que "en las páginas que siguen no se encontrará profunda filosofía ni concienzuda erudición. Mi propósito es hacer algunas observaciones, que me parecen inspiradas por el sentido común". En definitiva, dice Russell, "este libro no se escribe para los cultos ni para quienes creen que no deben hablar sino de problemas prácticos". Pero el caso del filósofo alemán Arturo Schopenhauer es quizás el más cómico a este respecto. El, al igual que Russell y muchos otros grandes pensadores, también escribió un libro sobre cómo encontrar la felicidad, no obstante que su filosofía, la expuesta en su obra máxima "El Mundo como Voluntad y Representación", si algo prueba, es que la felicidad en la Tierra es imposible. El lo reconoce, y a pesar de ser un tipo de muy mal genio, esta vez, en un arresto de buen humor, emprendió la tarea de escribir un libro que, a la postre, lo hizo famoso en vida. Y Ortega y Gasset en su obra "Sobre la Razón Histórica", dice que "el hombre, al esforzarse en ser, al querer ser, lo que busca es ser feliz. Felicidad, esa extraña y nunca bien explicada necesidad fundamental del hombre, consistiría en que lográsemos realizar el programa de vida, el yo que somos. Pero, como la circunstancia nos es negativa, el yo que somos no se realiza nunca suficientemente, el hombre que consiste en tener que ser feliz, al mismo tiempo y siempre es, más o menos, infeliz". Ya ahondaremos más adelante en el pensamiento de Ortega. Lo dicho valga sólo para acentuar la idea de que a los filósofos esto de la felicidad les ha resultado una materia bastante complicada.

Suele decirse que es más feliz, o puede ser más feliz, o encuentra la felicidad, aquel que tiene una vida espiritual más amplia y profunda. Si a una persona le gusta leer, escuchar música, la pintura, la escultura, el arte en general, así como la conversación con amigos, la naturaleza, el mundo familiar y la vida social sin fines de lucro, tiene más posibilidades de ser feliz. ¿Por qué? Porque depende menos de la felicidad que está sujeta a las cosas materiales, o, mejor aún, externas a uno, o, más precisamente todavía, de aquellas cosas que no dominamos y que, en realidad, nos dominan. Si la felicidad de una persona está amarrada a la posesión de cosas, pasa a depender de ellas. Pero se dirá, "yo siento un placer inequívoco en comprarme un auto nuevo, un equipo de música, elementos que también, con toda seguridad, me producen felicidad". Cierto, a todo el mundo; a algunos más a otros menos. El problema es depender ciento por ciento, o más allá de los razonable, de ello, porque la otra característica de esta relación es que se establece con bienes que son, no sólo externos en el sentido de que no los manejamos nosotros, sino efímeros, en cuanto a que su efecto es poco duradero. La felicidad que producen es de corto alcance. La felicidad y el gusto que causa la compra de un auto nuevo dura poco tiempo, y, al cabo de pocas semanas, la voluntad pide más, en un proceso sin límite. El mismo razonamiento vale para la felicidad que se basa en la sensualidad, en el goce de nuestros sentidos. Nunca son suficientes, siempre queremos más, y lo que es peor, en más y mayor intensidad. Un masón le aconseja a Pedro en "La Guerra y la Paz" que "busque la felicidad, no en las pasiones, sino en su corazón. La fuente de la felicidad no está fuera sino en nosotros mismos". Con esto no queremos decir que uno deba apartarse totalmente de estos placeres, sino estar lúcidos de su significado e importancia. Si ellos efectivamente fueran capaces de llevar la felicidad al ser humano, entonces no habría más discusión. Pero está claro que no es así. La infelicidad, pero más claramente aún el tedio, se advierte nítidamente en los rostros de las personas esclavas de sus reclamos sensuales, a las pocas horas de haber satisfecho sus apetitos.

Si el individuo, en cambio, basa su felicidad en el cultivo del espíritu, a través de las distintas manifestaciones artísticas, por ejemplo, o de otras actividades que pueda controlar, ha dado un paso adelante en la ruta de la búsqueda de la felicidad. En su libro "Aforismos sobre el arte de saber vivir", Arturo Schopenhauer señala al respecto que "los goces del hombre común depende de cosas exteriores, fuera de él: las posesiones, el rango, los amigos, la sociedad; en tales cosas se apoya la felicidad de su vida. Por eso se quiebra con su pérdida o cuando lo decepcionan o desengañan. Podríamos decir, para expresar mejor esta relación, que su centro de gravedad descansa fuera de él. Precisamente por esta razón lo asaltan sin cesar multitud de deseos y caprichos. Si sus medios se lo permiten, comprará unas veces casas de campo; otras, caballos; otras, dará fiestas o hará viajes, pero, desde luego, vivirá con gran lujo; y es que buscará su satisfacción en cosas exteriores de cualquier especie. A fin de no pasar inmediatamente al extremo contrario, situemos ahora al lado de este individuo a un hombre dotado de una capacidad intelectual que, sin que llegue a ser eminente, sobrepasa la medida de lo común. Así, veremos a este último cultivar como diletante una de las bellas artes, o dedicarse al estudio de una ciencia como la botánica, la minerología, la física, la astronomía, la historia y hallar en ellas una gran parte de su goce; disfrutar y descansar cuando se agotan aquellas otras fuentes externas o cuando ya no le satisfagan. Podríamos decir, pues, que su centro de gravedad descansa en parte dentro de él. Pero, no obstante, como el mero diletantismo en el arte está aún muy lejos de la facultad creadora, o como las meras ciencias sólo se quedan en la simple relación de unos fenómenos con otros, no surge de ellas el hombre íntegro, ni son capaces de absorber la totalidad de su ser hasta sus fundamentos; en fin, que la existencia de este diletante no se entreteje de tal manera con ellas como para que llegue a perder el interés por todo lo demás. Ello está exclusivamente reservado a la suprema eminencia espiritual que comúnmente se suele caracterizar con el hombre de genio. En efecto, sólo el genio abraza íntegramente la existencia y el ser de las cosas como su propio tema; y luego, según su dirección individual, tiende a expresar la profunda comprensión que ha hecho de ellas, por medio del arte, la poesía o la filosofía. De ahí que sólo para un hombre de esta clase sea el mayor deseo la ocupación permanente consigo mismo, con sus pensamientos y sus obras, que la soledad le sea bienvenida, y el tiempo de ocio, el mayor de los bienes; mientras que todo lo demás le parece prescindible o, cuando lo posee, una carga. Sólo de un hombre tal podemos decir que su centro de gravedad descansa enteramente en él, en sí mismo. Esto nos aclarará, incluso, porqué la escasísima gente de este tipo, aún poseyendo el mejor de los caracteres, no muestre, sin embargo, ese ilimitado interés por los amigos, la familia o la comunidad de que son capaces muchos otros hombres; y es que, en último extremo, tales personas pueden consolarse de todo sólo con poseerse a sí mismas. En individuos de este cariz existe más bien un elemento aislante y no verán en los demás hombres a sus iguales".

Ahora bien, quienes están convencidos de esto tienen que hacer frente a una realidad que, lamentablemente, no se ajusta totalmente a lo dicho. Por ejemplo, nadie puede negar que en los círculos de personas que viven de acuerdo a las normas señaladas -estos últimos mencionados por Schopenhauer-, se encuentran los sujetos más pesimistas, escépticos y desencantados de la vida. "Mi mayor pecado es no haber sido feliz", dijo en una ocasión Borges. Voltaire, descrito por todos los que lo conocieron como un hombre que contagiaba optimismo, escribió que "la felicidad no es más que un sueño; sólo el dolor es real. Hace ochenta años que lo experimento. No sé hacer otra cosa más que resignarme y decir en mi interior que las moscas han nacido para ser devoradas por las arañas y los hombres para ser devorados por los pesares". También dijo Voltaire: "No sé qué es la vida eterna, pero esta vida es una broma pesada".

El poeta musulmán del siglo XI, Abul-Alá al-Maarri, dice: "El cuerpo nada siente cuando el alma ha volado… ¿Sentiría el espíritu, solo y descarnado? Reímos, pero tonta es nuestra risa; llorar amargamente deberíamos, pues pronto cual cristal somos quebrados para no ser jamás remodelados". Y otro poema reza: "La vida es una dolencia cuyo remedio es la muerte… Todos a morir van, el asentado y el errante. La tierra quiere que le den, día tras día, igual que nosotros, su sustento: carne y sangre humana come y bebe".

Abderramán III, figura culminante de la dinastía Omeya en España, declama: "He reinado ya más de 50 años en la victoria y en la paz… Riquezas y honores, poderes y placeres han respondido a mi llamado; no parece haber faltado ninguna bendición terrenal a mi felicidad. En esta situación he contado diligentemente los días de felicidad pura y genuina que me ha tocado en suerte. Han sido catorce. ¡Hombre, no pongas tu confianza en este mundo!".

Aristóteles apuntó que todos los hombres extraordinarios y superiores son melancólicos. En "Problemata" dice este filósofo que "parece que todos aquellos hombres que han sobresalido, ya sea en la filosofía, en la política, en la poesía o en cualquier otras de las bellas artes, fueron melancólicos". El Eclesiastés cree que "el que aumenta su saber aumenta su pena y en mucha sabiduría hay mucho pesar".

Al enterarse que su padre está gravemente enfermo, Mozart –para algunos el más grande genio que ha existido- le escribe lo siguiente: "¡Oigo ahora que estás gravemente enfermo. No necesito decíros cuánto espero recibir algunas noticias reconfortantes enviadas personalmente por vos; y es cierto que lo espero, aunque imaginar lo peor en todas las situaciones se ha convertido en un hábito, puesto que la muerte (estrictamente hablando) es la verdadera meta de nuestras vidas; durante un par de años me he familiarizado de tal modo con esta verdadera y mejor amiga de la humanidad que esta imagen no sólo ha dejado de ser aterradora, sino que es en gran medida reconfortante y consoladora. Y doy gracias a mi Dios porque me ha dado la oportunidad (sé que entendéis lo que digo) de aprender que ella [la muerte] es la llave que abre la puerta a nuestro verdadero estado de felicidad. De noche, nunca me acuesto en la cama sin pensar que quizás (aun siendo, como soy, joven) no viviré para ver el próximo día y, a pesar de ello, ninguno de mis conocidos podrá decir que en mi trato con ellos soy difícil o taciturno".

Por otra parte, y de acuerdo al razonamiento que llevamos hasta aquí, uno podría pensar que las personas más infelices de la tierra se encontrarían entre los incultos campesinos, sin acceso a la pintura, la música, a la literatura, a las artes en una palabra. ¿Es esto cierto? Me temo que no. Creo más bien lo contrario. Pero tampoco creo que sean felices. Más que felicidad hay aquí un grado de insensibilidad o de limitación de espíritu; y es por esto que se ha afirmado demasiado a menudo que el hombre de espíritu de poco vuelo, sin necesidades espirituales, es, en definitiva, el más dichoso, aunque ciertamente nadie envidie esa dicha. En "La Guerra y la Paz", el príncipe Andrés, discutiendo con Pedro, dice: "Hablas de escuelas y enseñanza; es decir, quieres sacar a los pobres –e indicó un mujik que se quitó el gorro al pasar ante ellos- de su existencia animal y proporcionarles necesidades morales. A mi modo de ver, la única felicidad posible es la del animal, y tú los quieres privar de ella. Yo los envidio y tú quieres convertirlos en seres semejantes a mí, pero sin darles mis recursos. Además, tú dices que deseas facilitarles el trabajo, y sospecho que el trabajo físico es una necesidad para ellos, la condición misma de su existencia, como el pensamiento lo es para ti y para mí. Yo me acuesto a las tres de la madrugada, se me ocurren algunas ideas y ya no puedo dejar de pensar, igual que ellos no pueden dejar de labrar ni de segar, pues si no lo hiciesen irían a la taberna y se pondrían enfermos. De la misma manera que yo me resistiría a su duro trabajo corporal y me moriría al cabo de una semana, ellos tampoco soportarían mi ociosidad física y engordarían y se morirían pronto...". Y Nietzsche en su libro "Humano, Demasiado Humano", dice en uno de sus aforismos que "La contemplación de los escenarios de nuestra infancia nos estremece: la glorieta, la iglesia con las tumbas, el estanque y el bosque, la vista de todo esto siempre nos hace sufrir. La compasión de nosotros mismos nos sobrecoge, ¡pues hemos sufrido tanto desde entonces! Y aquí todo sigue subsistiendo tan quieto, tan eterno: sólo nosotros estamos tan cambiados, tan conmovidos; incluso volvemos a encontrar a algunas personas en las que el tiempo no ha hecho más mella que en una encina: campesinos, pescadores, habitantes del bosque, son los mismos. Estremecimiento, autocompasión ante la cultura inferior son signos de cultura superior; de donde resulta que ésta en ningún caso aumenta la felicidad. Quien quiera cosechar felicidad y bienestar en la vida no tiene más que evitar siempre la cultura superior".

"La vida más grata está en la inconsciencia", dice Sófocles en "Ayax". "Lo que hace al hombre sobresaliente melancólico es su extrema sensibilidad frente a las cosas. El tonto no se emociona frente a los hechos que conmueven al inteligente. Existe en el organismo una relación más o menos normal entre la sensibilidad y la irritabilidad, y como el genio se caracteriza por un exceso de fuerza nerviosa, esto es, de sensibilidad, tiende a verse permanentemente afectado por el entorno. Por esto, también, busca la soledad". Tampoco hay que ser un genio hipersensible para experimentar un cuadro semejante. Por ejemplo, ante la tranquilidad de ánimo y de espíritu que proporciona una agradable mañana de sábado en la casa, intente alguien salir a hacer alguna diligencia, a comprar algo a un supermercado, por poner un caso. Si va a pie y no se apura en atravesar una calle, el bocinazo de rigor le deteriorará un tanto sus nervios, los cuales se alterarán un poco más cuando en la esquina y con luz verde a su favor, un auto, que no respetó la línea de detención, le impida el paso. Ya en el supermercado, la música ambiente de un cantante popular lo impulsará a hacer la compra lo más rápido posible. Pero, la cola de la caja lo obligará a permanecer más de lo que usted quisiera en el establecimiento. Mientras espera, medita: "¡Para qué mierda habré salido de la casa, si sabía que todo esto iba a pasar!".

Es claro que uno no puede pretender que existan recetas para encontrar la felicidad, pero sí indicaciones, orientaciones. Cuando Aristóteles dice que lo más importante en el hombre es buscar la felicidad e indica para ello el camino de la virtud, lo que describe en definitiva es al hombre moral, que, dadas sus características, está mejor armado para llevar una existencia prolongadamente dichosa. Porque esto es lo importante. Feliz por un rato somos todos, en cualquier circunstancia, con cualquier educación -alta o baja-, con dinero o con poco dinero, con y sin gusto por el arte. Lo mismo vale para la infelicidad. Esta se encuentra en cualquier parte, en todos los estratos sociales, con los más diversos niveles de cultura.

Así, entonces, si uno lleva una vida ordenada -lo cual significa alejarse de todo aquello que pueda trastornar nuestra existencia-, tiene un buen trabajo, posee los recursos necesarios, se preocupa por mantener una familia unida, permanece alejado de los vicios, sin duda que vamos a llevar una existencia sin sobresaltos y satisfactoria. Lo anterior, claro está, exige fortalecer nuestros nervios, nuestra mente y nuestro físico. A principios del siglo XV el italiano Agnolo Pandolfini escribió un tratado sobre el gobierno de la familia. Allí recomienda a sus hijos alejarse de los cargos públicos, porque tales empleos "hacen necesarios actos de improbidad, crueldad y robo, y expone al que lo ocupa a sospechas, envidias e insultos. Las fuentes de la felicidad del hombre no se hallan en la posición o fama públicas, sino en su esposa e hijos, el éxito económico, la buena reputación y los amigos. El hombre debe casarse con una mujer bastante más joven que él para que se someta a sus enseñanzas y consejos; y debe enseñarle, en los primeros años de matrimonio, las obligaciones de la maternidad y el arte de dirigir un hogar. La vida próspera depende del uso económico y ordenado de la salud, talento, tiempo y dinero: de la salud, por la continencia, ejercicio y una dieta moderada; del talento, por el estudio y la formación de un carácter honrado mediante la religión y el ejemplo; del tiempo, evitando la ociosidad, y del dinero, mediante la rigurosa cuenta y equilibrio de ingresos, gastos y ahorros. El hombre prudente invertirá su dinero ante todo en una granja o fundo, de tal modo que provea a su familia no sólo de una residencia campestre, sino también de grano, vino, aceite, aves de corral, leña y cuantas más cosas necesarias para la vida simple". Lo dicho por Pandolfini se asemeja a la prudencia, virtud que Aristóteles sitúa en la parte racional del alma y que le asigna la más alta importancia, ya que, según él, prepara todos los elementos de nuestra felicidad.

"Lo propio de la prudencia –dice un famoso escrito apócrifo que resume el libro "Moral a Eudemo" del estagirita- es deliberar, discernir el bien y el mal, distinguir siempre en la vida lo que debe buscarse y lo que debe evitarse, usar con discernimiento de todos los bienes que se poseen, escoger las relaciones amistosas, pesar bien las circunstancias, saber hablar y obrar a tiempo y emplear convenientemente todas las cosas que son útiles".

LA FRIVOLIDAD

Pero, ¿es esto la felicidad? ¿Basta con ser prudente para ser feliz? Alguien, con toda razón, podría decir que eso de ser cuidadoso, prudente y justo, virtuoso en una palabra, es lo más parecido al aburrimiento total. ¿Dónde está la emoción? ¿El riesgo? ¿El vértigo? Es claro que los que ponen estas objeciones están entre aquellos que identifican la felicidad con lo material y externo, con la sensualidad y con la agitación sin pausa. Suele producirse una confusión entre el término felicidad, definida como lo hacen estos últimos, con lo que es propiamente la frivolidad. El tipo de vida que resulta de seguir los pasos de aquellos que les atrae el riesgo, el vértigo, etcétera, es más bien lo que se conoce como frivolidad, y una persona de este tipo puede ser tanto feliz como infeliz. El hombre es conducido a la frivolidad por su carácter o por imitación, no importa, y si bien puede llegar a esta situación creyendo que aquí está la felicidad, casi siempre lo hace sin propósito alguno.

Escuchemos a Gilbert Keith Chesterton: "La frivolidad no tiene nada que ver con la felicidad. Actúa en la superficie de las cosas y la superficie es casi siempre áspera y desigual. La persona frívola es aquella incapaz de apreciar en su totalidad el peso y valor de nada. En la práctica no aprecia ni siquiera el peso y el valor de las cosas que, por lo común, son tenidas como frívolas. No disfruta de un cigarro como el chicuelo de la calle disfruta de su cigarro; no disfruta de ballet como el pequeño disfruta del luche". Advierte Chesterton que si "la frivolidad es la carencia de habilidad para comprender la plenitud y el valor de las cosas, debe tener muchas formas además de esa que consiste en la mera veleidad y la búsqueda del placer". Pero las otras formas de que habla este inglés no tienen relación con nuestro tema. Sólo vale la pena señalar que para él el absolutamente frívolo es el político.

Y a propósito del placer, Ortega y Gasset señala en su ensayo "Sobre la Caza" que si bien en toda forma de felicidad hay placer, éste es lo menos de la felicidad. "El placer -dice- es un acontecimiento pasivo, y conviene volver a Aristóteles, para quien era evidente consistir siempre la felicidad en una actuación, en una energía y un esfuerzo. Que este esfuerzo, conforme se va haciendo, segregue placer no es sino un añadido y, si se quiere, uno de los ingredientes que componen la situación".

Luego está el hombre de acción. También, por distintas razones, suele creerse que el hombre de acción es una persona feliz, más que nada porque la gente vislumbra allí un mundo lleno de aventuras y novedades. Ortega y Gasset, en uno de los libros de la colección "El Espectador", dice que Pio Baroja presume la felicidad bajo la fisonomía de la acción. "No es cosa fácil –dice Ortega- fijar el sentido de este vocablo. Pensar puede ser también acción, y, en cambio, no son acción el movimiento y las luchas de los deportes". Luego el filósofo español define acción como "la vida entera de nuestra conciencia cuando está ocupada en la transformación de la realidad. En la vida contemplativa parece más bien que el individuo absorbe ésta dentro de sí, la 'desrrealiza', convirtiéndola en imagen o idea. En la vida de acción, por el contrario, como no intentamos reflejar la realidad, sino alterarla, hemos de entrar nosotros en ella y quedamos absorbidos en su poder, entregados a sus violentos influjos. Para un hombre especulativo y tan descontento como Baroja, ofrece la acción aquel ingrediente forzoso de la felicidad que hallamos en el 'estar fuera de sí'. Es, en efecto, característico de los hombres de acción la carencia de vida interior. Puesto el oído al estruendo forastero, no atienden a los íntimos rumores. Baroja cree que sólo pueden ser felices los capaces, por exceso de energías, de hallar dondequiera pretexto para funcionar vitalmente. La acción por la acción, es el ideal del hombre sano y fuerte, dice Baroja".

El poeta romano Lucrecio, que vivió en el último siglo antes de Cristo, señala que "si los hombres pudiesen conocer el origen de sus desdichas no sufrirían en el ánimo la abrumadora pesadumbre que oprime su pecho. Cada cual procura distraerse y, entre agitaciones y afanes, vive con inquietud, ignora lo que desea, no sabe lo que busca y, como si quisiera librarse de sus propias preocupaciones, incesantemente cambia de sitio, aunque no encuentra el que le sirva para deponer la carga. Uno abandona su palacio suntuoso porque no halla en él la tranquilidad, e inmediatamente regresa porque no se considera lejos de su casa más feliz que en ella; otro corre a una quinta de su propiedad con la precipitación que llevaría si fuera a pagar un incendio, y apenas pasa los umbrales de su nueva residencia se encuentra incómodo y procura, con el sueño, olvidarse de sí mismo, o se vuelve con la misma obligación a su habitual morada. Parece que todos pretenden huir de su propia persona, y, como no lo consiguen, se resignan a sufrir sus ansias y desasosiegos; ninguno conoce las causas de su malestar; pero si cada cual pensara con reposo, dejaría preterida toda clase de vanos empeños y buscaría remedio para su desdicha en la investigación de los fenómenos naturales". La receta de Lucrecio se aviene, claro, con sus inclinaciones.

Bertrand Russell señala que un hombre puede sentirse tan contrariado con el mundo que no busque otras satisfacciones que la distracción y el olvido. "Entonces se convierte en un devoto del placer. Es decir, procura hacer llevadera la vida sintiéndose menos vivo. La embriaguez, por ejemplo, es un suicidio temporal; la felicidad que produce es puramente negativa, es una cesación momentánea de la infelicidad". Russell hace ver que el deseo de excitación es muy profundo en los seres humanos, quienes por esa vía intentan encontrar una respuesta al aburrimiento. Y así, dice, la mitad de los pecados de la humanidad han sido cometidos para huir de él. "Una vida con demasiadas excitaciones –dice Russell-, es una vida agotadora, en la cual son necesarios estímulos cada vez mayores para producir la emoción, que es parte integrante del placer. Una persona acostumbrada a demasiadas excitaciones es como una persona aficionada con exceso a la pimienta, que llega incluso a no notar una cantidad que sofocaría a cualquier otro. El exceso de excitación no sólo mina la salud, sino que insensibiliza el paladar para todo placer, sustituyendo las titilaciones por las profundas satisfacciones orgánicas, el talento por la sabiduría y las alucinaciones por la belleza". Russell advierte, no obstante, que una dosis adecuada de excitación es saludable, y que, como en casi todo, es una cuestión cuantitativa.

En "El Criticón", el jesuita español Baltasar Gracián (1601-1658) señala: "Vulgar desorden entre los hombres hacer [de los fines] medios, y de los medios hacer fines; lo que ha de ser de paso toman de asiento y del camino hacen descanso; comienzan por donde han de acabar, y acaban por el principio. Introdujo la sabia y próvida naturaleza el deleite para que fuese medio de las operaciones de la vida, alivio instrumental de sus más enfadosas funciones; que fue un grande arbitrio para facilitar lo más penoso del vivir. Pero aquí es donde el hombre más se desbarata, pues más bruto que las bestias, degenerando en sí mismo, hace fin del deleite, y de la vida hace medio para el gusto: no come ya para vivir, sino que vive para comer; no descansa para trabajar, sino que no trabaja por dormir; no pretende la propagación de la especie, sino la de su lujuria; no estudia para saberse, sino para desconocerse, ni habla por necesidad, sino por el gusto de la murmuración. De aquí es que todos los vicios han hecho su caudillo al deleite: él es el muñidor de los apetitos, precursor de los antojos, adalid de las pasiones, y el que trae arrastrados los hombres, tirándole a cada uno su deleite". En "Los hermanos Karamázov" el desaforado padre le dice a uno de sus hijos "tengo la intención de vivir en este mundo el mayor tiempo posible; por esto necesito cada uno de mis kópeks, y cuanto más tiempo viva, tanto más los necesitaré. Por ahora aún soy de todos modos un hombre con cincuenta y cinco años en total; quiero aún conservarme unos veinte años en línea varonil, pero me volveré viejo, claro está, me haré repugnante, entonces las mujeres ya no vendrán por buena voluntad; el dinero me hará falta. Ahora voy acumulando cuanto puedo, porque quiero vivir hasta el fin hundido en mis vicios. En medio del vicio la vida es más dulce: todo el mundo lo condena, pero todos viven en él, aunque en secreto, mientras que yo lo hago a la luz del día".

El italiano Elémire Zolla, en su libro "Antropología Negativa", dice: "En general, los medios de la industria cultural son buscados para escapar al aburrimiento, pero precisamente por haber sucumbido a los mismos el aburrimiento crece y pide otro alimento: el aburrimiento se aplaca nutriéndolo, y nutriéndolo, aumenta. Las ignaras víctimas voluntarias podrían vencer su tedio renunciando solamente a los medios con que lo combaten. El ansia por vencer el aburrimiento ataca con armas cada vez más sólidas a su enemiga interna, que se vuelve también ella misma mucho más armada: esta carrera sicológica de armamentos destruye lentamente la vida interior".

El filósofo francés Blaise Pascal, en el libro "Pensamientos", dice que "Nada es tan insoportable para el hombre como estar en pleno reposo, sin pasiones, sin quehacer, sin diversión, sin cuidado. Siente entonces su nada, su abandono, su insuficiencia, su dependencia, su impotencia, su vacío. Al punto saldrá del fondo de su alma el tedio, el entenebrecimiento, la tristeza, el mal humor, el despecho, el desespero". Y agrega Pascal que "Cuando yo me pongo algunas veces a considerar las diversas agitaciones de los hombres, los peligros y los dolores a que ellos se exponen, en la corte, en la guerra, de donde nacen tantas querellas, pasiones, empresas osadas y a menudo malas, etc., descubro que toda la desgracia de los hombres viene de una sola cosa, que es no saber permanecer en reposo en un aposento. Un hombre que tuviera bastante para vivir, si supiera permanecer en su casa con gusto no saldría de ella para viajar por mar o al cerco de una plaza. No busca las conversaciones y las diversiones de los juegos, sino porque no se sabe permanecer en casa con gusto. Pero cuando he pensado más de cerca, y después de haber hallado la causa de todas nuestras desgracias y he querido descubrir la razón de ellas, he visto que hay una bien efectiva, que consiste en la desgracia natural de nuestra condición débil y mortal, y tan miserable que nada nos puede consolar, cuando nosotros pensamos de cerca en ello. Cualquier condición que uno se figure, si se le juntan todos los bienes que pueden pertenecernos, la realeza es el más bello puerto del mundo, y sin embargo, que uno se imagine acompañado de todas las satisfacciones que puedan pertenecerla, si carece de diversión y se le deja considerar y reflexionar sobre lo que es, esa felicidad lánguida, no le sostendrá, y caerá necesariamente en las visiones que le amenazan, las revueltas que pueden acaecer y, en fin, la muerte y las enfermedades, que son inevitables; de suerte que si no tiene lo que se llama diversión, he ahí que es más desgraciado, y más desgraciado que el menor de sus súbditos, que juega y que se divierte. De ahí que el juego y la conversación de las mujeres, la guerra, los grandes empleos son tan solicitados. No es que ahí esté, en efecto, la felicidad, ni que uno se imagine que la verdadera beatitud está en tener dinero que se pueda ganar al juego, o en la liebre que se corre; uno no la querría si le fuese ofrecido. No es este uso muelle y apacible, y que nos permite pensar en nuestra desgraciada condición, lo que se busca, ni los peligros de la guerra y el trabajo de los empleos, sino el tráfago que nos aparta de pensar en ello y nos divierte. De ahí viene que los hombres amen tanto el ruido y el removimiento; de ahí viene que la prisión es un suplicio tan horrible; de ahí viene que el placer de la soledad es una cosa incomprensible. Y es, en fin, el mayor motivo de felicidad de la condición de los reyes el que se ensaye sin cesar el divertirlos y procurarles toda clase de placeres. El rey —agrega Pascal— está rodeado de gentes que no piensan más que en divertir al rey e impedirle pensar en él mismo. Porque es desgraciado todo el que es rey si piensa en ello. He ahí todo lo que los hombres han podido inventar para hacerse dichosos. Y los que hacen en esto de filósofos y creen que el mundo es bien poco razonable en pasarse todo el día corriendo tras una liebre, que ellos no querrían haber comprado, no conocen apenas nuestra naturaleza. Esta liebre no nos garantiza de la visión de la muerte y de las miserias; pero la caza -que nos aparta de ello-, sí nos lo garantiza. Y así, cuando se les reprocha que lo que ellos buscan con tanto ardor no podría satisfacerles, si ellos respondieran como debían hacerlo si pensasen bien, que no buscan en esto más que una ocupación violenta e impetuosa que los aparte de pensar en sí, y que por eso se proponen un objeto atrayente que los encante y los atraiga con ardor, dejarían a sus adversarios sin réplica. Pero ellos no responden así porque no se conocen a sí mismos. No saben que no es más que la caza, y no la presa, lo que ellos buscan. Si imaginan que si hubiesen obtenido aquel cargo reposarían en seguida con placer, y no sienten la insaciable naturaleza de la codicia. Creen buscar sinceramente el reposo y no buscan, en efecto, sino la agitación. Tienen un instinto secreto que les lleva a buscar la diversión y la ocupación hacia fuera, que proviene del resentimiento de sus miserias continuas; y tienen otro instinto secreto que subsiste de la grandeza de nuestra naturaleza primera, que les hace conocer que la felicidad no está, en efecto, sino en el reposo y no en el tumulto; y de estos dos instintos contrarios se forma en ellos un plan confuso, que se oculta a la vista en el fondo de su alma, que les lleva a tender al reposo por la agitación y a figurarse siempre que la satisfacción que no tienen les llegará si, venciendo algunas dificultades que consideran, puede abrirse por allí la puerta al reposo".

Antes de seguir con Pascal, digamos que estamos frente un hombre muy religioso, que durante toda su corta vida padeció graves y dolorosos problemas de salud. Saltó a la fama primero como hombre de ciencia y luego como hábil polemista cuando, desde Port-Royal, la fortaleza jansenista, lanzó, a través de sus Cartas Provinciales, un duro ataque contra la casuística de los jesuitas. Heredero de una gran fortuna, en los pocos años que disfrutó de buena salud se entregó al juego y a las bellas mujeres. En un accidente en que casi pierde la vida, dijo haber tenido una visión de Dios. Luego se convirtió en miembro de la comunidad semi protestante de Port-Royal. Los "Pensamientos" fueron publicados después de su muerte y seriamente censurados por temor a que sus reflexiones llevarán más al escepticismo que a la piedad. Sólo en el siglo XIX se publicó el texto completo. "Así -indica Pascal- se pasa la vida. Se busca el reposo combatiendo contra algunos obstáculos, y si se les ha vencido, el reposo se hace insoportable; porque, o se piensa en las miserias que se padecen o en las que nos amenazan. Y aun cuando uno se viera bastante al abrigo por todos lados, el tedio, privado de su autoridad, no dejaría de salir del fondo del corazón, donde tiene raíces naturales, y de llenar el espíritu con su veneno. Así el hombre es tan desgraciado que se enfadaría aun sin motivo alguno de enfado, por el estado propio de su complexión; y es tan vano que, estando lleno de mil causas esenciales de tedio, la menor cosa, como un billar y una pelota que él lance, basta para divertirle. Pero, diréis, ¿qué fin lleva él en todo esto? El de alabarse mañana entre sus amigos de que ha jugado mejor que otros. Así, otros sudan en su gabinete para manifestar a los sabios que ellos han resuelto una cuestión de álgebra que no se había podido resolver hasta aquí, y tantos otros se exponen a peligros extremos por alabarse en seguida de una plaza que han tomado, y también neciamente, a mi parecer; y en fin, otros se matan por observar todas estas cosas, no por venir a ser más sabios, sino solamente por mostrar que ellos las saben, y en eso son los más necios de la banda, porque lo son con conocimiento, en vez de los otros que se puede pensar que no lo serían si tuviesen este conocimiento".

"Tal hombre pasa su vida sin tedio, jugando todos los días alguna cosa. Dadle todas las mañanas el dinero que pueda ganar cada día, con la obligación de que no juegue nada, y le habréis hecho desgraciado. Se dirá, quizá, que lo que él busca es la distracción del juego, y no la ganancia. Hacedle, pues, jugar por nada, y el no se apasionará, se aburrirá. No es, por consiguiente, sólo la distracción lo que él busca: una distracción lánguida y sin pasión le aburrirá. Es preciso que se enardezca él mismo, que se haga él mismo el reclamo, imaginándose que será dichoso en ganar lo que no quería que se le diera a condición de no jugar, a fin de formarse un objeto de pasión, y se excite su deseo sobre ello, su cólera, su temor, por el objeto que él se ha formado, como los niños que se asustan de la cara que han pintorreado. ¿De qué viene que ese hombre que ha perdido hace pocos meses a su hijo único, y abrumado de procesos y querellas, estaba esta mañana tan turbado, no piense ahora más en ello? No os sorprendáis: está ocupado del todo en ver por dónde pasará ese jabalí que los perros persiguen con tanto ardor desde hace seis horas. No se necesita más. El hombre, por lleno de tristezas que esté, si se puede conseguir de él hacerlo entrar en alguna diversión, vedlo ahí dichoso durante ese tiempo, y el hombre, por dichoso que sea, si no está distraído y ocupado por alguna pasión o alguna distracción que impida al tedio invadirle, será bien pronto triste y desgraciado. Sin diversión no hay alegría, con diversión no hay tristeza. Y es esto también lo que hace la felicidad de las personas de condición elevada que disponen de un número de personas que las diviertan, y que puedan mantenerse en este estado. Prestad atención. ¿Qué otra cosa es ser superintendente, canciller, primer presidente, sino estar en una condición en la que se tiene desde la mañana un gran número de gentes que vienen de todos lados, para no dejarles pasar una hora en el día en que puedan pensar en sí mismos? Y cuando están en desgracia y se los despide a sus casas de campo, donde no les faltan bienes, ni domésticos para asistirles en sus necesidades, no dejan por eso de ser miserables y abandonados porque nadie les impide pensar en sí mismos".

"¿La dignidad real no es bastante grande por sí misma para el que la posee, para hacerle dichoso sólo con verse lo que es? ¿Será preciso distraerle de este pensamiento como el común de las gentes? Yo bien veo que es hacer a un hombre dichoso divertirlo de la visión de sus miserias domésticas para ocupar todos sus pensamientos con el cuidado de danzar bien. ¿Pero será lo mismo de un rey, y será más feliz entregándose a estos vanos entretenimientos, en vez de mirar a su grandeza? ¿Y qué objeto más satisfactorio podría darse a su espíritu? ¿No sería, por consiguiente, perjudicar a su alegría ocupar su alma pensando en ajustar sus pasos a la cadencia de un aria, o en colocar diestramente una pelota, en vez de regocijarse tranquilamente en la contemplación de la gloria majestuosa que lo rodea? Hágase la prueba: déjese a un rey completamente solo, sin ninguna satisfacción en sus sentidos, sin ningún cuidado de espíritu, sin compañía, pensar en sí mismo cómodamente, y se verá que un rey sin diversión es un hombre lleno de miserias".

"También se evita esto cuidadosamente, y no falta jamás cerca de

las personas de los reyes un gran número de gentes que velan por
la sucesión de las diversiones, y observan todo el tiempo de sus
ocios para proveerle de placeres y de juegos, de suerte que no
tenga ningún vacío; es decir, que están rodeados de personas que
tienen un cuidado maravilloso de atender a que el rey no esté solo
y en situación de pensar en sí mismo, sabiendo bien que será
miserable, por rey que sea, si piensa en él".

Más adelante Pascal hace ver que "se encarga a los hombres desde
la infancia del cuidado de su honor, de su bien, de sus amigos, y
hasta del bien y del honor de sus amigos. Se les abruma de
quehaceres, del aprendizaje de las lenguas y de ejercicios, y se les
hace entender que no podrían ser dichosos sin que su salud, su
honor, su fortuna y la de sus amigos estén en buen estado, y que
una sola cosa que falte les volverá desgraciados. Así se les da
cargos y quehaceres que les hacen afanar desde que apunta en día,
¡He ahí, diréis, una manera extraña de hacerlos dichosos! ¿Qué
cosa mejor se podría hacer para volverlos desgraciados? ¡Cómo!
¿Qué se podría hacer? Quitarles todos sus cuidados, porque
entonces se verían a sí mismos, pensarían en lo que son, de dónde
vienen y adónde van; y así no se puede ocuparlos y desviarlos. Es
porque después de tanto prevenirles de quehaceres, si tienen algún
tiempo de descanso se les aconseja emplearlo en divertirse, en
jugar, y en ocuparse siempre del todo. ¡Qué hueco y lleno de
suciedad es el corazón del hombre!".

Pascal dice que si bien el hombre está visiblemente hechos para
pensar, no comienza por sí y su fin, "sino en danzar, tocar el laúd,
cantar, hacer versos, correr la sortija, batirse, hacerse rey, sin
pensar en lo que es ser rey y ser hombre. Quitadles (a los hombre)
su diversión y los veréis secarse de tedio; sienten entonces su nada,
sin conocerla: es ser bien desgraciado entrar en una tristeza
insoportable tan pronto como se ve reducido a considerarse a sí

mismo y a no estar divertido. Si nuestra condición fuera
verdaderamente dichosa no nos sería preciso distraernos de pensar
en ella para hacernos dichosos. No habiendo podido los hombre
curar la muerte, la miseria, la ignorancia, han imaginado, para
volverse dichosos, no pensar en ello. Si el hombre fuera dichoso, lo
sería tanto más cuanto menos divertido, como los santos y Dios. Sí,
¿pero no es ser dichoso poder ser regocijado con la diversión? No,
porque vienen de otra parte, y de fuera; y así es dependiente, y por
tanto, sujeto a ser turbado por mil accidentes que hacen inevitables
las aflicciones. La única cosa que nos consuela de nuestras
miserias es la diversión, y sin embargo, es la mayor de nuestras
miserias; porque es ésa la que nos impide principalmente pensar en
nosotros, y que hace perder insensiblemente. Sin ésa, estaríamos en
el tedio, y este tedio nos impulsaría a buscar el medio más sólido
de salir de él. Pero la diversión nos entretiene y nos hace llegar
insensiblemente a la muerte".

"Todos los hombres buscan un modo de ser dichosos: esto, sin
excepción; por diferente que sean los medios que ellos emplean,
tienden todos al mismo fin. Lo que hace que los unos vayan a la
guerra y los otros no vayan, es el mismo deseo, que está en unos y
en otros, acompañado de diferentes modos de ver. La voluntad no
hace jamás el menor movimiento sino hacia ese fin. Ese es el
motivo de todas las acciones de los hombres, hasta de los que
quieren perderse. Y, sin embargo, después de un número tan grande
de años, jamás nadie, sin la fe, ha llegado a ese punto hacia el cual
todos miran continuamente. Todos se quejan: príncipes, súbditos;
nobles, plebeyos; viejos, jóvenes; fuertes, débiles; sabios,
ignorantes; sanos, enfermos; de todos los países, de todos los
tiempos, de todas las edades, de todas las condiciones. Una prueba
tan larga, tan continua, tan uniforme, debería, sin duda,
convencernos de nuestra impotencia para alcanzar el bien por
nuestros propios esfuerzos; pero el ejemplo nos instruye poco. No

hay uno tan perfectamente semejante nunca que no presente alguna delicada diferencia; y por eso confiamos que nuestra esperanza no será fallida en esta ocasión como en la otra. Y así, el presente no nos satisface jamás, la experiencia nos engaña, y de desgracia en desgracia nos conduce hasta la muerte, que es el sumo eternal. ¿Qué es, por tanto, lo que nos pregona esta avidez y esta ansiedad, sino que ha habido, en otro tiempo, en el hombre una verdadera felicidad, de la cual no le resta ahora sino la señal y la traza, del todo vacía, y que él ha ensayado inútilmente de llenar con todo lo que le rodea, buscando en las cosas ausentes el socorro que no obtiene de las presentes, aunque de ello son incapaces unas y otras, porque el abismo infinito no puede ser llenado sino por un objeto infinito e inmutable, es decir, por Dios mismo?".

"Estamos llenos de cosas que nos lanzan hacia fuera de nosotros. Nuestro instinto nos hace sentir que es preciso buscar nuestra felicidad fuera de nosotros. Nuestras pasiones nos impulsan hacia el exterior, aun cuando no se les ofrezcan los objetos que las excitan. Los objetos exteriores nos tientan ellos mismos y nos llaman, aunque no pensemos en ellos. Y así los filósofos han dicho bien: 'Retiraos dentro de vosotros mismos y hallaréis allí vuestro bien'. Y no se los cree; y los que lo creen son los más vacíos y los más tontos. Los estoicos dicen: 'Entrad dentro de vosotros mismos; allí es donde hallaréis vuestro descanso'. Y esto no es verdad. Los otros dicen: 'Salid de vosotros: buscad la felicidad en la diversión'. Y esto no es verdad. Las enfermedades vienen. La felicidad no está ni dentro ni fuera de nosotros: está en Dios, fuera y dentro de nosotros".

Pascal representa en forma particularmente aguzada la tendencia natural del catolicismo y del cristianismo a considerar la vida, este fugaz paso por la Tierra, como un tormento sin límite ni fin, que el creyente soporta estoico con el convencimiento de que con la muerte comenzará un ciclo interminable de felicidad. "No hace falta tener el alma muy elevada para comprender que no hay aquí satisfacción verdadera y sólida, que todos nuestros placeres no son más que vanidad, que nuestros males son infinitos y, en fin, la muerte, que nos amenaza a cada instante, debe infaliblemente ponernos en pocos años en la horrible necesidad de ser eternamente anonadados (si creemos en Dios) o desgraciados. No hay nada más real ni más terrible que esto. Hagámonos todo lo valientes que queramos: he ahí el fin que le espera a la más bella vida del mundo. Reflexiónense sobre lo dicho y dígase después si no es indudable que no hay más bien en esta vida que la esperanza en otra vida, que no se es dichoso sino a medida que se acerca, y que como no habrá más desgracias para los que tengan entera seguridad de la eternidad, no hay tampoco dicha para los que no tienen luz alguna acerca de ella".

Pascal se figura la condición de los hombre de la siguiente manera: "Imagínese una porción de hombres encadenados, y todos condenados a muerte, siendo ahorcados cada día los unos a vista de los otros, viendo los que quedan su propia condición en la de sus semejantes, y mirándose los unos a los otros con dolor y sin esperanzas, aguardando su turno".

Entre las ideas que desarrolla Pascal, hay una que destaca sobremanera: La que se refiere a lo difícil que le es a las personas mantenerse ensimismadas. El hecho de que no soportan por mucho tiempo encontrarse sumidas en su propio ser, porque más tarde o más temprano los invade el aburrimiento, el tedio, que los empuja a buscar en el mundo distracciones de cualquier tipo. Es como si los creadores del celular hubiesen sabido esto que Pascal anunció siglos antes. Que este aparatito era la solución del problema. Estoy solo, no hallo qué hacer. Bueno, saco el celular del bolsillo y la vida vuelve a tener sentido. Es como abrir las ventanas de una pieza que se encontraba sumida en las tinieblas. Bendito celular, remedio para nuestro ser menesteroso de nosotros mismos.

Del aburrimiento, del tedio, de eso estábamos hablando y a ese apropósito citamos a Pascal. Sigamos ahora con Schopenhauer. De la torpeza intelectual surge, a juicio de este filósofo (Aforismos sobre "El Arte de Saber Vivir"), "aquel vacío interior impreso en multitud de semblantes, traicionado asimismo por prestar una constante y tensa atención a todo, incluso a los más mínimos acontecimientos del mundo exterior; este es el verdadero manantial del aburrimiento, que ansía sin cesar estímulos exteriores a fin de movilizar la mente y el ánimo por medio de cualquier cosa. De ahí que no sea muy escrupulosa la elección de tales estímulos; bastará observar las deplorables distracciones a las que se ve recurrir a tantos individuos, lo mismo que la índole de sus compañías y sus conversaciones. Principalmente es de este vacío interior de donde surge el afán de sociedad, distracciones, placeres y lujos de todas clases que a tantos lleva al despilfarro y acaba por reducirlos a la miseria".

LA VIRTUD

Una vida feliz, dice Russell, debe ser en una gran extensión una vida tranquila, "porque sólo en una atmósfera de quietud puede vivir la verdadera alegría". ¿Debemos suponer, entonces, que los beneficios de una vida ordenada es a lo que más puede aspirar un hombre? No es la felicidad que soñamos todos nosotros, de acuerdo, pero es la forma más segura de mantenerse alejado de la infelicidad. Por esto Aristóteles indica que la prudencia y las virtudes en general son las que ayudan a llevar una vida más feliz. Y claro, la prudencia y las virtudes no están entre las propiedades de un hombre de mundo, que anda por la vida de aventura en aventura, de romance en romance, en un viaje turístico permanente, sin ataduras, con el dinero suficiente en los bolsillos, provocando, en suma, la envidia de medio mundo.

Escuchemos ahora a Platón. En "La República" señala que "cuando el deseo de placeres se sacia sin caer en excesos, cuando el coraje actúa de consuno con la razón, y la razón, a su vez, discierne adecuadamente los fines que debe perseguir el individuo, la justicia reina en el ser humano individual como resultado de la presencia simultánea de las virtudes o excelencias correspondientes a ese ordenado ejercicio de las tres facultades del alma: templanza, fortaleza y prudencia. Y ese estado, que corresponde al perfecto equilibrio anímico, se identifica con la felicidad, metafóricamente designada como salud del alma".

También en este libro Platón señala que la justicia o la virtud, puesto que para este filósofo la justicia viene a ser la suma de todas las virtudes, se identifica con la felicidad. Otra argumentación a favor de la relación justicia-felicidad se deriva de "la estructura triforme del alma, por la que se ofrecen al individuo tres fuentes de placer: las riquezas, que sacien la apetetividad; la gloria, que sacia el orgullo, y el saber, que sacia el intelecto. Estos tres tipos de placeres están escalonados. Así, se puede disfrutar de las riquezas sin conocer el placer procurado por la gloria o por la ciencia; se puede también disfrutar de la gloria sin tener capacidad de disfrute intelectual, pero es imposible tener esta última sin haber experimentado los placeres de niveles inferiores, que son como otros tantos escalones para ascender a ella. Luego, el filósofo, que como tal es el prototipo del hombre justo, es el único que conoce todos los placeres de que es capaz el ser humano, sin que los de orden inferior le hayan privado de disfrutar los superiores. Luego el hombre justo es el más feliz".

Otra forma de decir lo mismo, según Platón, es señalar que el hombre justo es aquel que ha recorrido todas las etapas de la alegoría de la caverna. El hombre corriente, encadenado por las preocupaciones de la vida, se libera progresivamente del mundo de las sombras para ascender al mundo real, que corresponde al del intelecto. Platón ahonda en el tema indicando que el justo, al guiarse por el criterio racional, goza realmente de las tres clases de placeres correspondientes a las tres especies de alma, pues éstas se aplican a su objeto propio. El injusto, en cambio, al guiarse por la especie inferior, invierte las funciones de todas las facultades anímicas y destruye así toda posibilidad de disfrute real, no sólo intelectivo, sino también sensitivo, pues a lo sumo disfrutará de los intervalos de calma que se producen en el movimiento de sus deseos perennemente insatisfechos, argumento que desarrollará siglos después Schopenhauer. Platón llega incluso a cuantificar el intervalo, en términos de felicidad, que separa el estado anímico del sabio respecto del tiránico: aplicando el número tres como base, obtiene mediante sucesivas potenciaciones la cifra de 729, que es, según el filósofo, el número de veces que el filósofo es más feliz que el tirano.

En los libros Las Leyes y La República, Platón opina –sin
profundizar sobre el particular- que la felicidad está muy
determinada por el carácter de las personas. Así, los sujetos
poseedores de un espíritu jovial, alegre, están naturalmente mejor
dotados para enfrentar los reveses de la existencia que, por
ejemplo, los individuos con talante amargo, triste o pesimista.
"Con cordura y buen humor –dice el anciano Céfalo a Sócrates en
La República- la vejez es soportable; pero con un carácter opuesto,
lo mismo la vejez que la juventud, son desgraciadas".

Pero, como sabemos, Platón, al igual que Aristóteles, es de la idea
de que es posible lograr la mayor felicidad posible a través de
ciertas reglas de conducta, afirmación que se propone probar,
después de sostener una discusión con Trasímaco –en el libro "La
República"-, quien afirma que la injusticia acarrea más beneficios
que la justicia. Platón, en cambio, postula que el hombre justo es el
único capaz de encontrar la felicidad. Y comienza un diálogo con
Trasímaco. Pregunta Sócrates:

-¿No tiene el alma su función, que ninguna otra cosa que no sea
ella puede realizar, como hacerse cargo, gobernar, deliberar, y así
lo demás? ¿Pueden atribuirse estas funciones a otra cosa que al
alma? ¿No tenemos el derecho para decir que son propias de ella?

-De ninguna otras cosa.

-Vivir, ¿no es una de las funciones del alma?

-Ciertamente.

-El alma, ¿no tiene también una virtud particular?

-Eso diremos.

-El alma, privada de su propia virtud, ¿acaso podrá, Trasímaco,
desempeñar bien sus funciones o bien le resultará imposible?

-Imposible.

-Luego es una necesidad que el alma mala se haga cargo y gobierne mal; por el contrario, que la que es buena haga bien todas esas cosas.

-Es necesario.

-Pero ¿no estamos de acuerdo en que la justicia es una virtud y la injusticia un vicio del alma?

-Sí. Nos pusimos de acuerdo en eso.

-Por consiguiente, el alma justa y el hombre justo vivirán bien, y el hombre injusto vivirá mal.

-Así debe suceder, conforme tú dices– asintió.

-Pero, el que vive bien es dichoso; el que vive mal, lo contrario.

-¿Cómo no?

-Luego el justo es dichoso y el injusto desgraciado.

-Sea, dijo.

-Pero no es ventajoso ser desgraciado; lo es, por el contrario, el ser dichoso.

-¿Quién te dice que no?

-Luego jamás, bendito Trasímaco, será la injusticia más provechosa que la justicia".

Más adelante, en una conversación con Glaucón –siempre en La República-, Sócrates dice que los que quieren ser verdaderamente dichosos deben amar los bienes que deseamos por ellos mismos y por sus resultados, como, por ejemplo, la inteligencia, la vista y la salud. "La sabiduría y la virtud son las riquezas que constituyen la verdadera felicidad", señala Sócrates. Y en otra parte indica que:

(…) -Entre los deseos y los placeres superfluos los hay que son ilegítimos. Estos deseos nacen en el alma de todos los hombres; pero en unos, reprimidos por las leyes o por otros deseos mejores, se desvanecen enteramente, gracias a la razón, o son débiles o pocos en número, mientras que en otros, por el contrario, estos deseos son más numerosos y, al mismo tiempo, más fuertes.

-¿De qué deseos hablas? –preguntó Glaucón.

-Hablo de los que se despiertan durante el sueño; cuando esta parte del alma, que es racional, pacífica y a propósito para mandar, está como dormida, y la parte animal y feroz, excitada por el vino y por la buena comida, se rebela y, rechazando el sueño, intenta escaparse y satisfacer sus apetitos. Sabes que en tales momentos esta parte del alma a todo se atreve, como si se hubiese liberado violentamente de todas las leyes de la conveniencia y del pudor; no se contiene, en su fantasía, de cohabitar con su madre ni con ningún otro ser humano, divino o bestial. Ningún asesinato, ningún alimento indigno le causa horror; en una palabra, no hay acción, por extravagante y por infame que sea, que no esté pronta a ejecutar.

-Dices gran verdad, convino.

-Pero, cuando un hombre observa una conducta sobria y arreglada; cuando antes de entregarse al sueño reanima la antorcha de su razón, alimentándola con reflexiones saludables, conversando consigo mismo; cuando, sin saciar a la parte animal, le concede lo que no puede rehusarse, para que se tranquilice y no turbe con su alegría o su tristeza la parte inteligente del alma, sino, antes bien, la deje en su propio ser y pura naturaleza, para continuar en sus observaciones sobre lo que ignore de su pasado, de lo presente y de lo venidero; cuando este hombre, apaciguada así la parte en que reside la fogosidad, se acuesta tranquilo y sin resentimiento contra nadie; en fin, cuando, mientras las otras dos partes están quietas, pone en movimiento aquella tercera en la que reside el juicio, entonces ve más fácilmente la verdad y no se siente turbado por fantasmas impuros y sueños criminales".

Más adelante, afirma que "el más dichoso de todos los hombres es el más justo y más virtuoso, es decir, el que reina sobre sí mismo...". Platón, asimismo, divide el alma del hombre en tres partes:

-Lo primero es aquello por lo que el hombre comprende; lo segundo es aquellos por lo que el hombre se irrita; lo tercero tiene demasiadas formas para que pueda ser comprendido bajo un nombre particular; pero ya lo hemos designado por lo más notable y por lo que más predomina. Lo hemos llamado concupiscible a causa de la violencia de los deseos que nos arrastran a comer, beber, al amor y a los demás placeres de los sentidos; y lo hemos llamado amigo de las riquezas, porque el dinero es el medio más eficaz para satisfacer esta clase de deseos.

-Razón hemos tenido para ello- dijo Glaucón.

-Si añadiésemos que el placer y querencia propios de esta facultad es el lucro, ¿no sería fijar la idea y designarla con toda claridad? ¿Qué otro nombre, en verdad, puede convenirle mejor que el de amor a las riquezas y el lucro?

-Bien me parece– dijo.

-Y la parte irascible, ¿no nos arrastra de manera total y constante a la dominación, a la victoria y a la gloria?

-Muy cierto.

-Luego podemos con razón llamarla arrogante y ambiciosa.

-Le conviene perfectamente.

-En cuanto a la parte que comprende, es evidente que tiende sin cesar y por completo a conocer la verdad, tal cual es, importándole bien poco las riquezas y la gloria.

-Es cierto.

-¿No tendremos, por lo tanto, razón para llamarla filosófica amiga de la instrucción?

-¿Cómo no?

-No es cierto, igualmente que, según el caso, unas veces domina este elemento recién nombrado, otras veces uno de los otros dos.

-Así es –dijo.

-Por eso, ¿diremos que hay tres principales caracteres entre los hombres, que son: el filosófico, el ambicioso y el avaro? ¿Y tres especies de placeres radicados en ellos? Si preguntaras a cada uno de estos hombres en particular: "¿Cuál es la vida más dichosa?", ya conocerás que habrá de decir que la suya; y que el interesado colocará el placer del lucro por encima de todos los demás placeres, y que despreciará la ciencia y los honores, a menos que no crea que son un medio de reunir dinero.

-Es cierto –dijo.

-En cuanto al filósofo diremos resueltamente que de nada hace aprecio en comparación con el placer que le proporciona el conocimiento de la verdad tal cual es, y su aplicación continua a este estudio; y con respecto a los demás placeres, si los llama necesidades, es porque no se los procuraría si la naturaleza no los exigiese.

Al momento de juzgar cuál de los tres placeres mencionados es el que proporciona una vida mejor, Platón pregunta qué tipo de persona reúne las mejores condiciones para dirimir sobre esta cuestión. Luego de concluir que es el filósofo, señala que "de los tres placeres de que se trata, el más dulce es el que depende de esta parte del alma por la que adquirimos conocimiento, y el hombre que da a esta parte el mando sobre sí mismo pasa la vida más dichosa. El hombre inteligente alaba su propia vida".

Platón argumenta luego en contra de la idea de que el placer puro no sea más que una simple cesación del dolor y el dolor puro una simple cesación del placer. La viva sensación que causan en el alma los placeres del olfato no es precedida de dolor alguno; y cuando cesan, no dejan tampoco ninguno tras de sí. Pero acepta que "aquellos placeres que pasan al alma por el cuerpo, y que son quizás los más numerosos y los más vivos, son de esta naturaleza; son verdaderas cesaciones de dolor". Sobre estos placeres "que pasan al alma por el cuerpo", se pueden comparar, agrega Platón, con los puntos alto, medio y bajo que hay en las cosas. Y así, "el que pasa de una región inferior a una región media, ¿no se imagina subir a lo más alto? Y cuando ha llegado a la región media, y echa una mirada al punto de donde ha partido, ¿qué otra idea puede ocurrírsele sino que está en lo alto, porque no conoce aún la región verdaderamente alta? Si desde allí volviese a descender a la región baja, creería descender, y no se engañaría. ¿A qué puede atribuirse su error, sino a la ignorancia en que está respecto a la región verdaderamente alta, verdaderamente media, verdaderamente baja? ¿Y es extraño que hombres que no conocen la verdad se formen ideas falsas de mil cosas, entre otras, del placer, del dolor y de lo que es intermedio entre uno y otro, de suerte que cuando pasan al estado intermedio, se persuaden que han llegado al pleno goce del placer? ¿Es extraño que gentes que jamás han percibido el verdadero placer y que no consideran el placer sino por oposición, como la cesación del dolor, se engañen en sus juicios, poco más o menos como si no conociendo el color blanco tomasen el color gris por lo opuesto al negro?".

A renglón seguido, compara las necesidades naturales del cuerpo con las del alma e indica que las primeras se llenan tomando alimentos y las segunda adquiriendo inteligencia. Y luego pregunta, "¿cuál es la más real y verdadera plenitud, la que proviene de las cosas que tienen más realidad o la que proviene de las cosas que tienen menos? El pan, la bebida, las viandas y, en general, todo lo que alimenta el cuerpo, ¿tiene más realidad, participa más en la verdadera esencia que las opiniones ciertas, la ciencia, la inteligencia, en una palabra, todas las virtudes? He aquí el juicio que debe formarse. Lo que corresponde a algo igual, inmortal y verdadero y representa en sí estos caracteres y se produce en un objeto semejante, ¿no tiene más realidad que lo que nace de una naturaleza sujeta al cambio y a la corrupción, y se produce en una sustancia igualmente mortal y mudable? Lo que más participa del ser igual a sí mismo tiene infinitamente más realidad. Según eso, el ser de lo siempre mudable tiene menos realidad y verdad que el de la ciencia. Luego, en general, todo lo que sirve para el sostenimiento del cuerpo participa menos de la verdad y de la realidad que lo que sirve para el sostenimiento del alma. Luego, lo que está lleno de cosas más reales y es más real en sí mismo, está más realmente lleno que lo lleno de cosas menos reales y menos real en sí mismo. Por consiguiente, si el placer consiste en llenarse de cosas conforme a la naturaleza, lo que se puede llenar verdaderamente de cosas que tienen más realidad debe gozar de un placer más real y más sólido; y lo que participa de cosas menos reales debe llenarse de una manera menos verdadera y menos sólida, y gozar de un placer menos seguro y verdadero. Por consiguiente, los que no conocen ni la inteligencia ni la virtud, y están siempre entregados a los festines y demás placeres sensuales, pasan sin cesar de la región baja a la región media, y de la media a la baja; viven errantes entre estos dos términos, sin poder nunca traspasarlos. Jamás se han elevado a la alta región ni han levantado hasta allí sus miradas; jamás han estado en posesión del ser; jamás han experimentado un gozo puro y verdadero. Sino que, inclinados siempre hacia la tierra como animales (donde está radicado su interés, dirá Schopenhauer) y fijos sus ojos en el pasto que reciben, se entregan brutalmente a la buena mesa y al amor; y disputándose el goce de estos placeres, se cornean y cocean entre sí, concluyendo por matarse unos a otros con sus pezuñas de hierro y sus cuernos, llevados de la insatisfacción de sus apetitos; porque no se cuidan de llenar con objetos reales su propio ser ni la parte de ellos mismos que es la única capaz de una verdadera plenitud".

Al escuchar esto Glaucón dice: "Hablas como un oráculo, Sócrates, y acabas de pintar fielmente la vida de la mayor parte de los hombres". Y refiriéndose a esa mayoría, Sócrates indica "¿No es una necesidad que sólo gusten de placeres mezclados de dolores, fantasmas de placer verdadero, que sólo tienen color y brillo cuando se les coteja entre sí, y cuya vista excita en el corazón de los insensatos un amor tan vivo y transportes tan violentos que se baten por poseerlos, como se batían los troyanos por el fantasma de Elena, por ignorancia de la verdad? Pero ¡que! ¿No sucede lo mismo respecto de esa parte del alma donde reside el valor, cuando la envidia movida por la ambición, la violencia movida por la soberbia y la cólera movida por el mal humor hacen al hombre correr sin reflexión y sin discernimiento tras una vana plenitud de honor, de victoria y de venganza? Por consiguiente, podemos decir con confianza que cuando los deseos que pertenecen a la codicia y la ambición se dejan conducir por la ciencia y la razón, y bajo sus auspicios sólo van en busca de placeres que les indica la sensatez, entonces experimentan los verdaderos placeres y los más conformes con su naturaleza en todo lo posible; porque de una parte les guía la verdad y, por otra, lo que es más ventajoso a cada cosa es igualmente lo que tiene más conformidad con su naturaleza. Cuando el alma entera marcha guiada por el elemento filosófico, sin que se suscite en ella rebelión alguna, cada una de sus partes se mantiene en los justos límites de su acción, y aún le queda el goce de los placeres más puros y más verdaderos de que puede gozar". Cuando la razón pierde su autoridad y preeminencia frente a las pasiones, el hombre no puede proporcionarse los placeres que le convienen y, "para colmo, obliga a las otras partes a procurarse placeres falsos y que les son extraños".

Más adelante señala que "El alma entera se eleva mediante la adquisición de la templanza, de la justicia y del buen juicio, a un estado tanto más superior al de un cuerpo dotado de fuerza, belleza y salud, cuando que el alma misma está muy por encina del cuerpo. Por consiguiente, todo hombre sensato dirigirá todas sus acciones a este mismo fin. En primer lugar, cultivará y estimará por encima de todo las enseñanzas propias para perfeccionar su alma, despreciando todas aquellas que no producen el mismo efecto. En segundo lugar, en un régimen corporal no buscará el goce de los placeres brutales e irracionales, ni tampoco buscará la salud por mor de ser fuerte, sano y hermoso, en cuanto todas estas ventajas no sean para él medios para la salud de su mente; y, en una palabra, no mantendrá una perfecta armonía entre las partes de su cuerpo, sino en cuanto pueda servir para mantener el acuerdo que debe reinar en su alma. En consecuencia, ¿no buscará –pregunté- la misma armonía y orden respecto a las riquezas, o bien se dejará deslumbrar por la idea que la multitud se forma de la felicidad? ¿Acaso aumentará sus riquezas hasta el infinito para aumentar sus males en la misma proporción. Por el contrario, teniendo siempre fijo los ojos en su gobierno interior, atento a impedir que la opulencia de una parte y la indigencia de otra desarreglen los resortes, hará estudio en conservar siempre el mismo plan de conducta en las adquisiciones y gastos que pueda hacer. Rigiéndose por estos mismos principios respecto de los honores, participará y, si se quiere, gustará incluso de los que puedan hacer mejor; y huirá lo mismo en la vida privada que en la pública de los que puedan relajar la disposición de su ser".

Al final del libro, la virgen Láquesis, hija de la Necesidad, dice que "la virtud, empero, no tiene dueño; cada quien participa de ella según si la honra o la desprecia. Cada cual es responsable de su elección, porque Dios es inocente". Y Sócrates concluye ante Glaucón que "cada uno de nosotros, despreciando todos los demás estudios, debe dedicarse sólo a aquel que le haga conocer al hombre cuyas lecciones puedan ponerle en estado de discernir las condiciones dichosas y desgraciadas y escoger siempre la mejor; y llegará a conseguirlo siempre que repase en su espíritu todo lo que hemos dicho hasta ahora y juzgue de lo que puede contribuir más a la felicidad de la vida por el examen que hemos hecho de las diferentes condiciones consideradas junta o separadamente. Así es como aprenderá, por ejemplo, qué grado de belleza, mezclado con una cierta dosis de riqueza o de pobreza y una cierta disposición del alma, hace al hombre bien o mal, qué efecto deben producir el nacimiento ilustre y el nacimiento oscuro, la vida privada y las dignidades, la fuerza del cuerpo y la debilidad, la mayor o menor aptitud para las ciencias; en una palabra, las diferentes cualidades naturales o adquiridas, cotejadas las unas con las otras. De suerte que, después de haber reflexionado sobre todo esto, sin perder de vista la naturaleza del alma, podrá distinguir el género de vida mejor del peor; llamará peor al que le conduzca a hacer su alma más injusta, y mejor al que la haga más justa, sin tener en cuenta todo lo demás; porque ya hemos visto que este es el mejor partido que puede tomarse, sea en esta vida, sea para la otra. Y al ir al Hades es preciso conservar firme como el acero esta opinión, para no dejarse alucinar allí ni por las riquezas ni por los demás males de esta naturaleza; para no caer en tiranías o prácticas semejantes, y cometer así un gran número de males sin remedio, y sufrirlos aún mayores; antes bien, debe uno saber fijarse para siempre en un estado intermedio, evitando igualmente los dos extremos, en cuanto sea posible, así en la vida presente como en todas las demás por las que habrá de pasar. En esto consiste la felicidad del hombre".

El hombre ha recibido todo de prestado, dice el jesuita español Baltasar Gracián en "El Criticón". "El cielo le dio la alma; la tierra el cuerpo, el fuego el calor, el agua los humores, el aire la respiración, las estrellas ojos, el sol cara, la fortuna haberes, la fama honores, el tiempo edades, el mundo casa, los amigos compañía, los padres naturaleza, y los maestros la sabiduría. Mas viendo él (Critilo, uno de los personajes del libro) que todos eran bienes muebles, no raíces, prestados todos, dicen que preguntó:

-Pues, ¿qué será mío? Si todo es prestado, ¿qué me quedará?

Respondiéronle que la virtud. Ésa es bien propio del hombre, nadie se la puede repetir. Todo es nada sin ella, y ella lo es todo; los demás bienes son de burlas; ella sola es de veras. Es alma de la alma, vida de la vida, realce de todas las prendas, corona de las perfecciones y perfección de todo el ser; centro de la felicidad, trono de la honra, gozo de la vida, satisfacción de la conciencia, respiración del alma, banquete de las potencias, fuente del contento, manantial de la alegría. Es rara porque dificultosa, y dondequiera que se halla es hermosa, y por eso tan estimada. Todos querrían parecer tenerla; pocos de verdad la procuran. Hasta los vicios se cubren con su buena capa y disimulan sus apariencias; los malos querrían ser tenidos por buenos. Todos la querrían en los otros, mas no en sí mismos: pretende éste que aquél le guarde fidelidad en el trato, que no le murmure, ni le mienta, ni le engañe, trate siempre verdad, que en nada le ofenda ni agravie, y él obra todo lo contrario. Con ser tan hermosa, noble y apacible, todo el mundo se ha mancomunado contra ella; y es de modo que la verdadera virtud ya no se ve ni parece, sino la que le parece: cuando pensemos está en alguna parte, topamos con sola su sombra, que es la   hipocresía".

Es evidente que la virtud juega a favor de la felicidad, por mucho que Nietzsche diga que "somos esclavos de nuestras virtudes". En su obra "El Gay Saber" indica que "se dice 'buenas' a las virtudes de un hombre, no atendiendo a las consecuencias que tienen para él mismo, sino a las consecuencias que de las mismas prevemos para nosotros y para la sociedad. Según eso, en cuanto a la alabanza de las virtudes se ha sido muy poco 'desinteresado', muy poco 'altruista'. De lo contrario se hubiera tenido que ver que las virtudes (como diligencia, obediencia, castidad, piedad, justicia) son nocivas, las más de las veces para quienes las tienen, pues actúan en ellos como impulsos demasiado violentos y codiciosos, no queriendo dejarse mantener en perfecto equilibrio por la razón, frente a los otros impulsos. Si tienes una virtud, una virtud efectiva, perfecta (y no sólo un impulso hacia una virtud), eres su víctima. El vecino alaba tu virtud precisamente por eso. Se alaba al diligente, si bien al mismo tiempo está perjudicando con su diligencia su propia potencia visual, la espontaneidad y la agilidad de ingenio. Se alaba y se compadece al joven que 'ha trabajado hasta destruirse' porque se piensa que la pérdida de un individuo extraordinario es también meramente un pequeño sacrificio a favor de la plena grandeza de la sociedad. ¡Es una lástima que sean necesarias víctimas! Pero mucho peor sería sin duda que el individuo pensase de otro modo y tuviera su conservación y engrandecimiento propios por más importantes que su trabajo al servicio de la sociedad. Así se compadece a este joven, no por él mismo, sino porque por esta muerte se ha perdido para la sociedad un 'instrumento' entregado y sin consideración de sí mismo, un 'hombre valiente', como se dice. Acaso se piense aún si no hubiese sido más beneficioso para la sociedad que hubiese trabajado cuidándose más de sí mismo, y se hubiese conservado por más tiempo. Esto bien puede considerarse una ventaja, pero choca con aquella otra de que se ha ofrecido una 'víctima' y los sentimientos de víctima se han puesto 'visiblemente' de manifiesto una vez más como superiores y más duraderos. Es, pues, la naturaleza instrumental de las virtudes lo que propiamente se alaba, cuando se alaba a las virtudes. Por eso mismo no se deja contener en sus propios límites, en beneficio exclusivo del individuo, el ciego impulso que actúa en cada virtud; en pocas palabras, la sinrazón de la virtud, mediante la cual se hace que el ser individual se transforme en función del todo. La alabanza de las virtudes es la alabanza de algo que daña particularmente a cada uno, viene a ser la alabanza de impulsos que quitan al hombre su más noble egoísmo y la fuerza para la más alta protección de sí. En efecto, para la educación y la incorporación de costumbres virtuosas se barre una gama de actuaciones de la virtud, en cuanto se hace aparecer como hermanados virtud y beneficio particular, y efectivamente existe cierto hermanamiento. Por ejemplo, la laboriosidad ciegamente ardorosa, virtud típicamente instrumental, se presenta como el camino para las riquezas y los honores y como el veneno más activo contra el aburrimiento y las pasiones, pero se calla su peligro, su máxima peligrosidad, que es, agrega más adelante, el quitar a los órganos la agudeza para conseguir disfrutar con la riqueza y los honores (...) "Cuando se consigue la educación, toda virtud del individuo es un beneficio público y una desventaja particular en cuanto a la meta individual más alta – probablemente cierta atrofia sensitivo-mental o quizás una temprana destrucción-. Considérese por orden y desde estos puntos de vista la virtud de la obediencia, de la castidad, de la piedad, de la justicia. La alabanza del desinteresado, del sacrificado, del virtuoso, y por lo mismo de quien no emplea toda su fuerza y razón para su mantenimiento, desarrollo, elevación, promoción y ampliación de poder, sino que para consigo mismo actúa modesta e irreflexivamente y acaso es hasta indiferente e irónico. ¡Esta alabanza no ha surgido en ningún caso del espíritu de desinterés! El prójimo alaba el desinterés porque tiene ventajas con ello. Si el prójimo mismo pensase desinteresadamente, rechazaría toda disminución en fuerza, todo daño por sus beneficios, se opondría al surgimiento de tales inclinaciones y ante todo declararía que precisamente por eso no llamaba 'bueno' a su desinterés".

En fin, no vamos a polemizar con Nietszche. Pero no está demás señalar que, a pesar de lo dicho por este filósofo, no se puede negar que al cabo de una vida virtuosa, de una vida recta en todo orden de cosas, es imposible no sentir un regusto de placer en el alma que, sin ninguna duda, influye positivamente en nuestro estado de felicidad. Con una condición: que esa vida virtuosa y recta haya sido llevada por convencimiento personal y no por lograr las alabanzas del prójimo. El impostor, aquel que se muestra ante la gente como generoso, responsable y honrado, no siéndolo en el fondo, suele delatarse y mostrar su verdadero rostro -al ojo atento- a través de pequeños detalles. Uno de estos deslices, que descubren al farsante, es que comúnmente hace ostentación de una cualidad que sabe no poseer. Así, cuantas veces pueda, va a decir o dar a entender que es muy generoso; que la generosidad aquí, que la generosidad allá. Lo que al parecer no sabe el simulador es que la persona que realmente está dotada de una virtud la lleva con la más absoluta naturalidad, en forma inconsciente, porque es parte de su ser. El generoso verdadero actúa como tal, sin que pase por su mente la idea de dejar muestras de ello ante su familia, parientes o amigos. Es como si a una persona alta le bajara la preocupación de dejar establecido ante medio mundo que es alta. Es obvio, por lo demás, que la mentira, por más que uno logre engañar a todo el mundo, no deja nada bueno en el espíritu. Al revés, al final es causa de profundas frustraciones, que, más temprano que tarde, terminan en crisis existenciales graves. "Conocerse a uno mismo" y "ser lo que uno es", son recomendaciones que se vienen repitiendo desde los griegos. No es fácil, pero ya es un adelanto si sabemos a qué debemos aspirar.

EL ACTO

Aristóteles, en el libro "Moral a Eudemo", se pregunta si acaso la felicidad debe ser entendida como cierta disposición del alma, o, al no bastar esto, es decir, que el individuo esté moralmente constituido de cierta manera, necesitará más bien ejecutar acciones de cierta especie. Más adelante el estagirita define la felicidad como el acto de una vida virtuosa. Dice este filósofo que "los fines que el hombre se propone están siempre en su alma, como están los más preciosos de sus bienes, y el alma misma no es más que la facultad o el acto. Mas como el acto está por encima de la simple disposición para hacerlo, y el mejor acto pertenece a la mejor facultad, y la virtud es la mejor de todas las maneras de ser, síguese de aquí que el acto de la virtud es lo mejor que hay para el alma. Por otra parte, como la felicidad a nuestros ojos es el bien supremo, podemos decir de aquí que la felicidad es el acto de una vida virtuosa".

Aristóteles se pregunta en "La Moral a Eudemo" el papel que desempeña el azar en esto de la felicidad, y dice que "necesariamente el azar existe y que por lo mismo, necesariamente es causa de ciertas cosas, y todo lo que debe decirse es que el azar es para ciertas gentes causa de bien o causa de mal". Así, hay personas que tienen "una feliz organización y que por un favor de la naturaleza triunfan en sus empresas sin auxilio de la razón. La naturaleza tan sólo los conduce y, sabiendo desear las cosas que es preciso desear, el momento, las condiciones, el tiempo, el lugar y la manera en que deben desearlas, salen triunfantes por inhábiles que sean y por desprovistos de razón que se hallen. Así, debe decirse que los hombres son felices cuando salen bien en sus empresas en la mayor parte de los casos, sin que la razón entre para nada en ellas, y los hombres dichosos en esta forma lo son por el

simple hecho de la naturaleza". En este punto Aristóteles mete a
cuento el instinto. "Los que deben su fortuna a la naturaleza –dice-,
consiguen lo que quieren porque, consagrándose a lo que debían
consagrarse, su instinto y su deseo les han proporcionado el
triunfo, pero no por eso el cálculo hecho era equivocado. Lo que
los ha salvado es que su cálculo pudo ser falso, pero la causa que
provocó este cálculo, a saber, el instinto, estaba en lo exacto, lo
que salvó al imprudente". Aquí, entonces, es la naturaleza la que
guía al deseo y al instinto. Advierte Aristóteles, no obstante, que a
la fortuna o al azar se le achaca todo lo que pasa contra las leyes de
la razón, es decir, que cuando no se conocen las causas de un
fracaso o de un triunfo, la gente tiende a decir que el azar metió
mano. Pero, este filósofo indica que "esta discusión no tiende a
demostrar que el azar no es causa de nada en este mundo, sino sólo
de que no es causa de todo lo que se le atribuye".

El azar o la fortuna, asimismo, es muy empleada por la gente para
desmerecer los méritos de las personas. Es común oír juicios como
éste: "A fulano le ha ido bien porque tiene suerte, por los azares del
destino", y no, como en la mayoría de las veces ocurre, porque el
tipo se ha esforzado. El éxito de fulano molesta tanto a algunos,
que se busca consuelo atribuyendo todos sus logros al azar, a la
suerte. ¿Y qué hay de los fracasos propios? Bueno, aquí también el
azar viene en auxilio de la conciencia al momento de buscar las
causas. "A mí me va mal, no porque no trabaje lo suficiente, sino
porque tengo mala suerte".

"Todas las artes, todas las indagaciones metódicas del espíritu, lo
mismo que todos nuestros actos y todas nuestras determinaciones
morales tienen, al parecer, siempre por mira algún bien que
deseamos conseguir; por esta razón ha sido exactamente definido
el bien cuando se ha dicho que es el objeto de todas nuestras
aspiraciones", dice Aristóteles en "Moral a Nicómaco", y la

felicidad es, a su juicio, "el bien supremo que podemos proseguir en todos los actos de nuestra vida. Según la opinión común, vivir bien, obrar bien es sinónimo de ser dichoso. Pero en lo que se dividen las opiniones es sobre la naturaleza y la esencia de la felicidad, y en este punto el vulgo está muy lejos de estar de acuerdo con los sabios. Unos la colocan en las cosas visibles y que resaltan a los ojos, como el placer, la riqueza, los honores; mientras que otros la colocan en otra parte. Añadid a esto que la opinión de un mismo individuo varía muchas veces sobre este punto; enfermo, cree que la felicidad es la salud; pobre, que es la riqueza; o bien cuando uno tiene conciencia de su ignorancia, se limita a admirar a los que hablan de felicidad en términos pomposos y trazan de ella una imagen superior a la que aquél se había formado".

Más adelante, Aristóteles indica que "No es, en nuestra opinión, un error completo formarse una idea del bien y de la felicidad en vista de lo que pasa a cada uno en su vida propia. Y así, las naturalezas vulgares y groseras creen que la felicidad es el placer, y he aquí por que sólo aman la vida de los goces materiales. Efectivamente, hay tres géneros de vida que se puedan particularmente distinguir: la vida de que acabamos de hablar; después, la vida política o pública; y, por último, la vida contemplativa e intelectual. La mayor parte de los hombres, si hemos de juzgarlos tales como se muestran, son verdaderos esclavos que escogen por gusto una vida propia de brutos, y lo que les da alguna razón y parece justificarle es que los más de los que están en el poder sólo se aprovechan de éste para entregarse a excesos dignos de un Sandanápalo. Por lo contrario, los espíritus distinguidos y verdaderamente activos ponen la felicidad en la gloria, porque es el fin más habitual de la vida política. Pero la felicidad comprendida de esta manera es una cosa más superficial y menos sólida que la que pretendemos buscar aquí. La gloria y los honores pertenecen más bien a los que los dispensan que al que los recibe, mientras que el bien, tal como nosotros le proclamamos, es una cosa por completo personal y que muy difícilmente se puede arrancar al hombre que la posee. Y, además, muchas veces no busca uno la gloria sino para confirmarse en la idea que tiene de su propia virtud; y procura granjearse la estimación de los sabios y del mundo, de que es uno conocido, porque se considera a aquélla como un justo homenaje al mérito que se atribuye. De aquí concluyo que la virtud, a los ojos mismos de los que se guían por estos motivos, tiene la preeminencia sobre la gloria que ellos buscan. Fácilmente podría creerse, como consecuencia de lo que va dicho, que la virtud es el verdadero fin del hombre, más bien que la vida política. Pero la virtud misma es evidentemente incompleta cuando es sola, porque no sería imposible que la vida de un hombre lleno de virtudes fuese un largo sueño y una perpetua inacción. Hasta podría suceder que un hombre semejante sintiese los más vivos dolores y los mayores infortunios y, a no ser en interés de una opinión personal, nadie puede sostener que el hombre entregado a tales infortunios sea feliz". De paso Aristóteles señala que "la vida que sólo tiene por fin el enriquecerse es una especie de violencia y de lucha continuas; pero, evidentemente, no es la riqueza el bien que nosotros buscamos; la riqueza no es más que una cosa útil a que aspiramos con la mira de otras cosas que no son ella". Está entre los fines que este filósofo llama instrumentos, que buscamos en vista de otros. "Estos fines no son perfectos y definitivos por sí mismos. El bien supremo debe ser una cosa perfecta y definitiva. En una palabra, lo perfecto, los definitivo, lo completo es lo que es eternamente apetecible en sí, y que no lo es jamás en vista de un objeto distinto que él. He aquí, precisamente, el carácter que parece tener la felicidad; la buscamos siempre por ella y sólo por ella, y nunca con la mira de otra cosa. Por lo contrario, cuando buscamos los honores, el placer, la ciencia, la virtud, bajo cualquier forma que sea, deseamos, sin duda, todas estas ventajas por sí mismas; puesto que, independientemente de toda otra consecuencia, desearíamos realmente cada una de ellas; sin embargo, nosotros las deseamos también con la mira de la felicidad, porque creemos que todas estas diversas ventajas nos la pueden asegurar; mientras que nadie puede desear la felicidad, ni con la mira de estas ventajas, ni de una manera general en vista de algo, sea lo que sea, distinto de la felicidad misma. (...) Por consiguiente, la felicidad es ciertamente una cosa definitiva, perfecta, y que se basta a sí misma, puesto que es el fin de todos los actos posibles del hombre".

Luego de puntualizar que el hombre debe encontrar el bien en su obra propia, indica que "lo propio del hombre será el acto del alma conforme a la razón; que la obra propia del hombre, en general, es una vida de cierto género, y que esta vida particular es la actividad del alma y una continuidad de acciones a que acompaña la razón". Y concluye que "el bien propio del hombre es la actividad del alma dirigida por la virtud". Cuando se alcanza esto se logra la felicidad. Para Aristóteles, asimismo, lo importante es el uso de las cualidades y el acto mismo y no la posesión o la simple aptitud. Así, "los que obran bien son los únicos que pueden aspirar en la vida a la gloria y a la felicidad. Por lo demás, la existencia de estos hombres que obran bien está, naturalmente, llena de encantos. Sentirse encantado es un fenómeno que se refiere exclusivamente al alma, y un objeto tiene para nosotros encanto cuando decimos de él que le amamos: el caballo, por ejemplo, encanta al que ama los caballos y, en general, los actos virtuosos encantan al que ama la virtud. Si los placeres del vulgo son tan diferentes y tan opuestos entre sí es porque no son, por su naturaleza, verdaderos placeres. Las almas cultas, que aman lo bello, sólo gustan de los placeres que por su naturaleza son placeres verdaderos, y lo son tales todas las acciones conformes a la virtud, que agradan a estos corazones bien nacidos, y les agradan únicamente por sí mismas. Además, la vida de estos hombres generosos no tiene necesidad, absolutamente hablando, de que el placer se una a ella, como una especie de apéndice y de complemento, puesto que lleva el placer en sí misma; porque puede añadirse que el que no encuentra placer en las acciones virtuosas no es verdaderamente virtuoso, lo mismo que no se puede llamar justo al que no se complace en practicar la justicia. Si todo esto es cierto, los verdaderos placeres del hombre son las acciones conformes a la virtud. No son sólo agradables, sino que, además, son buenas y bellas, y lo son sobre todas las cosas, cada una sobre las de su género, si el hombre virtuoso sabe estimar su justo valor, como de hecho lo estima en el acto mismo de ser virtuoso. Por consiguiente, la felicidad es, a la vez, lo mejor, más bello y más dulce que existe, porque no deben separarse ninguna de estas cualidades de las demás, como lo hace la inscripción de Delos: 'Lo justo es lo más bello; la salud, lo mejor; obtener lo que se ama es lo más dulce para el corazón'. Todas estas ventajas se encuentran reunidas en las buenas acciones, en las acciones mejores del hombre, y el conjunto de estos actos o, por lo menos, el acto único, que el mejor y el más perfecto entre todos los demás, es lo que llamamos felicidad".

Aristóteles acepta que "la felicidad no puede ser completa sin los bienes exteriores", a pesar de que Sócrates, sin ellos, alcanzó los niveles más altos de virtud y felicidad. "Es imposible, o por lo menos no es fácil –agrega Aristóteles-, hacer el bien cuando uno está privado de todo, puesto que para una multitud de cosas son instrumentos indispensables los amigos, la riqueza, la influencia política. Hay además otras cosas cuya privación altera la felicidad de los hombres que de ellas carecen: la nobleza, una familia feliz, la belleza. No puede decirse que sea feliz un hombre cuando es de una deformidad repugnante, pertenece a una mala familia o se encuentra aislado y sin hijos; y menos aún puede decirse que sea feliz el que tiene hijos o amigos completamente perversos, o si la muerte le ha arrebatado los amigos y los hijos virtuosos que tenía. Por lo tanto, repitamos que, al parecer, son indispensables estos útiles accesorios para la felicidad; y he aquí por qué se confunde muchas veces la fortuna con la felicidad, como en otras se confunde con la virtud".

Aristóteles aborda también la cuestión de "si es posible aprender a ser dichoso, si se adquiere la felicidad por medio de ciertos hábitos, o si se consigue por cualquier otro procedimiento análogo; o si es, más bien, efecto de algún favor divino, y si se quiere, el resultado del azar. Si la felicidad no nos la envían exclusivamente los dioses, sino que la obtenemos por la práctica de la virtud, mediante un largo aprendizaje o una lucha constante, no por eso deja de ser una de las cosas más divinas de nuestro mundo. Además, la felicidad es, en cierta manera, accesible a todos, porque no hay hombre a quien no sea posible alcanzar la felicidad mediante cierto estudio y los debidos cuidados, a menos que la naturaleza le haya hecho completamente incapaz de toda virtud. La misma regla se aplica a todas las artes, a todas las causas, y sobre todo, a la causa más perfecta, porque sería un absurdo inconcebible que lo más grande y lo más bello que hay en el mundo esté entregado al azar. La solución del problema que sentamos aquí surge con completa claridad de la misma definición que hemos dado de la felicidad. La felicidad, hemos dicho, es cierta actividad del alma conforme a la virtud; y por lo que hace a los demás bienes, o están necesariamente comprendidos en la felicidad o contribuyen a ella como auxiliares y como naturales y útiles instrumentos". Al no poder actuar conforme a las virtudes, no podemos, dice Aristóteles, afirmar que los animales y los niños son dichosos.

Por otra parte, puesto que nadie conoce el futuro y que el destino nos puede traer sorpresas desagradables, hay quienes dicen que no se puede afirmar que alguien es dichoso mientras tenga vida. "Si se acepta esta teoría –indica Aristóteles-, el hombre no será dichoso hasta después de la muerte. Pero esto es un absurdo patente, sobre todo cuando se sostiene, como hacemos nosotros, que la felicidad es cierta aplicación de la actividad". Lo que sí puede ser materia de controversia, según Aristóteles, es la idea de que "no se puede llamar con seguridad dichoso a un hombre, sino cuando está fuera del alcance de todos los males y de todos los infortunios".

"Si es preciso siempre esperar a ver el fin, y si sólo entonces se puede tener por dichosos a los hombres, no porque lo sean en aquel momento, sino porque lo fueron en otro tiempo, ¿no sería un absurdo, cuando uno es actualmente dichoso, no reconocer, respecto de él, una verdad que es incontestable? Es vano pretexto decir que no se quiere proclamar dichosas a las personas que viven con temor a los reveses que puedan sobrevenirles, y alegar que la idea de la felicidad nos la representamos como una cosa inmutable y que no cambia fácilmente; y, en fin, que la fortuna causa muchas veces las perturbaciones más diversas en un mismo individuo. Conforme a este razonamiento, es claro que si quisiéramos seguir las mudanzas de la fortuna de un hombre, sucedería muchas veces que llamaríamos a un mismo individuo dichoso y desgraciado, haciendo del hombre dichoso una especie de camaleón y de una naturaleza medianamente mudable y pobre. Pero qué, ¿es prudente dar tanta importancia a los cambios de fortuna de los hombres? No es en la fortuna donde se encuentra la felicidad o la desgracia, estando la vida humana expuesta a estas vicisitudes inevitables, como ya hemos dicho; sino que son los actos de virtud los únicos que deciden soberanamente de la felicidad, como son los actos contrarios los que deciden del estado contrario. No, no hay nada en las cosas humanas que sea constante y seguro hasta el punto que lo son los actos y la práctica de la virtud; estos actos nos aparecen más estables que la ciencia misma. Además, entre todos los hábitos virtuosos, los que hacen más honor al hombre son también los más durables, precisamente porque en vivir con ellos se complacen con más constancia las personas verdaderamente afortunadas; y he aquí, evidentemente, la causa de que no olviden jamás el practicarlos. Así, pues, la perseverancia que buscamos es la del hombre dichoso; él la conservará durante toda la vida, y sólo practicará y tomará en cuenta lo que conforma con la virtud o, por lo menos, se sentirá ligado a ello más que a todas las demás cosas y soportará los azares de la fortuna con admirable sangre fría. El que dotado de una virtud sin tacha es, si así puede decirse, cuadrado por su base, sabrá resignarse siempre con dignidad a todas las pruebas. A nuestro entender, el hombre verdaderamente sabio, el hombre verdaderamente virtuoso, sabe sufrir todos los azares de la fortuna sin perder nada de su dignidad; sabe sacar siempre de las circunstancias el mejor partido posible. Si esto es cierto, el hombre dichoso, porque es hombre de bien, nunca será desgraciado, aunque no será dichoso, lo confieso, si por acaso caen sobre él desgracias iguales a las de Príamo".

Puesto que la felicidad, dice Aristóteles, "es cierta actividad del alma dirigida por la virtud perfecta, debemos estudiar la virtud humana, la virtud del alma". Y para esto empieza por dividir el alma en dos: la no racional, o vegetativa, y la racional. Esta última, a su vez, también la separa en dos, quedando la propiamente racional y la racional a medias, referida a la parte apasionada e instintiva, que puede escuchar la razón y obedecerla, "a la manera que nosotros nos referimos a la razón de un padre, a la de nuestros amigos, sin que por eso nos sometamos en este caso del modo que nos sometemos a las demostraciones matemáticas". El hecho de que se den consejos a la gente prueba también la existencia de esta parte del alma que puede obedecer o dispararse sin control.

Aristóteles divide las virtudes en intelectuales y morales, donde las primeras (sabiduría, ingenio, prudencia) resultan casi siempre de enseñanzas, lo que requiere experiencia y tiempo; en tanto que las segundas nacen del hábito y de las costumbres. "No hay una sola de las virtudes morales (generosidad, templanza) que exista en nosotros naturalmente. La virtud, resume Aristóteles, "es aquello que debe prepararnos respecto de los dolores y de los placeres de tal manera que nuestra conducta sea la mejor posible; el vicio es todo lo contrario". Indica, asimismo, que hay tres cosas que se deben buscar; hay igualmente tres de que debemos huir; debe buscarse el bien, lo útil, lo agradable; debe huirse de sus tres contrarios: el mal, lo dañoso y lo desagradable". Aristóteles reconoce que resulta difícil actuar rectamente, de acuerdo a la virtud, cuando interviene el placer, "porque, por lo pronto, el placer es un sentimiento común a todos los seres animados y, además, se le encuentra como resultado de todos los actos dejados a nuestra libre elección, puesto que el bien mismo y el interés pueden revestir igualmente la apariencia de placer". Y los fundamentos de la virtud y el vicio son los placeres y las penas, puntualiza. "En general –dice-, puede decirse que el placer no es un bien, porque todo placer es un fenómeno sensible que se desenvuelve para llegar a un cierto estado natural, y que ninguna generación, ningún fenómeno que se produce es homogéneo con el fin a que tiende; por ejemplo, la construcción de la casa nunca puede confundirse con la casa misma. El placer no es un fin, no es más que un fenómeno, una simple generación".

Todo el mundo cree, con algo de razón, según Aristóteles, que el placer va siempre entremezclado con la felicidad. "Ningún acto es completo desde el momento en que encuentra un obstáculo; pero la felicidad es una cosa completa; y así, el hombre, para ser verdaderamente dichoso, tiene necesidad de los bienes del cuerpo y de los bienes exteriores, y hasta de los bienes de fortuna, para no encontrar por estos lados ningún obstáculo. Pero llegar a sostener

que un hombre condenado al tormento u oprimido con las más
terribles desgracias no es por eso menos feliz, con tal que sea
virtuoso, equivale a sostener, con conciencia o sin ella, una opinión
que carece de sentido. Por otra parte, de que sea indispensable para
la felicidad unir a otros bienes los bienes de la fortuna, no se sigue
precisamente que haya necesidad, como lo hacen ciertas gentes, de
confundir la dicha con la prosperidad, porque no hay nada de eso.
Una prosperidad excesiva se convierte en un obstáculo verdadero".
Aristóteles reitera que "la felicidad es una especie de acto; y se
comprende sin dificultad que el acto llega a ser y se produce
sucesivamente, pero que no existe, en cierta manera, como una
propiedad que se posee. Y si la felicidad consiste en vivir y obrar,
el acto de un hombre de bien es bueno y agradables en sí".

Concluye Aristóteles que la felicidad completa y superior a todas
las demás es la del pensamiento y del entendimiento, que "no tiene
otro fin que él mismo y lleva consigo el placer que le es
exclusivamente propio y que se ve aumentado por la intensidad de
la acción. Por tanto, así la independencia que se basta así misma,
como la tranquilidad y la calma, toda la que el hombre pueda
disfrutar y todas las ventajas análogas que se atribuyen de
ordinario a la felicidad, todas estas cosas se encuentran en el acto
del pensamiento contemplativo. Sólo esta vida es la que
ciertamente constituye la felicidad perfecta del hombre, con tal
que, añado yo, sea tan extensa como la vida; porque ninguna de las
condiciones que se refieren a la felicidad puede ser incompleta.
Quizá esta vida tan digna sea superior a las fuerzas del hombre o,
por lo menos, si puede el hombre vivir de esta suerte no es como
hombre, sino en tanto que hay en él algo divino. Y tanto cuanto
este principio divino está por encima del compuesto a que él está
unido, otro tanto el acto de este principio es superior a cualquier
otro acto, sea el que quiera, conforme a la virtud. Pero el
entendimiento es algo divino con relación al resto del hombre, la

vida propia del entendimiento es una vida divina con relación a la vida ordinaria de la humanidad. Por tanto, no hay que dar oídas a los que aconsejan al hombre que piense tan sólo en las cosas humanas, y al ser mortal, que sólo piense en las cosas que son mortales como él. Lejos de este, es preciso que el hombre se inmortalice tanto cuanto sea posible, y que haga un esfuerzo por vivir conforme al principio más noble de todos los que le constituyen. Aunque este principio no es nada, si se considera el pequeño espacio que ocupa, no por eso deja de ser infinitamente superior a todo lo demás del hombre en poder y en dignidad. En mi opinión, él es el que nos constituye a cada uno de nosotros y forma de cada cual un individuo, puesto que es la parte dominante y superior; y sería un absurdo en el hombre no adoptar su propia vida e ir a adoptar en cierta manera la de otro. Lo que es propio de un ser y conforme con su naturaleza está por encima de todo lo mejor y lo más agradable para él. Ahora bien: lo más propio del hombre es la vida del entendimiento, puesto que el entendimiento es verdaderamente todo el hombre; y, por consiguiente, la vida del entendimiento es también la vida más dichosa a que el hombre puede aspirar".

LA SALUD

Cambiemos ahora de pensador en forma drástica y trasladémonos al siglo XVIII. El filósofo Maine de Biran indica que lograr la felicidad, desafortunadamente, no está en nuestras manos. Lo que sí depende de nosotros, lo que sí es posible -y hasta por ahí no más- es mantenerse alejado del caos, la ruina, los problemas, en una palabra, de la infelicidad. Decía Biran que la razón es incapaz de hacernos felices. Según él su felicidad depende, no de la razón, sino de un cierto estado de su organismo psicofísico. "Todos mis pensamientos y acciones son dirigidos por esta condición y varían con ella. En una palabra, encuentro que soy siempre conducido por un principio del cual no soy el amo. El sentimiento de nuestra existencia varía de acuerdo con el estado de nuestros órganos".

Esto que decía Biran en mil setecientos y tanto es muy parecido a lo que hoy se conoce como biorritmo, concepto relacionado con la medicina referido a los ciclos periódicos de fenómenos fisiológicos que en las personas puede traducirse en sentimientos, actitudes o estados de ánimo repetidos cada cierto tiempo; por extensión, dice el diccionario, estudio de la posible influencia que estos ciclos tienen sobre el comportamiento humano. Sea lo que sea, el punto es que hay días -muy escasos por cierto- en que uno amanece sintiéndose muy bien, optimista, con deseos de hacer cosas, con todos los apetitos bien dispuestos, tranquilo, sin temores, feliz, y se pregunta uno con algo de angustia ¿por qué? ¿Qué hice ayer que hoy estoy tan bien? ¿Será lo que comí? Pero, por más que uno piensa no descubre nada que pueda ser la causa. Porque, claro, si uno supiera, sería la solución de todo. Pero no, nadie da con la respuesta. Y fustigados por el tedio, la infelicidad, los problemas y el sin sentido de la vida, algunos llegan a las drogas, las pastillas, estimulantes, tranquilizantes, y terminan por alejarse del centro del problema. Otros recurren al yoga. Puede ser. Pero el caso es que a veces, por razones ocultas, uno está bien, dichoso. Se ha llegado a pensar que puede ser algo químico. La química del cuerpo, no obstante, se relaciona con los alimentos, y el día anterior al de la dicha los alimentos ingeridos no difieren en nada a los consumidos en jornadas previas a días desastrosos.

En su libro "La Genealogía de la Moral", Nietzsche postula algo similar a lo dicho por Biran. La verdadera causa de los que se encuentran mal, de los enfermizos, dice, es de índole "fisiológica, que puede residir, por ejemplo, en una afección del nervus sympathicus, en una excesiva secreción de bilis, o en que la sangre sea pobre en potasio, ácido sulfúrico o ácido fosfórico, o en compresiones del bajo vientre que obstaculicen la circulación sanguínea, o en una degeneración de los ovarios o en otras cosas parecidas". En un texto inédito de 1881, dice "Acaso las diferencias de temperamento se encuentren condicionadas por la diferente distribución y cantidad de las sales orgánicas más que por ninguna otra cosa. El bilioso tiene demasiado poco sulfato de sodio; al melancólico le falta fosfato y sulfato de potasio; en los flemáticos hay demasiado poco fosfato de hierro".

Tal vez nos pueda ayudar aquí el filósofo Leibniz, quien, refiriéndose a otro tema, señala en sus "Escritos en torno a la libertad" que "al igual que los filósofos modernos han reformado el sentir escolástico, demostrando conforme a las leyes de la naturaleza corporal que un cuerpo no puede ser puesto en movimiento sino por el empuje del movimiento de algún otro, asimismo se hace necesario juzgar que nuestras almas (merced a las leyes de la naturaleza espiritual) no pueden verse movidas sino por alguna razón relativa al bien o al mal. Y ello a pesar de que el conocimiento distinto no puede discernir aquí, dado el concurso de una infinidad de pequeñas percepciones cuya heterogénea disposición tan pronto puede hacernos dichosos como apesadumbrados, además de hacernos disfrutar más de una cosa que de otra, sin que se acierte a decir porqué". Es decir, no sería un factor, o un grupo de factores, los responsables de que a veces nos sintamos felices, sin poder entender el porqué, sino, como dice Leibniz, porque en realidad se trata de una infinidad de pequeñas causas de muy heterogénea disposición que uno nunca va a ser capaz de entender para luego poder armarlas a voluntad.

En "Cómo se Filosofa a Martillazos", dice Nietzsche que "La fórmula implícita en toda religión y moral reza: '¡Haz esto y aquello, no hagas esto y aquello; así alcanzarás la felicidad! De lo contrario...'. Toda moral, toda religión, es este imperativo, al que yo llamo gran pecado original de la razón, inmortal sinrazón. En boca mía, esa fórmula se convierte en su inversión, primer ejemplo de mi 'transmutación de todo los valores': el hombre armonioso, el 'afortunado', no puede menos que cometer determinados actos e instintivamente rehuye otros; introduce el orden que fisiológicamente encarna en sus relaciones con los hombres y las cosas. He aquí la fórmula correspondiente: su virtud es el efecto de su felicidad. La vida larga y prole numerosa no son el premio de la virtud, sino que la virtud es ese retardo del metabolismo que, entre otras cosas, determina también una vida larga y una prole numerosa, en una palabra, el cornarismo. La Iglesia y la moral dicen: 'el vicio y el lujo arruinan a los linajes y a los pueblos'. Mi razón restaurada dice: 'cuando un pueblo se arruina, cae en la degeneración fisiológica y se originan el vicio y el lujo (esto es, la necesidad de estímulos cada vez más fuertes y más frecuentes, como la conoce todo ser agotado). El joven se debilita prematuramente. Sus amigos afirman que la culpa la tiene tal enfermedad. Yo afirmo que el hecho de que ese joven haya enfermado, no haya resistido a la enfermedad, es la consecuencia de una vida empobrecida, de un agotamiento congénito. Todo error, en todo sentido, es la consecuencia de degeneración de los instintos, de disgregación de la voluntad; lo malo queda así indefinido. Todo lo bueno es instinto y, por ende, fácil, necesario, libre. El esfuerzo es una objeción, el dios es típicamente distinto del héroe (dicho en mi propio lenguaje: los pies alados son el atributo primordial de la divinidad)". En muchas partes de sus escritos Nietzsche destaca la importancia de salud en la constitución de un hombre espiritualmente sano, y reclama, en la segunda mitad del siglo XIX, más estudios de parte de los especialistas. El historiador Will Durand nos habla en su libro "El Renacimiento" sobre un tal Luigi Cornaro, un veneciano que vivió cien años. Cuenta este personaje en su obra "Discorsi Della Vita Sobria", escrita en el siglo XVI, cuando tenía 83 años, que gracias a una dieta frugal, combinada con vino tinto, logró recuperarse de un sinnúmero de males que aquejaban su cuerpo como consecuencia de excesos en comida, bebida y amor. Especial hincapié hace Cornaro en que el orden y moderación en sus hábitos físicos repercutieron muy beneficiosamente en su salud mental y en su carácter. Dice que su "cerebro se mantenía claro constantemente; la melancolía, odio y otras pasiones" lo dejaron en paz, y que se agudizó su sentido estético, de forma tal que las cosas bellas le parecían cada vez más hermosas. Dice: "Vengan a ver y maravíllense de mi buena salud, de cómo monto a caballo sin ayuda y corro escaleras y cuestas; cuán alegre, divertido y contento estoy, cuán libre de cuidados y pensamientos desagradables. La paz y la alegría no me abandonan nunca. Todos mis sentidos (alabado sea Dios) se hallan en la mejor condición, incluso el del gusto, pues disfruto más con los simples alimentos que ahora como moderadamente que con los exquisitos bocados que comía en mis años de desorden. Cuando llego a casa veo ante mí, no uno o dos, sino once nietos. Me deleito en oírlos cantar y tañer varios instrumentos. Yo también canto y hallo mi voz mejor, más clara y fuerte que nunca. Mi vida, pues, es bien viva, no está nada muerta, y no cambiaría mi vejez por la juventud de aquellos que viven al servicio de sus pasiones". Escribió un segundo ensayo a los 86 años y un tercero a los 91 años. En éste último indica que "escribo constantemente, con mi propia mano, ocho horas diarias y, además de esto, camino y canto muchas horas, pues al levantarme de la mesa siento el impulso de cantar". Murió sosegadamente en 1566, algunos dicen que a la edad de 99 años y otros a la de 103 años.

Rousseau, por su parte, dice en su libro "Sobre el Origen de las Desigualdades" que "la extrema desigualdad en la manera de vivir, el exceso de ociosidad en unos, exceso de trabajo en otros, la facilidad para excitar y para satisfacer nuestros apetitos y nuestra sensualidad, los alimentos demasiado rebuscados de los ricos que los nutren de jugos ardientes y los agobian a indigestiones, la mala alimentación de los pobres, de la que carecen incluso la mayoría de las veces, y cuya falta les lleva a sobrecargar ávidamente sus estómagos cuando se presenta la ocasión, las vigilias, los excesos de toda especie, los transportes inmoderados de todas las pasiones, las fatigas y el agotamiento del espíritu, los pesares y las penas sin número que experimentan en todos los estados y que perpetuamente roen las almas: he ahí las funestas garantías de que la mayoría de nuestros males son nuestra propia obra, y de que habríamos evitado casi todos conservando la forma de vivir sencilla, uniforme y solitaria que nos fue prescrita por la naturaleza. Si ella nos destinó a ser sanos, casi me atrevo a asegurar que el estado de reflexión es un estado contra natura y que el hombre que medita es un animal depravado. Cuando se piensa en la buena constitución de los salvajes, por lo menos de aquellos a quienes no hemos echado a perder con nuestros licores fuertes, cuando se sabe que casi no conocen más enfermedades que las heridas y la vejez, uno se siente tentado a creer que se haría fácilmente la historia de las enfermedades humanas siguiendo la de las sociedades civiles".

Leo, a principios del siglo XXI, un suelto de prensa que señala que científicos norteamericanos afirman que las personas dinámicas, felices y relajadas, de esas del gusto de Nietzsche, se resfrían menos que las deprimidas o malhumoradas. Estas últimas dicen sentir síntomas del resfrío aunque no lo padezcan. Se trata de los resultados de un estudio efectuado por investigadores de la Universidad Carnegie Mellona que, en general, constató que los participantes con actitud positiva contraían menos el virus del resfrío común. Lo cierto es que cada vez surgen con más frecuencia noticias de nuevos descubrimientos sobre cómo el cuerpo humano genera ciertos compuestos que inciden en nuestro estado de ánimo.

EL TRABAJO

"La tradición bíblica nos cuenta que la ausencia de trabajo, la ociosidad, constituyó la felicidad del primer hombre antes de la caída. El amor a la ociosidad perdura en el hombre caído; pero la maldición se cierne todavía sobre la humanidad, y es imposible para nosotros ser a un tiempo perezosos y gozar de bienestar, no sólo porque estamos obligados a ganar nuestro pan con el sudor de nuestra frente, sino porque, dadas las condiciones de nuestra naturaleza moral, no podemos estar ociosos y contentos. Una secreta voz nos advierte que el permanecer ociosos es pecado. Si el hombre pudiese hallar una situación en la que, en medio de la holganza, cumpliese, sin embargo, su deber, habría descubierto una de las condiciones de la primitiva beatitud humana. Este estado de ociosidad obligatoria e irreprochable es el de toda una clase de la sociedad: los militares, y ese es el principal atractivo de la profesión militar". Puede que no sea muy simpático para los militares haber empezado este capítulo con esta cita de la novela "La Guerra y la Paz" de Tolstoi, pero, aparte la humorada, el novelista ruso expone con acierto el problema de que el ocio nos provoca cargo de conciencia.

 René Descartes, confesó en su libro "El Discurso del Método", no sentir un excesivo amor por la gloria "y hasta me atrevo a decir que la odio, en cuanto a que la juzgo contraria a la quietud; la perfecta tranquilidad de espíritu es lo que busco". Y termina su libro señalando que "siempre me consideraré más obligado con los que me hagan la merced de ayudarme a gozar de mis ocios, sin tropiezos, que con los que ofrezcan los más honrosos empleos del mundo". Ocio y tranquilidad, claro está, para pensar y decir lo que a la postre vendría a marcar el inicio de la modernidad: el racionalismo.

Creo que no nos equivocamos si afirmamos que para la gran mayoría de las personas el trabajo es un fastidio. Pocos son los que tienen la suerte de disfrutar con el trabajo que les tocó. Pero, mirado el asunto desde el punto de vista de la felicidad, una buena parte de los pensadores tiende a creer que la mayoría de la gente, al poco tiempo de alcanzar el anhelo de no trabajar, va a estar rogando que le devuelvan su ocupación. ¿Por qué? Porque el tedio, el aburrimiento que trae la ociosidad, es más desgastador que el trabajo. Los ricos inteligentes, que se puedan dar el lujo de no trabajar, después de haber viajado por todo el mundo, dándose todos los gustos imaginables, irremediablemente caen también en el tedio y vuelven a sus trabajos.

Dice Ortega en su ensayo Sobre la Caza "que para casi todos los hombres la mayor porción de la vida está llena de ocupaciones forzosas, de faenas que por su gusto no ejecutarían. Parecería natural que siendo tan antiguo y permanente este sino hubiese ya logrado el hombre adaptarse a él y, en consecuencia, hallarlo encantador. Pero no lleva trazas de conseguirlo. Aunque la continuidad del enojo nos halla encallecido un poco, siguen pareciéndonos penosas esas ocupaciones impuestas por la necesidad. Gravitan sobre nuestra existencia, magullándola, triturándola. Por eso las llamamos 'trabajos', palabra que significó primero un atroz tormento (trepalitum). Y lo que más nos atormenta en los trabajos es que al llenar el tiempo de nuestra vida nos parece que nos lo quitan o, dicho de otro modo, que la vida empleada en el trabajo no nos parece ser la verdaderamente nuestra, la que debía ser, sino, al contrario, la aniquiladora de nuestra auténtica existencia. Con reflexiones secundarias que intentan ennoblecer a nuestros ojos el trabajo y construirle una especie de leyenda hagiográfica procuramos animarnos; pero el fondo insobornable que actúa siempre en nuestro interior no abandona jamás la protesta y confirma la terrible maldición del

Génesis. De aquí el mal sentido que con frecuencia insuflamos en el vocablo ocupación. Cuando alguien nos dice que 'está muy ocupado' suele darnos a entender que tiene en suspenso su verdadera vida, como si realidades extranjeras hubiesen invadido sus ámbitos y la hubieran desalojado. Hasta tal punto es así que quien trabaja lo hace con la esperanza, más o menos tenue, de ganar con ello un día la liberación de su vida, de poder en su hora dejar de trabajar y... comenzar de verdad a vivir".

"Lo cual manifiesta que, sumergido penosamente en sus trabajos u ocupaciones forzosas, el hombre proyecta con su fantasía, a ultranza de ellos, otra figura de vida consistente en ocupaciones muy distintas, en cuya ejecución no le parecería perder el tiempo, sino, al revés, ganarlo, llenándolo satisfactoria y debidamente. Frente a la vida que aniquila y malogra a sí misma –la vida como trabajo- erige el programa de una vida que se logra a sí misma, la vida como delicia y felicidad. Mientras las ocupaciones forzosas se presentan con el cariz de imposiciones forasteras, a estas otras nos sentidos llamados por una vocecita íntima que las reclama desde secretos y profundos pliegues yacentes en nuestro recóndito ser. Este extrañísimo fenómeno de que nos llamamos a nosotros mismos para hacer determinadas cosas es la vocación"

Señala Ortega más adelante que "hay una vocación general y común a todos los hombres. Todo hombre, en efecto, se siente llamado a ser feliz; pero en cada individuo esta difusa apelación se concreta en un perfil más o menos singular con que la felicidad se presenta". Y he aquí que el filósofo español, a propósito de la vocación, define la felicidad como "la vida dedicada a ocupaciones para las cuales el hombre tiene singular vocación. Metido en ellas, no echa de menos nada; íntegro le llena el presente, libre de afán y nostalgia. Ejercitamos las actividades trabajosas, no por estimación alguna de ellas, sino por el resultado que tras sí dejan, en tanto que nos entregamos a ocupaciones vocacionales por complacencia en ellas mismas, sin importarnos su ulterior rendimiento. Por eso deseamos que no concluyan nunca. Quisiéramos perernizarlas, eternizarlas. Y, en verdad, que absortos en una ocupación feliz, sentimos un regusto, como estelar, de eternidad. Los trabajos nos quitan el tiempo para ser felices; tan pronto como el hombre descubre un resquicio o rendija en la maraña de sus trabajos escapa por ellos al ejercicio de actividades venturosas. Las ocupaciones felices, conste, no son meramente placeres; son esfuerzos, y esfuerzos son los verdaderos deportes. No cabe, pues, distinguir el trabajo del deporte por un más o un menos de fatiga. La diferencia está en que el deporte es un esfuerzo hecho libérrimamente, por pura complacencia en él, mientras el trabajo es un esfuerzo hecho a la fuerza en vista de un rendimiento".

Sobre este tema, Bertrand Russell concluye que "el trabajo es deseable ante todo y sobre todo como preventivo del aburrimiento, porque el aburrimiento del trabajo necesario y desprovisto de interés no tiene comparación con el aburrimiento de quien no sabe cómo emplear su tiempo. Además, agrega, siempre que el trabajo no sea abrumador, el placer del descanso que le sigue es mucho mayor que el que obtiene el perezoso. Otra ventaja del trabajo es que da a las personas posibilidades de éxito y, por lo mismo, de mayor o menor figuración en determinados círculos, constituyéndose, además, en un auxiliar eficiente de la ambición. En la mayoría de estas ocupaciones el éxito se mide por los niveles de sueldos. El trabajo puede no gustar, pero los resultados del mismo en términos económicos y de estatus o figuración, tienden a compensar una ocupación embrutecedora. Los pocos afortunados que han encontrado en el trabajo su máxima felicidad, son aquellos que en sus ocupaciones despliegan sus mejores aptitudes. Pero estas actividades, para llenar de satisfacción a las personas, deben tener como característica esencial el ser perfectibles en forma indefinida. Uno puede tener aptitud para apretar tuercas, pero el goce que ello va a causar obviamente es limitado. Rápidamente esta actividad se transformaría en algo monótono. En cambio, un cirujano, un abogado, un mueblista, un artesano, se pueden pasar la vida incrementando en perfección y belleza el fruto de su actividad. Aquí hay una fuente de felicidad sin límite. Ahora conviene hacer una distinción entre lo anterior y las ocupaciones que uno tiene en las horas libres. El científico puede cumplir su horario de trabajo en forma feliz, pero igual necesita otro tipo de actividad que lo aleje, que lo haga olvidar por algunos instantes de su ocupación principal. Podría, por ejemplo, dedicarse a la jardinería".

"Pero el trabajo de mayor valor es el que realiza el artista, el hombre que hace arte. No sé si las realizaciones humanas a este nivel, necesariamente escasas, deparan felicidad a todos sus autores. Sabemos de grandes artistas que no han tenido una vida feliz. No obstante ello, lo más lógico es suponer que quien es capaz de hacer algo que pueda llamarse arte debería ser feliz. Para los simples mortales, trabajar, en consecuencia, es aconsejable. Combate el aburrimiento, permite alcanzar prestigio, reconocimiento y bienestar económico. Cuando esta actividad coincide con las aptitudes de la persona, estamos frente a casos excepcionales, de mucha fortuna para sus ejecutores. A veces, los problemas existenciales que provoca en la gente con aptitudes artísticas o de cualquier otro tipo, el trabajar en algo que no gusta, los lleva a pensar en renunciar al trabajo para dedicarse de lleno a lo que sienten o creen que es su vocación. Las complicaciones de dar este paso son, en la generalidad de los casos, de índole económicas. Por eso, admiramos a los valientes que heroicamente se deciden, sobre todo cuando tienen un talento artístico del más alto nivel. A veces les va bien, las más de las veces les va mal; pero no hacerlo es casi siempre peor, porque los arrepentidos se pasan la vida rumiando en su imaginación todo aquello que pudieron haber hecho y que no lo hicieron por no atreverse a dar esa zancada esencial. Muchas de estas personas, asimismo, son tratadas por el prójimo como irresponsables, porque en su intento de alcanzar algo mejor, han dejado en la miseria a sus familias. Cuando el audaz tiene éxito, la fama y la riqueza compensan todos los sufrimientos; cuando no, pasa a la historia familiar como un vago".

"En la magnificación del trabajo –dice Nietzsche en su libro "Aurora"-, en el incansable hablar de la 'bendición del trabajo', veo la misma idea oculta existente en la alabanza de las acciones impersonales de interés general: las del temor a todo lo individual. En el fondo, hoy día, al contemplar el trabajo –siempre nos referimos con tal a esa dura laboriosidad desde el alba hasta el anochecer- se siente que un trabajo semejante es la mejor policía, que reprime a cualquiera y que sabe impedir con violencia el desarrollo de la razón, de la codicia, del ansia de independencia. Pues consume una energía nerviosa tan extraordinaria que se la arrebata a la reflexión, a la cavilación, al sueño, a la preocupación, al amar, al odiar, coloca siempre en el punto de mira un objetivo pequeño y otorga livianas y regulares satisfacciones. Así, una sociedad en la que se trabaja duro de forma continuada acabará teniendo más seguridad: y la seguridad es adorada hoy día como la divinidad suprema. ¡Pero cómo! ¡Horror! ¡Precisamente el 'trabajador' se ha vuelto 'peligroso'! ¡Hay un pulular de 'individuos peligrosos'! ¡Y tras ellos el peligro de los peligros: el individuo!".

Y en "Humano, Demasiado Humano" dirá que "a los activos les falta habitualmente la actividad superior: me refiero a la individual. Son activos como funcionarios, comerciantes, eruditos, es decir, como seres genéricos, pero no como personas singulares y únicas enteramente determinadas; en este respecto son holgazanes. La desgracia de los activos es que su actividad es casi siempre un poco irracional. No cabe, por ejemplo, preguntarse ante el banquero amasador de dinero por el fin de su incesante actividad: es irracional. Los activos ruedan como rueda de piedra, conforme a la estupidez de la mecánica. Como en todas las épocas, así también hoy en día todos los hombres se dividen en esclavos y libres; pues quien no tenga para sí dos tercios de su día es un esclavo, sea por lo demás lo que quiera, político, comerciante, funcionario, erudito". Y más adelante agrega: "Noble cosa son el ocio y la ociosidad. Si la ociosidad es efectivamente la madre de todos los vicios, hállase así pues en la vecindad más próxima de todas las virtudes: la persona ociosa es siempre mejor persona que la activa. No creáis sin embargo que con ocio y ociosidad estoy aludiendo a vosotros, ¿eh, holgazanes?".

"Es algo de indios, propio de la situación salvaje de la sangre india, el modo como los americanos ansían el oro", dice Nietzsche también en "El Gay Saber". "Su prisa sin respiro en el trabajo –el vicio propio del nuevo mundo- comienza ya, por contagio, a hacer selvática la vieja Europa y a extender por ella una sorprendente falta de ingenio. Ahora uno se avergüenza del descanso; estar mucho tiempo pensando casi causa remordimientos. Se piensa con el reloj en la mano, como se come al mediodía, con la mirada puesta en la información bursátil, se vive como quien continuamente 'está a punto de perder algo'. 'Es preferible hacer cualquier cosa a no hacer nada'…, este principio es también un cordel para dar el golpe de gracia a toda formación y a todo gusto superior. Y cuán visiblemente perecen así todas las formas por esta prisa de los que trabajan. Así perece también la sensibilidad para la forma misma, el oído y la vista para la melodía de los movimientos. La prueba de ello está en la burda sencillez que se exige por todas partes, en todas las situaciones en que el hombre quiere ser sincero con otros hombres, en el trato con los amigos, mujeres, parientes, niños, maestros, escolares, jefes y príncipes -ya no se tiene tiempo ni fuerzas para ceremonias, para la cortesía con rodeos, para todo esprit en la conversación y sobre todo para todo otium-. Pues la vida en la caza por ganar dinero, fuerza continuamente a gastar el propio espíritu hasta agotarse, en cambiar continuamente de sitio, sorprender con astucia (la virtud de los plebeyos, según Nietzsche), o adelantarse a los demás. Ahora la virtud propiamente es hacer algo en menos tiempo que otro. De ese modo sólo quedan pocas horas para la sinceridad 'permitida'; pero entonces ya está uno cansado y no sólo quisiera 'dejarse llevar', sino 'tenderse' un buen rato a la larga perezosamente. Conforme a esta inclinación escribe ahora uno sus cartas, cuyo estilo y cuyo espíritu serán siempre el propio 'signo del tiempo'. Si se encuentra placer aún en la sociedad y en las artes es un placer como cuando se atavían los esclavos cansados de trabajar. ¡Hay que ver esta suficiencia de la 'alegría' en nuestros cultos e incultos! ¡Hay que ver esta sospecha creciente respecto a todas las alegrías! El trabajo cada vez más tiene de su parte toda buena conciencia. La tendencia a la alegría se llama ya 'necesidad de descanso' y comienza a avergonzarse de sí misma. Hay que hacer algo por la salud —así se dice, cuando se le sorprende a uno en una excursión campestre-. Y podría llegar muy pronto el momento en que no ceda uno a su inclinación por la vida contemplativa (esto es, a pasear pensando y con sus amigos), sino con desprecio de sí mismo y con mala conciencia. ¡Bueno! En otro tiempo ocurría lo contrario. El trabajo llevaba consigo la mala conciencia. El hombre de buena ascendencia 'ocultaba' su trabajo cuando la necesidad le forzaba a trabajar. El esclavo trabajaba con el sentimiento de que hacía algo despreciable. 'La distinción y el honor están sólo en el otium y en el bellum'. Así suena la voz del antiguo prejuicio".

Volvamos a "El Gay Saber". "Casi todos los hombres en los países civilizados son ahora iguales en buscarse trabajo para ganar un sueldo. Para todos ellos el trabajo es un medio y no un fin. Por esto no se esmeran mucho en la elección del trabajo, con tal de que arroje una ganancia abundante. Ahora son raros los hombres que prefieren perecer antes que trabajar sin encontrar agrado en el trabajo. Estos son difíciles de contentar, son en grado sumo inconformistas, pues no se les satisface con una ganancia abundante cuando el trabajo mismo no es su mayor ganancia. A esta rara especie de hombre pertenecen los artistas y contemplativos de toda índole, y también los ociosos que emplean su vida en la caza, en los viajes, o en aventuras o intrigas amorosas. Todos éstos quieren trabajo y pobreza, mientras lleve consigo el agrado, incluso el más difícil y el más duro trabajo cuando tenga que ser así. Pero de otro modo, están de parte de la pereza más decidida, aún en el caso que deba venir con esta desidia, empobrecimiento, deshonor, peligro de enfermedad y de muerte. No temen tanto el aburrimiento como el trabajo que no les agrade. Es cierto que tienen necesidad de aburrirse mucho, antes de que les salga bien su trabajo. El aburrimiento para los pensadores y para todos los espíritus sensibles es como aquella desagradable 'calma absoluta' de las almas que precede el viaje feliz y a los vientos favorables. Ha de soportar el aburrimiento, ha de aguardar en sí aquellos efectos; esto es lo que las naturalezas inferiores no son capaces de conseguir. Es vulgar ahuyentar de sí el aburrimiento de ese modo como también es vulgar trabajar sin agrado. Tal vez los asiáticos se distinguen de los europeos en que aquéllos son capaces de un reposo más largo y profundo que éstos. Hasta sus narcóticos obran lentamente y requieren paciencia, muy al contrario de la enojosa brusquedad del veneno europeo que es el alcohol".

"Con cuánta frecuencia –señala en otro lugar de "El Gay Saber"- veo que la laboriosidad ciegamente ardorosa proporciona en efecto riquezas y honor, pero al mismo tiempo quita a los órganos la agudeza para conseguir disfrutar con la riqueza y los honores, de tal modo que aquel medio capital para evitar el aburrimiento y las pasiones, entorpece al mismo tiempo los sentidos y los hace refractario al espíritu ante nuevos estímulos. Nuestra época, la más laboriosa de todas las épocas, no sabe qué hacer con su gran laboriosidad. ¡Se necesita precisamente más ingenio para gastar que para ganar! Ahora bien, ¡tendremos nuestros 'nietos'!".

Una visión oriental sobre el trabajo la expone Lin Yutang en su libro "La Importancia de Vivir". "Lo más sorprendente que hay en el hombre es su ideal del trabajo, y la cantidad de trabajo que se impone a sí mismo, o que le ha impuesto la civilización. Toda la naturaleza se dedica a la holganza, y sólo el hombre trabaja por su sustento. Trabaja porque tiene que hacerlo, porque con el progreso de la civilización, la vida se hace más compleja, con deberes, responsabilidades, temores, inhibiciones y ambiciones, no nacidas de la naturaleza, sino de la sociedad humana".

SENECA, ESTOICOS, CINICOS Y EPICÚREOS

Entre los problemas no resueltos en la historia de la filosofía, afirma Isaiah Berlin, está la falta de explicación del tránsito que va desde el período clásico griego al estoicismo. Hay ahí una laguna que corta abruptamente ambos períodos. Una posible explicación está en que, como señala Wilhem Dilthei, y al revés de lo que suele pensarse, las escuelas filosóficas predominantes en la Grecia de Platón, Sócrates y Aristóteles, se relacionaban con el escepticismo. De modo que si algo tenían que heredar las edades históricas subsiguientes, obligadamente tenían que relacionarse con la forma escéptica de ver el mundo. Los cínicos ya hacían escuchar su voz, como reacción a las ideas de Sócrates y Platón, en el siglo V antes de Cristo. Así pues, cínicos, epicúreos y estoicos dominan el escenario filosófico hasta la caída del Imperio Romano.

El escepticismo, señala Bertrand Russell, se acentuó cuando el poder político pasó a manos de los macedónicos. A partir de entonces, los filósofos griegos se apartaron de la política consagrándose más a los problemas de la salvación y la virtud individual. La pregunta que se hacían era ¿cómo pueden los hombres ser virtuosos en un mundo perverso o felices en un mundo de sufrimiento? Aristóteles fue el último filósofo griego que se enfrenta con el mundo alegremente. Después de él todos practican, de una forma u otra, una filosofía de retirada: el mundo es malo, por lo tanto aprendamos a independizarnos de él.

Por su parte, Berlin hace notar que "el concepto del sabio racional que ha huido a la fortaleza interna de su verdadero yo parece surgir cuando el mundo exterior ha resultado ser excepcionalmente árido, cruel o injusto". Berlin cita aquí un pensamiento de Rousseau, quien dijo que "es verdaderamente libre quien desea lo que puede hacer y hace lo que desea". Un mundo que no permite al hombre hacer mucho para que busque la felicidad, la justicia o la libertad, porque encuentra obstaculizadas demasiadas posibilidades de actuación, puede hacerse irresistible la tentación de retirarse a sí mismo. "Pudo haber sucedido así en Grecia -dice Berlin-, donde el ideal estoico no debe desconectarse por completo del hundimiento de las democracias independientes ante la autocracia macedónica centralizada. También fue así en Roma, por razones parecidas, después de la República. Surgió en Alemania en el siglo XVII en el período de la más profunda degradación nacional de los estados alemanes que siguió a la Guerra de los Treinta Años, en el momento en que el carácter que cobró la vida pública, especialmente en los pequeños principados, forzó a una especie de emigración interna a los que estimaban la dignidad de la vida humana". Agrega Berlin que "quizás no sea demasiado rebuscado suponer que el quietismo de los sabios orientales era igualmente una reacción frente al despotismo de las grandes autocracias, y que floreció en los períodos en que los individuos se prestaban a que fueran humillados, ignorados o, en todo caso, manipulados despiadadamente por los que tenían los instrumentos de la coacción física".

En fin, los estoicos, influidos por el escepticismo, no enfrentan -como Platón y Aristóteles- el problema del ser, la Gran Filosofía. Sus preocupaciones se desviaron hacia temas éticos y morales, más relacionados con el diario vivir.

Entre las figuras más destacadas de esta escuela está Séneca, que nace en una fecha indeterminada a fines del siglo I antes de Cristo y muere el año 65, al obedecer la orden de Nerón de suicidarse. Para Séneca la felicidad reside en "vivir conforme a la naturaleza", a la cual conduce la virtud de la mano de la razón. La felicidad consiste en liberarse de la tiranía de los placeres; en lograr la perfección individual para vivir conforme a la naturaleza, que es la divinidad que rige los principios de la vida; en la virtud, que persigue la divinización de individuos a través de una selección ajustada del bien y del mal y de la imperturbabilidad, y en la sabiduría, actitud del sabio, que constituye el único método seguro para guiar esa virtud individual a su identificación con la naturaleza, a través de la liberación del azar y de los temores".

Pero antes de seguir con Séneca, dos palabras sobre los movimientos cínico y epicúreo. El fundador de la escuela cínica fue Diógenes, quien dio el nombre a su filosofía al decidirse a vivir como perro, que en griego se dice cínico. Rechazó todas las convenciones, fuesen de religión, modales, vestidos, habitación, comida o decencia. Se ha dicho que habitó en un tonel, pero en realidad se trataba de un gran cántaro de la clase de los usados en los entierros. Vivió mendigando y proclamó su hermandad con la raza humana y con los animales. Su vida está plagada de anécdotas y la más famosa de todas es aquella que cuenta que cuando Alejandro le preguntó si deseaba algún favor, contestó que sí, que se corriera un poco porque le estaba tapando el sol.

La doctrina de Diógenes no tiene nada que ver con lo que ahora queremos significar cuando usamos el término cínico. Sentía una ardiente pasión por la virtud, en comparación con la cual calificaba los bienes terrenos como indignos. Buscaba la virtud y la moral en la liberación del deseo. Decía: "Sé indiferente a los bienes que la fortuna te otorga y te librarás del miedo". Los bienes externos son precarios; son dones de la fortuna, no el premio de nuestros esfuerzos. Sólo los bienes subjetivos –la virtud o el contentamiento por la resignación- son seguros, y sólo ellos, por lo tanto, tendrán valor para el hombre prudente.

En la primera parte del siglo III A. de Cristo los cínicos alcanzaron una gran popularidad, especialmente en Alejandría. Publicaban cortos sermones para indicar lo fácil que es obrar sin posesiones materiales, lo feliz que se puede ser con la comida sencilla, lo caliente que se puede estar en invierno sin ropas costosas, lo tonto que es sentir afecto por el propio suelo nativo o tristeza cuando se muere un hijo o un amigo, llevando aquí la sencillez a extremos pocos simpáticos. En general el cínico era estimado como el hombre a quien las cosas del mundo le eran totalmente indiferentes.

Investigadores han señalado que fue por la admiración hacia la independencia del modo de vida socrático por lo que los cínicos llegaron a proclamar al individuo aislado como de la máxima importancia, mientras que los convencionalismos de la sociedad no son –decían- sino vestigios inertes de un remoto pasado, que han de ser tenidos en poco por cualquier individuo, ya que carecen por completo de importancia. En líneas generales los cínicos consideraban con indiferencia las cosas de este mundo. De modo que antes que una filosofía, el cinismo consiste en una forma de vida, un estilo de vida, que surgió en un momento de crisis en el mundo antiguo, mundo amenazador, de exilios, esclavitud y falta de libertades. Y es para afrontar esa crisis por lo que los cínicos renuncian a la acción y declaran que lo ideal es la pasividad absoluta.

Con el epicureísmo pasó con el correr de los siglos algo similar a lo que sucedió con el concepto cínico. Hoy, cuando decimos de alguien que le gusta llevar una vida epicúrea, estamos queriendo decir algo totalmente distinto a la doctrina enseñada por sus autores principales, Epicúreo y Zenón, ambos del siglo IV A. de Cristo. Para aclarar de inmediato el punto, digamos que la alimentación de Epicúreo consistía principalmente de pan y agua. "Mi cuerpo se estremece de placer cuando vivo de pan y agua, y desprecio los placeres del lujo, no por sí mismos, sino por los inconvenientes que le siguen". Como su norte era la felicidad, postulaba que la forma más segura de alejarse de ella era incurriendo en excesos, que a la postre terminan por sumir al hombre en la más absoluta infelicidad. La filosofía de Epicuro va encaminada a asegurar la tranquilidad. Consideraba que el placer era el bien y se adhirió, con notable insistencia, a todas las consecuencias de este concepto. "El placer –dice- es el principio y fin de la vida beata. No sé cómo puedo concebir el bien si prescindo de los placeres del gusto, de los placeres del amor, de los del oído y de los de la vista. El principio y la raíz de todo bien es el placer del estómago; aun el saber y la cultura tienen que referirse a éste. La virtud, a menos que signifique prudencia en la búsqueda del placer, es un nombre vacío. La justicia consiste en actuar hasta no tener ocasión de temer el resentimiento de los demás hombres. Cuando el cuerpo se halla en estado de equilibrio no hay dolor; debiéramos, por eso, tender al equilibrio y a los placeres tranquilos mejor que a los goces violentos". Epicúreo busca, más que el placer, la ausencia de dolor.

Pero volvamos a Séneca. Advierte el filósofo en su libro "Sobre la Felicidad" que en su búsqueda "debemos poner gran empeño en no seguir, según acostumbran las ovejas, al rebaño que va delante y que caminan, no por donde se debe ir, sino por donde va todo el mundo". Nada nos proporciona más desgracia, dice, que estar convencidos de que lo mejor es aquello que ha sido aceptado por la mayoría. Acertaremos tan pronto como nos separemos de los demás. La multitud es un argumento irrefutable que prueba lo peor".

Según el modo de pensar común a todos los estoicos, decía que "estoy conforme con la naturaleza de las cosas; no apartarse de ellas y formarse según sus leyes, tomándola como modelo, eso es la sabiduría. Bienaventurada es, por tanto, aquella vida que se ajusta a la naturaleza; que no ha conocido otro bien mayor que aquel que se puede dar él mismo, para quien la verdadera felicidad consistirá en el desprecio de los placeres; que se alegra con las cosas que son exclusivamente suyas y que no ambiciona otras mayores que las que lleva dentro; los placeres llevan al dolor. La felicidad de la vida consiste en tener el espíritu libre y elevado, sin miedo y seguro, y colocado fuera del alcance del temor y de la ambición; un espíritu para quien el único bien está en la honestidad y el único mal en la vileza. Todas las demás cosas que forman parte de nuestra existencia representan una enorme cantidad de cosas vergonzosas, que no quitan ni añaden nada a la felicidad de la vida, y que vienen y se van sin que sufra disminución ni aumento el bien supremo".

"Puede llamarse feliz el que no desea ni teme nada, beneficiándose del uso de la razón. Nadie puede llamarse feliz si se encuentra separado de la verdad. Feliz es el que tiene un criterio recto, el que se contenta con lo que tiene, tenga lo que tenga, y el que prefiere sus propias cosas a las que le puedan venir de fuera". Séneca arremete contra el placer señalando que "en el momento que más deleita, entonces es cuando se extingue; rápidamente se llena y se cansa, y después del primer impulso, desfallece. Jamás se debe tener seguridad en algo cuya naturaleza descansa en el movimiento. Así pues, ni siquiera puede subsistir una naturaleza cuya esencia consiste en venir de paso, para desaparecer con el desgaste producido en el mismo servicio que nos presta. Terminándose donde llega y caminando al declive cuando comienza"

El filósofo recomienda servirse de la naturaleza como guía. "La razón la observará y consultará con ella. Vivir felizmente o con arreglo a la naturaleza, es, por tanto, una misma cosa. Si llegamos a respetar con sumo cuidado y sin miedo las condiciones del cuerpo y las cosas que convienen a la naturaleza, como si nos las hubiera prestado para devolverlas en un mismo día; si no nos sometemos a su esclavitud, ni permitirnos que se apoderen de nosotros cosas extrañeza; si las cosas agradables al cuerpo y que le llegan por casualidad, las colocamos en un lugar parecido al que se utiliza en los campamentos para guardar los recursos y armas ligeras. Que todos esos bienes los tengamos a nuestro servicio y no permitamos que nos manden: únicamente así serán más útiles a nuestro espíritu. El hombre ha de sentirse incorruptible a las cosas externas y tan sólo ha de valorar lo suyo propio, confiando en las fuerzas de su alma. Que la confianza no lleve a despreciar la ciencia". El sumo bien y la felicidad, en suma, se alcanza cuando el espíritu, guiado por la virtud, adquiere el poder total, lo inunda todo.

Séneca enfrentó en vida la crítica de sus contemporáneos. No tanto por lo que dijo, sino porque su vida, observada en forma superficial, representa la antítesis de la filosofía estoica. Fue preceptor del emperador Nerón, sobre quien, a juzgar por la historia, no ejerció ningún ascendiente. Estuvo, por lo tanto, en el centro de una de las cortes más corruptas y proclives a los placeres que cabe imaginar. Participó en política, lo cual implica que era un hombre ambicioso, y amasó una considerable fortuna. ¿Dónde está el estoico? Él se defiende en forma convincente. "Hablas de una manera -dice que le dicen- y vives de otra diferente. De esto, ¡oh mentes llenas de maldad y las más enemigas de los mejores hombres!, de esta infamia fueron acusados Platón, Epicúreo y también Zenón. Todos estos filósofos hablaban, no precisamente como vivían ellos mismos, sino de la forma en que se debía vivir. Hablo de la virtud, no de mí; cuando me sea posible viviré como conviene. Nada me impedirá que siga alabando una vida, no la que llevo, sino la que yo sé que se debe llevar". Y agrega: "De la misma manera que un sabio no admitirá dentro de los umbrales de su casa ni un denario que hubiera entrado deshonrosamente, así tampoco rechazará ni excluirá las grandes riquezas que son el regalo de la fortuna y el fruto de la virtud. Que vengan y se encontrarán con un alojamiento bueno. No hará ostentación de ellas, ni tampoco las esconderá; lo primero indica estupidez de espíritu; lo segundo, timidez y apocamiento. Niego que las riquezas constituyan un bien, porque si lo fuesen harían buenos a los hombres. Pero confieso que se pueden tener, que pueden ser útiles y que pueden aportar grandes comodidades a la vida".

SAN AGUSTIN Y SANTO TOMAS

Cuando Ortega y Gasset –filósofo ateo- se refiere a San Agustín (354-430), lo hace con mucho respeto y simpatía. En uno de sus ensayos lo llama "frailazo", queriendo significar con ello que estamos frente "al primer romántico, formidable, gigantesco en todo", aunque filosóficamente "ingenuo", no por deficiente, sino porque todavía seguía adscrito al realismo antiguo, cuyo nombre técnico es filosofía ingenua. Otro filósofo ateo, Bertrand Russell, también sitúa en un lugar de privilegio la penetrante mente filosófica de este hombre excepcional. Nació en Tagaste, Africa, el año 354 d. de Cristo. Las biografías católicas señalan que después de "una juventud desviada doctrinal y moralmente, se convirtió, estando en Milán, y el año 387 fue bautizado por el obispo San Ambrosio". Esta opinión, que por lo demás era la del propio San Agustín, tiende, obviamente, a presentar como reñidos con el bien hechos de común ocurrencia en la vida de un sujeto normal. En su libro "Confesiones", donde cuenta a Dios su vida, no encontramos nada que pudiera haber sido inspirado por el diablo. Confiesa que sintió atracción por las mujeres, con las cuales mantuvo relaciones carnales, y que por un tiempo fue cautivado por filósofos y doctrinas heréticas y paganas. Sus grandes pecados de la niñez fueron odiar las clases de griego y no estudiar materias que le parecían perfectamente inútiles. Se acusa amargamente de haber destacado en sus estudios de retórica, en Cartago, sólo por lucimiento y vanidad. La lectura del "Hortensius", de Cicerón, le desvió de la retórica a la filosofía. También leyó a Platón y las obras de los escritores cristianos, pero la sencillez del estilo de estos últimos le impidió comprender su humildad y penetrar su espíritu. Por entonces cayó en el maniqueísmo. Reconoce que "Buscaba yo por el orgullo lo que sólo podía encontrar por la humildad. Henchido de vanidad, abandoné el nido, creyéndome capaz de volar y sólo conseguí caer por tierra". Aunque convencido de la doctrina de la iglesia católica, demoró en convertirse al dudar de su capacidad de mantenerse casto. Tanto así, que en sus plegarias pedía a Dios fuerza para ser casto, "pero no todavía". "Así pues, te decía: 'Lo haré pronto, poco a poco; dame más tiempo'. Pero ese 'pronto' no llegaba nunca, las dilaciones se prolongaban, y el 'poco tiempo' se convertía en mucho tiempo". Su conversión final vino una tarde en que se encontraba con su amigo Alipio en un jardín y oyó la voz de un niño que cantaba en la casa vecina una canción que decía: "Tolle lege, tolle lege" (Toma y lee, toma y lee). Agustín empezó a preguntarse si los niños acostumbraban repetir esas palabras en algún juego, pero no pudo recordar ninguno en el que esto sucediese. Entonces le vino a la memoria que San Antonio se había convertido al oír la lectura de un pasaje del Evangelio. Interpretó, pues, las palabras del niño como una señal del cielo, dejó de llorar y se dirigió al sitio en que se hallaba Alipio con el libro de las Epístolas de San Pablo. Inmediatamente lo abrió y leyó en silencio las primeras palabras que cayeron bajo sus ojos: "No en las riñas y en la embriaguez, no en la lujuria y la impureza, no en la ambición y en la envidia: poneos en manos del Señor Jesucristo y abandonad la carne y la concupiscencia". Cuando al fin se decidió fue elegido obispo de Hipona. Durante treinta y cuatro años, en que ejerció este ministerio, fue un modelo para su grey, a la que dio una sólida formación por medio de sus sermones y de sus numerosos escritos. Los últimos días de San Agustín fueron muy borrascosos. El conde Bonifacio, que había sido general imperial en Africa, cayó injustamente en desgracia de la regente Placidia, e incitó a Genserico, rey de los vándalos, a invadir Africa. Agustín escribió una carta maravillosa a Bonifacio para recordarle su deber y el conde trató de reconciliarse con Placidia. Pero era demasiado tarde para impedir la invasión de los vándalos. San Posidio, por entonces obispo de Calama, describe los horribles excesos que cometieron y la desolación que causaron a su paso. Las ciudades quedaban en ruinas, las casas de campo eran arrasadas y los habitantes que no lograban huir morían asesinados. De las numerosas diócesis de Africa, las únicas que quedaban en pie eran Cartago, Hipona y Cirta, gracias a que dichas ciudades no habían sucumbido aún. El conde Bonifacio huyó a Hipona. Ahí se refugiaron también San Posidio y varios obispos de los alrededores. Los vándalos sitiaron la ciudad en mayo de 430. El sitio se prolongó durante catorce meses. Tres meses después de establecido, San Agustín cayó presa de la fiebre y murió el 28 de agosto de 430.

Lo que hace San Agustín es llevar hasta sus últimas consecuencias el razonamiento aceptado por la mayoría de que mientras menos dependa nuestro bienestar de los goces sensuales y de los bienes materiales, más felices seremos, o, si usted quiere, estaremos menos expuestos a caer en un estado de infelicidad. "Las Confesiones", la obra más importante y conocida de este africano, son el relato que hace a Dios de los inmensos esfuerzos que tuvo que realizar para cortar amarras con los bienes terrenales y, sobre todo, con los urgentes llamados de la carne. Pero, sin importar los motivos que tuvo San Agustín para renunciar al mundo secular, lo cierto es que tanto él, al igual que un filósofo ateo como Schopenhauer y los místicos orientales, coinciden en que los que efectivamente logran desprenderse totalmente de las atracciones mundanas, alcanzan el nivel de felicidad más alto a que puede aspirar el ser humano. Es el gozo de la misericordia; es la delicia que produce el bienestar espiritual y corporal de estar en paz con todo y con todos. El alma, la mente, el espíritu, como quiera que llamemos a nuestra subjetividad, está llena hasta los bordes de amor hacia todo lo que se presenta, excluyendo de raíz toda posibilidad de que surjan sentimiento de envidia, odio, ambición, rencor, celos, etcétera, que son, en definitiva, los que nublan y entristecen nuestra existencia. Dice San Agustín: "El amar y el ser amado se me proponía como una cosa muy dulce, especialmente si también gozase de la persona que me amaba. Con que venía a ensuciar las claras fuentes de la amistad con las inmundicias de la concupiscencia, y enturbiaba un candor con el cieno de la lascivia, y no obstante ser impuro y torpe, quería ser tenido por galán y cortesano, muy picado de vanidad; por lo que no tardé mucho en caer en los lazos del amor, cuya prisión deseaba. Pero ¡oh Dios mío y misericordia mía!, ¡con cuánta hiel y amargura rociasteis aquella suavidad de mis placeres, usando conmigo de vuestra infinita bondad! Porque logré también el ser amado y la posesión del objeto de mi amor; alegre y contento de verme atado con fuertes y funestas ligaduras, para ser después herido y azotado con varas de hierro ardiendo, que esto vienen a ser, para quien ama, los celos, las sospechas, los temores, las iras, desazones y contiendas". Con este ejemplo San Agustín nos dice que todos los placeres que buscamos entre las cosas y el prójimo tienen su contrapartida dolorosa. La derrota mortifica al ambicioso, los celos al amante, la pobreza al codicioso, la humillación al que busca poder. "Llegó el día en que habiéndome preparado para decir en alabanza y presencia del emperador un panegírico, en el cual había de mezclar mentiras y lisonjas con que merecer el aplauso y favor de los mismos que sabían la falsedad de mis elogios, en aquel día, pues, en que mi corazón no respiraba sino estos cuidados, abrasado en los ardores de varios pensamientos que me angustiaban, pasando por una calle de Milán, eché de ver a un pobre mendigo, que después de harto, según creo, estaba retozando y alegrándose. Esta ocasión me hizo suspirar y decir a los amigos que me acompañaban muchos sentimientos y quejas de nuestras locuras; pues con todos nuestros estudios y conatos, cuales eran los que entonces me afligían, estimulándome con los acicates de mis codicias y ambiciones a traer sobre mí la pesada carga de mi infelicidad, y haciéndola más pesada sólo con traerla, no pretendía otra cosa, ni aspiraba a otro fin que llegar a conseguir una alegre tranquilidad, adonde había llegado antes que nosotros aquel pobre mendigo, y acaso no llegaríamos jamás a conseguirla. Porque la alegría de una felicidad temporal, que aquel pobre había alcanzado ya con unos pocos dineros que le habían dado de limosna, esa misma era la que yo anhelaba y la que buscaba por tan penosos caminos y trabajosos rodeos. Es cierto que la alegría que aquel pobre gozaba no es la verdadera alegría; pero mucho más falsa era la que yo buscaba por los medios que me sugería mi ambición, y a lo menos aquel pobre estaba alegre y yo angustiado; él estaba seguro y yo temeroso. Ahora bien, si alguno me preguntara qué quería más, estar con alegría o estar con temor, respondería sin duda que más quería estar alegre. Y si me volviera a preguntar si quería más ser tal como era aquel o ser tal como me hallaba entonces, escogiera primero ser lo que yo era, aunque tan lleno de cuidados y temores; pero esta elección la haría mi perversidad, no la recta razón fundada en la verdad. Porque el ser yo más sabio que él no era la razón que me debía mover para anteponer mi estado al suyo, supuesto que de mi ciencia no sacaba yo gozo ni alegría, sino que me valía de ella para agradar a los hombres, no con el fin de instruirlos, sino solamente con el designio de agradarles".

"Nadie diga, pues, que hay mucha diferencia en los motivos y causas que tiene un hombre para su alegría; pues que si aquel mendigo se alegraba con su embriaguez, yo deseaba alegrarme con aplausos y gloria. Porque, ¿con qué gloria, Señor, había de alegrarme, siendo una gloria que no estaba en Vos? Que si la alegría de aquel pobre no era verdadera, tampoco era verdadera gloria la que yo buscaba, y que entorpecía y trastornaba mi razón, más que al otro su embriaguez. Además, en aquella misma noche había de digerir aquel mendigo el vino con que se había embriagado; pero yo había ya muchos días que dormía y me levantaba con mi embriaguez y había de proseguir durmiendo y volviéndome a levantar muchos días sin desecharla. Es verdad que debe considerarse la diferencia que hay entre los motivos y causas de la alegría; bien lo conozco y lo sé: que la alegría que nace de la esperanza cristiana es mayor incomparablemente que la que provenía de aquella vana gloria".

Luego de la conversión ocurrida en 386, San Agustín confiesa a Dios. "¡Oh, cuán dulce y gustoso se me hizo repentinamente el carecer de unos deleites que no eran más que simplezas y vanidades! Pues si antes me daba susto el perderlas, después me daba gusto el dejarlas... Ya mi alma se veía libre de los cuidados que causa la ambición de las dignidades, la codicia de los intereses, el deseo de saciar sus apetitos y de hallar medios con que avivarlos y excitarlos a los deleites sensuales; sólo me gustaba hablar de Vos, que sois mi gloria, mis riquezas, mi salud, mi Dios y mi Señor". El definitiva, "iba saliendo de este valle de lágrimas", había pasado "de las tinieblas a la luz y de la muerte a la vida". "Tampoco miraba ya estas cosas exteriores, como si fueran los verdaderos bienes a que debía aspirar, ni buscaba mi felicidad en estas cosas visibles a los ojos corporales y que se registran con la luz del sol. Porque aquellos herejes que quieren ser felices gozando de estas cosas corpóreas y exteriores, con facilidad se ven burlados y se vuelven inútiles y vanos sus deseos: como derraman su corazón y se entregan totalmente a estas cosas visibles que duran poco y las consume el tiempo, no tienen más recurso que estar como lamiendo con la lengua de su hambrienta imaginación las especies o imágenes que de aquellas cosas han quedado en ella".

No le resulta fácil a San Agustín explicar el estado de paz interior, de plena felicidad, logrado con su conversión. La primera vez que se dio cuenta de ello ocurrió en el transcurso de una "dulcísima" conversación con su madre, en la ciudad de Ostia, Italia. "Había llegado nuestra conversación a tales términos, que el mayor deleite de los sentidos corporales que pueda imaginarse, y en el mayor auge de luz y resplandor terreno que pueda concebirse, nos parecía indigno de poderse comparar; en aquel feliz instante en que nuestro espíritu subió tan alto, que rápidamente llegó a tocar nuestro pensamiento aquella sabiduría infinita que eternamente subsiste sobre todas las cosas, pues si este conocimiento se continuara, de modo que, apartados todos los demás que son de esfera muy inferior, sólo éste sea el que arrebate el alma, la posea toda, y la introduzca donde esté rodeada y llena de gozos interiores, en el concepto de que la vida eterna sea tal cual ha sido este momento de clara inteligencia que hemos tenido suspirando, ¿no sería todo esto lo que se promete diciendo: 'Entra en el gozo de tu Señor'?".

"Amo una fragancia, un cierto manjar y un cierto deleite cuando amo a mi Dios, que es luz, mediodía, fragancia, alimento y deleite de mi alma. Resplandece entonces en mi alma una luz que no ocupa lugar; se percibe un sonido que no lo arrebata el tiempo; se siente una fragancia que no la esparce el aire; se recibe gusto de un manjar que no se consume comiéndose, se posee estrechamente un bien tan delicioso, que por más que se goce y se sacie el deseo, nunca puede dejarse por fastidio".

"Amor divino", llama Tolstoi en "La Guerra y la Paz" a este fenómeno. Surge a propósito de la agonía del príncipe Andrés. "Su mente no se hallaba en estado normal. Sus facultades eran más agudas y activas que nunca, pero funcionaban al margen de su voluntad. Las ideas y las evocaciones más diversas se apoderaban de él simultáneamente. A veces, su pensamiento trabajaba con una fuerza, una claridad y una profundidad mucho mayores que si se hubiera hallado en estado normal; pero, de pronto, se le iban las ideas para dar lugar a una imagen cualquiera y ya no podía volver a encontrarlas. Sí, una felicidad nueva se me ha revelado –pensaba, tendido en su camastro, medio a obscuras, mirando frente a él con los ojos febriles muy abiertos-. Se me ha revelado la felicidad que se encuentra al margen de las fuerzas físicas y de las influencias exteriores, la felicidad del alma, la felicidad del amor. Todos los hombres pueden comprenderla y sentirla, pero únicamente Dios puede proporcionarla".

Y un poco más adelante el escritor nos dice que "De pronto, sus ideas (las del príncipe) y sus sentimientos reaparecieron en su cerebro con una clarividencia extraordinaria. El amor humano –piensa el personaje- puede convertirse en odio; el amor divino, no. Es el amor que he sentido por primera vez cuando, mientras estaba muriéndome, he encontrado a mi enemigo y lo he amado. He sentido el amor que es la esencia del alma y no necesita recompensa. Ahora mismo experimento el deseo de amar al prójimo, de amar a los enemigos y de amar a Dios en todas sus manifestaciones. Puede amarse con amor humano a un ser querido. Unicamente un enemigo puede ser amado con amor divino. Por eso he sentido una alegría tan intensa cuando me he dado cuenta de que amaba a aquel hombre (...) El amor humano puede convertirse en odio, pero el amor divino no puede modificarse. Nada, ni la muerte siquiera, es capaz de destruirlo. Es el sentido del alma". Después de algunos capítulos aparece nuevamente el príncipe Andrés. La muerte está cerca. "Vuelto en sí en la ambulancia, aquella flor de amor eterno se abrió en el fondo de su alma, desprendida por unos segundos del yugo de la vida; y entonces, sintiéndose libre e independiente de la tierra, todo temor ante la muerte se había disipado en él. Cuando más se absorbía en la contemplación de aquel futuro misericordioso que se desplegaba ante sí, más se separaba inconscientemente de la vida terrenal y más se achicaba aquella barrera que separa la vida de la muerte. ¿Qué era, en efecto, amarlo todo y a todos, sacrificarse por amor, sino no amar a nadie en particular y vivir una vida divina e inmaterial? Notaba que se acercaba su próximo fin y se decía: ¡Tanto Mejor!". Y sigue el príncipe Andrés: "¿Qué es el amor? –se decía-. El amor es la negación de la muerte; el amor es la vida; todo lo que comprendo sólo lo comprendo a través del amor. Todo reside en él. El amor es Dios, y morir es el retorno de una partícula de amor, que soy yo, a la fuente universal y eterna".

En consecuencia, hay que creerle a San Agustín de que el adormecimiento de los deseos, hasta la extinción total, por las razones que sean (en su caso es por encontrar a Dios), es el camino más seguro a la felicidad. El problema es que, con saber esto, no hemos avanzado mucho, porque es claro que no puede todo el mundo seguir los pasos de los santos sin poner en riesgo la existencia de la humanidad misma. Alguien tiene que hacer y, para hacer, alguien tiene que querer. Y como las desgracias, las desdichas, comienzan cuando el hombre empieza a querer, a desear cosas, caemos en la cuenta de que, al parecer, estamos atrapados en un carrusel. Además, seguir los pasos del santo significa dejar abandonados a su suerte a todos nuestros seres queridos que, si ustedes se fijan, dejan de ser nuestros exclusivos seres queridos, pues, como el santo ama a todos por igual, padre, madre, esposa, hijos y hermanos pasan a confundirse y a ser uno más entre el resto de los humanos. Con todo, ayuda a vivir mejor saber estas cosas; saber, por ejemplo, que la contención de nuestros apetitos redunda inmediatamente en una existencia más tranquila y llevadera. Ya ahondaremos más sobre este punto cuando veamos las ideas de Schopenhauer.

Ahora volvamos a San Agustín. En "De Beata Vita" habla sobre la vida feliz, a través de un diálogo con su madre y unos amigos.

-Todos queremos ser felices.

Estas palabras fueron acogidas con unánimes aplausos.

-¿Y os parece bienaventurado el que no tiene lo que desea?

-No -dijeron todos.

-¿Y será feliz el que posee todo cuanto quiere?

Entonces la madre respondió:

-Si desea bienes y los tiene, sí; pero si desea males, aunque los alcance, es un desgraciado.

Sonriendo y satisfecho, le dije:

-Madre, has conquistado el castillo mismo de la filosofía. Te han faltado las palabras para expresarte como Cicerón en el libro titulado "Hortensius", compuesto para defensa y panegírico de la filosofía. Allí dice textualmente acerca de lo que discutimos aquí: He aquí que todos, no filósofos precisamente, pero sí dispuestos para discutir, dicen que son felices los que viven como quieren. ¡Profundo error! Porque desear lo que no conviene es el colmo de la desventura. No lo es tanto no conseguir lo que deseas como conseguir lo que no te conviene. Porque mayores males acarrea la perversidad de la voluntad que bienes de fortuna.

Estas palabras aprobó ella con tales exclamaciones que, olvidados enteramente de su sexo, creímos hallarnos sentados junto a un grande varón, mientras yo consideraba, según me era posible, en qué divina fuente abrevaba aquellas verdades.

-Decláranos, pues, ahora -dijo aquí Licencio- qué debe querer y en qué objetos apacentarse el deseo del aspirante a la felicidad.

-Sobre un punto convenimos todos: nadie puede ser feliz si le falta lo que desea; pero tampoco lo es quien no reúne todo a la medida de su afán. ¿No es así?

Asintieron todos.

-Respondedme ahora: ¿todo el que no es feliz es infeliz?

Sin vacilar, mostraron su conformidad.

-Luego todo el que no tiene lo que quiere es desdichado. (Aprobación general.)

-¿Qué debe buscar, pues, el hombre para alcanzar su dicha? Tampoco faltará este manjar en nuestro convite para satisfacer el hambre de Licencio, pues debe alcanzar, según opino, lo que puede obtener simplemente con quererlo.

Les pareció esto evidente a todos.

-Además -añadí yo- ha de ser una cosa permanente y segura, independiente de la suerte, no sujeta a las vicisitudes de la vida. Pues lo pasajero y mortal no puede poseerse cuando se quiere.

Hicieron señales de aprobación, pero Trigecio dijo:

-Hay muchos afortunados que poseen en abundancia cosas caducas y perecederas, pero muy agradables para está vida, sin faltarles nada de cuanto pide su deseo.

-Y el que tiene algún temor -le pregunté yo-, ¿te parece que es feliz?

-De ningún modo.

-Es así que aquellos bienes de fortuna pueden perderse; luego el que los posee no puede ser feliz.

Se rindió a esta conclusión. Y aquí observó mi madre:

-Aun teniendo seguridad de no perder aquellos bienes, con todo, no puede saciarse con ellos, y es tanto más infeliz cuanto es más indigente en todo tiempo.

Yo le respondí:

-¿Y qué te parece de uno que abunda y nada en estas cosas, pero ha puesto un límite y raya a sus deseos y vive contento con lo que posee? ¿Será dichoso?

-No lo será -respondió ella- por aquellas cosas, sino por la moderación del ánimo con que disfruta de las mismas.

-Muy bien -le dije yo-; ni mi interrogación admite otra respuesta ni tú debiste contestar de otro modo. Concluyamos, pues, que quien desea ser feliz debe procurarse bienes permanentes que no le puedan ser arrebatados por ningún revés de la fortuna.

-Ya hace rato que estamos en posesión de esa verdad -dijo Trigecio.

-¿Dios os parece eterno y siempre permanente?

-Tan cierto es eso -observó Licencio-, que no merece ni preguntarse.

Los otros, con piadosa concordia, aplaudieron esta idea.

-Luego es feliz el que posee a Dios.

Gozosamente admitieron todos la idea última".

Vamos ahora a Santo Tomás de Aquino, considerado el más grande de los filósofos escolásticos y seguidor estrecho de Aristóteles. En la parte dedicado a la ética de su libro "Summa Contra Gentiles", Tomás resume la posición de la Iglesia sobre el tema. Señala que la felicidad humana no consiste en los placeres carnales, el honor, la gloria, la riqueza, el poder o los bienes mundanos, y no radica en los sentidos. La felicidad última del hombre no consiste en actos de virtud moral, porque estos son medios; consiste en la contemplación de Dios. Pero el conocimiento de Dios que tiene la mayoría no basta; tampoco el obtenido por demostración, ni siquiera el logrado por la fe. Señala Santo Tomás que en esta vida no podemos ver a Dios en su esencia para tener la felicidad última. Pero en la otra vida sí. Como se ha dicho muchas veces, el paso del hombre por la tierra es visto por los católicos como una suerte de mal necesario para encontrar luego en el cielo la felicidad eterna. La doctrina católica coincide en esto con los filósofos de corte pesimista, en cuanto a que la vida sublunar es un Valle de Lágrimas. La diferencia está en que aquí existe una esperanza, bien que en otra vida.

La ventaja de los católicos frente a los ateos está en que su creencia en una vida después de la muerte constituye un fuerte apoyo ante las desgracias de la vida. La doctrina católica representa una ayuda inestimable cuando el azar sitúa al hombre frente a hechos que no es posible soportar a través de la sana razón.

Pero Tomás se aparta un tanto de la opinión general de la iglesia al puntualizar que si bien la felicidad plena está en el encuentro del hombre con Dios, aquí en la tierra su función propia es la adquisición de conocimiento, de la verdad, posición polémica, no compartida por todos los pensadores católicos. En esta vida, agrega, ningún bien puede compararse con la tranquila, penetrante y continua felicidad de la comprensión. Cree que el mayor logro y satisfacción del alma sería que se inscribieran en ella el orden total del universo y sus causas. La paz que está más allá de toda comprensión viene de la comprensión

LA LOCURA

Erasmo de Rotterdam, junto a Tomás Moro, se presentan como los máximos representantes del renacimiento nórdico. Antes de entrar en Erasmo, digamos que Tomás Moro, si bien escribió un libro, "Utopía", que de una u otra manera se relaciona con el tema, su esfuerzo está orientado a lograr la felicidad de la sociedad más que de la persona. Como quiera que uno valore Utopía, hay que reconocer que la vida allí sería intolerablemente aburrida, pues no existe diversidad. Este defecto se encuentra en todos los sistemas sociales planeados, sean reales o imaginarios.

Erasmo señala en su famoso libro "Elogio a la Locura", escrito en casa de Moro el año 1509, que los hombres más felices son los que se hallan más próximos a las bestias y se apartan de la razón. Según él, la mejor felicidad es la que se basa en la ilusión, debido a que cuesta menos. Dice que es más fácil imaginarse que se es rey que ser rey en realidad.

Erasmo hace decir a la locura, o a la estulticia, que si todos los hombres fueran sabios se acabaría el mundo; terminarían todos suicidados. "Por eso yo (es decir, la locura), valiéndome unas veces de la ignorancia, otras de la torpeza, algunas del olvido de las calamidades del mundo y no pocas de la esperanza de la felicidad, voy paliando de tal manera las desdichas que, a pesar de ellas, ningún mortal quiere dejar la vida aunque se le acabe el hilo de las Parcas". Resulta bastante sugerente que un hombre que destacó en la historia por su perspicacia, amplitud de miras y amabilidad diga que toda esperanza en la felicidad es una tontera, una necedad pariente de la locura.

Y sigue. "De suerte que cuando más miserable es su existencia más deseos muestra de conservarla y más se le enciende el ansia de vivir. Yo soy (la locura) la que concede ese don que hace que haya viejos decrépitos, que ni siquiera conservan ya forma humana, balbucientes, desdentados, arrugados y llenos de lacras y dolencias y, sin embargo, tan apegados a la vida que pretenden engañarla y engañarse, presumiendo de mozos. El uno se tiñe el pelo, el otro usa dientes que acaso pertenecieron a una cerda, el otro se cubre la calva con una peluca; este se consume de amores por una jovencilla y aún cree superar al mozo de sangre ardiente. En esta categoría entran los que estando ya con un pie en el sepulcro se casan con una muchacha que, naturalmente, pasa sin tardanza al uso de los demás".

Más adelante, Erasmo, a través de la tontera, señala que "nunca sabré enaltecer como es debido al gallo de Pitágoras, que habiéndose transformado sucesivamente en filósofo, en hombre, en mujer, en rey, en individuo corriente, en pez, en caballo, en rana y me parece que hasta en esponja, a ningún ser reputó más desgraciado que el hombre, por haber visto que todos los demás se contentan dentro de las fronteras de su naturaleza y que sólo el hombre intenta rebasar las que ella le impuso".

"Para ser feliz basta creer que se es feliz", indica la locura. "Se dirá que es lamentable el estar engañado; pero yo contesto que lo verdaderamente lamentable es no engañarse nunca. Están en un error aquellos que creen en la dicha humana y suponen que se halla en las cosas mismas, cuando lo cierto es que únicamente se halla en el concepto que de ellas tengamos. La variedad es tan grande en todo lo creado y tan difícil de desentrañar el significado de las cosas, así como poderlas definir y separar, que hemos de contentarnos con lo que de ellas pensamos, sin que nos sea posible otra confortación. (…) El que crea que su mujer es la misma Venus, aunque sea muy fea, posee sin duda a la misma Venus, y tanto le da que en efecto sea de una manera o de otra. (…) La felicidad les cuesta menos a los locos, porque les basta con creer que la tienen; además, pueden compartirla con más personas y ya es sabido que el goce se duplica cuando se disfruta en compañía".

La idea central de Erasmo se refiere a la mayor felicidad que encontramos en satisfacernos sin llegar al conocimiento mismo de las cosas. Por eso dice que el loco es más feliz que el sabio. Dice que "es indiscutible que todas las humanas pasiones se hallan dentro de mi reino (el de la locura), puesto que lo que diferencia al tonto del inteligente es que aquél se deja gobernar por ellas y éste procura ajustar sus actos a la razón. Por ello los estoicos recomiendan al sabio que se conserve aislado, como de la peste, de todo género de desórdenes. A pesar de esto las pasiones no sólo son los pilotos que llevan la nave al puerto de la sabiduría, sino que suelen ser el acicate máximo para la función del bien. (Detrás de cada virtud hay una pasión, dijo un pensador de una época más cercana a la nuestra que Erasmo). Verdad es que Séneca, el más grande de los estoicos, sostiene que el sabio debe alejar de sí todas las pasiones; pero harto puede verse que si se llevase a cabo esta regla no quedaría nada del ser humano. Sería algo que nunca tuvo ni tendrá existencia real; algo así como una estatua de mármol con figura de hombre, pero insensible e incapaz de todo sentimiento. Los estoicos pueden, por tanto, gozar de este sabio inmóvil y ensalzarlo cuanto les parezca, pero no podrán ir con él más que a la ciudad de Platón o a la región de las ideas, o, si más les conviene, a los peñascos de Tántalo. Todos huirían con horror, como de un espectro, de semejante hombre, sordo a todos los encantos de la Naturaleza; de un hombre duro como una roca, a quien no conmueve el amor ni siente misericordia; de un hombre que jamás yerra porque todo lo sabe, pues todo lo descubre, todo lo pesa y mide con minuciosidad. Satisfecho sólo de sí mismo, este hombre se cree el único fuerte, el único prudente, el único soberano, el único libre y, en una palabra, el único en todas las cosas, aunque claro es que sólo en su opinión. Es un hombre que no tiene amigos; un hombre, en fin, que no vacilaría en mandar ahorcar a los mismos dioses, y que todo lo hacen los demás lo encuentra censurable. Este bicho raro es considerado como el prototipo del sabio".

"Si hubiera que elegir, ¿qué nación elegiría un gobernante de esta clase o qué ejército se alistaría gustoso bajo su bandera? ¿Qué mujer preferiría tal marido? ¿Qué anfitrión a semejante convidado? ¿Qué siervo sería capaz de soportarlo? Por eso, ¿quién no ha de preferir a uno cualquiera de la plebe que siendo loco podrá mandar y obedecer a los locos y que, por añadidura, sabrá ser amable con los demás, afectuoso con su mujer, alegre con sus amigos, cortés con sus invitados y al que nada que sea humano le parecerá ajeno?".

Erasmo de Rotterdam se relacionó con las figuras más destacadas de su tiempo, desde los pontífices Julio II -el que encargó a Miguel Angel que pintara el techo de la capilla Sixtina-, y Clemente VII hasta Lutero, y su amor por la verdad y espíritu crítico le granjeó la enemistad de católicos y protestantes. Su tolerancia, educación y buen gusto elevó su encanto hasta el éxtasis cuando visitó al papa Leon X. Roma era, a principios del siglo XVI, el palpitante corazón de la cultura europea; allí acudían a pintar, esculpir o edificar los artistas; a estudiar los eruditos, a cantar los poetas, a brillar los hombres de ingenio. La misma Roma que a Lutero le provocó repulsión y escándalo, a Erasmo le llevó a decir: "Antes que te olvide, Roma, habré de zambullirme en el Leteo... ¡Qué preciosa libertad, qué tesoros en libros, qué honduras de saber entre los doctos, qué benéficas relaciones sociales! ¿En qué otra parte podría encontrarse tal sociedad literaria, tal variedad de talento en un mismo lugar?".

MONTAIGNE

"He aquí mi consejo: deja que los dioses decidan qué es lo que nos conviene y es útil para nuestra condición. Los dioses aman al hombre más de lo que él se ama a sí mismo". Quien hace esta cita de Juvenal (Sátiras) es el escéptico Miguel de Montaigne, quien, desde su torre, en la campiña francesa, vio como sus contemporáneos se desangraban en las guerras de religión. La validez de sus pensamientos, volcados en su obra máxima "Ensayos", perdurarán mientras el hombre siga siendo el hombre que conocemos desde la civilización de los sumerios. Hablando de sí mismo, de su vida, entrega una visión ontológica del hombre inigualable por su profundidad y perspicacia. Leyéndolo uno se hace amigo de él. Es el privilegio de tener como amigo a un gran hombre. A decir verdad, toda su obra podría ser transcrita aquí, a pesar de que, como buen escéptico, no habla mucho de la felicidad.

"Ninguna lucha tan empeñada –dice- ni ruda como la que sostienen los filósofos sobre la cuestión de conocer cuál sea el soberano bien del hombre. Varrón calcula que de tal pendencia nacieron 285 sectas. Los unos dicen que nuestro bien reside en la virtud; los otros en el placer; algunos en no contrariar ni violentar las propias inclinaciones; quién asegura que en la ciencia; quién que en la carencia de dolor; quién en no dejarse llevar por las apariencias. A esta opinión se asemeja la sentencia de Pitágoras: 'No admirarnos de nada, Numicio, es acaso lo único que puede conservarnos felices', que es el ideal de la secta pirroniana".

En otra parte de sus "Ensayos" señala que "entre los bienes y placeres que gozamos ninguno hay exento de algo que no sea malo o incómodo". Aquí intercala Montaigne una cita de Lucrecio, que señala que "del seno de los placeres brota algo amargo que aun entre las mismas flores angustia". Y sigue Montaigne: "Nuestro extremo goce tiene algo de gemido y de queja. ¿No podría en realidad decirse que la angustia lo remata? Hasta cuando forjamos la imagen del goce en su excelencia más suprema, la adornamos con epítetos y cualidades enfermizas y dolorosas; languidez, blandura, debilidad, desfallecimiento, prueba evidente de la consanguinidad y consustancialidad de estos dictados con aquél. El profundo goce tiene más de severo que de alegre. El extremo y pleno contentamiento supone mayor moderación que alegría. 'La dicha que no se modera, así misma se destruye' (Séneca). El bienestar nos destruye, como dice un antiguo verso griego, cuyo sentido es que los dioses nos venden cuantos beneficios otorgan, es decir, que ninguno nos conceden perfecto y puro, y que siempre los adquirimos a cambio de algún mal".

"El trabajo y el placer –agrega-, cosas entre sí diversas por naturaleza, se asocian no sé por medio de qué juntura natural. Sócrates habla de un dios que intentó confundir y hacer un todo de la voluptuosidad y el dolor, y que no pudiendo salirse con la suya se le ocurrió cuando menos acoplarlos por la cola. Metrosoro decía que en la tristeza hay alguna aligación de placer. Ignoro si quería decir otra cosa, pero yo imagino que existen consentimiento y complacencia en alimentar la melancolía. Hay como una sombra de delicadeza y sibaritismo que sonríe y nos acaricia en el regazo mismo de la melancolía. Y en efecto, ¿no existen complexiones que de la melancolía hacen su alimento ordinario?".

Hay una posición frente a la vida, relacionada de una u otra manera con el estoicismo, que se alegra de la llegada de los años, porque aplaca nuestros deseos voluptuosos. Así, indican, nuestro espíritu alcanza un estado de paz y tranquilidad, que hace mucho más llevadera y feliz la existencia. En "La República" de Platón, un personaje señala, por ejemplo, que gracias a la vejez dejó de sentir

deseo por las mujeres, hecho que sanciona como beneficioso para
su vida, en el sentido de que se sacó un problema de encima.

Montaigne aborda el tema en sus Ensayos. "Detesto –dice- el
accidental arrepentimiento a que la edad nos encamina. Aquel que
decía estar agradecido de los años porque le habían despojado de
los placeres voluptuosos profesaba opiniones diferentes de las
mías. Jamás estaré yo reconocido a la impotencia, por mucha
calma que me procure". Montaigne trae a Quintiliano en su apoyo,
quien dijo que "Jamás la Providencia será tan enemiga de su obra,
que consienta pongamos la debilidad en el rango de las cosas
mejores".

"Los apetitos –agrega el autor- son raros en la vejez; una saciedad
intensa se apodera de nosotros cuando en ella ponemos nuestra
planta, en la cual nada veo en que la conciencia tenga que ver; el
dolor moral y la debilidad física nos imprimen una virtud cobarde
y acatarrada. No debemos tanto y tan por completo dejarnos llevar
por las alteraciones naturales que bastardeemos nuestro juicio. El
placer y la juventud no hicieron antaño que yo desconociera el
semblante del vicio en la voluptuosidad ni en el momento actual el
hastío con que los años me obsequiaron hace que desconozca el de
la voluptuosidad en el vicio; ahora que ya no estoy en mis verdes
años, me es dable juzgar como si lo estuviera. Yo encuentro que mi
razón es la misma de que gozaba en la edad más licenciosa de mi
vida, si es que con la vejez no se ha debilitado y empeorado; y
reconozco que al oponerse a lanzarme en el placer lo hace por
interés de mi salud corporal, como antaño lo hizo por el cuidado de
la salud espiritual. Por verla fuera de combate no la juzgo más
valerosa: mis tentaciones son tan derrengadas y mortecinas, que no
veo la pena que la razón las combata; con extender las manos las
conjuro. Que se la coloque frente a la concupiscencia antigua y
creo que tendrá menos fuerza que antaño para rechazarla de las que

entonces desplegaba. No veo que mi discernimiento juzgue de la voluptuosidad diferentemente de cómo antaño juzgaba; tampoco encuentro en ella ninguna claridad nueva, por donde caigo en la cuenta de que si hay convalecencia es una convalecencia maleada. ¡Miserable suerte de remedio es de deber la salud a la enfermedad! No incumbe a nuestra desdicha cumplir este oficio, sino a la bienandanza de nuestro juicio. Nada se me obliga a hacer por las ofensas y las aflicciones si no es maldecirlas; éstas sólo mueven a las gentes que no se despiertan sino a latigazos. Mi razón camina más libremente en la prosperidad, al par que está mucho más distraída y ocupada en digerir los males que los bienes: yo veo con claridad mayor en tiempo sereno; la salud me gobierna más alegre y útilmente que la enfermedad. Avancé cuento pude hacia mi reparación y reglamento cuando de ellos tenía que gozar: me avergonzaría el que la miseria e infortunio de mi vejez hubiera de ser preferida a mis buenos años, sanos, despiertos y vigorosos, y que hubiera de estimárseme no por lo que fui sino por lo que dejé de ser".

"A mi entender –continúa Montaigne- es el 'vivir dichosamente', y no como Antístenes decía 'el morir dichosamente', lo que constituye la humana felicidad. Yo no he esperado a sujetar monstruosamente la cola de un filósofo a la cabeza de un hombre ya perdido, ni quise tampoco que este raquítico fin hubiera de desaprobar y desmentir la más hermosa, cabal y dilatada parte de mi vida: quiero presentarme y dejarme ver en todo uniformemente. Si tuviera que recorrer lo andado, viviría como hasta ahora he vivido; ni lamento el pasado, ni temo lo venidero, y, si no me engaño, mi vida ha sido igual por dentro y por fuera. Uno de los primordiales beneficios que debo a mi buena estrella consiste en que en el curso de mi estado corporal cada cosa haya acontecido en su tiempo: vi las hojas, las flores y el fruto, y hasta tengo la sequía delante de mis ojos, dichosamente, puesto que es natural que así suceda. Soporto los males con dulzura, porque vienen a su tiempo y además porque traen halagüeñamente a mi memoria el recuerdo de mi larga y dichosa vida pasada. Análogamente, mi cordura puede muy bien haber sido de la misma índole en el tiempo pasado y en el presente, pero entonces era más fuerte y mostraba un continente más gracioso, fresco, alegre y ingenuo; ahora la veo baldada, gruñona y trabajosa. Renuncio, por consiguiente, a estas enmiendas casuales y dolorosas. Preciso es que nuestra conciencia se enmiende por sí misma, mediante el refuerzo de nuestra razón y no por la ayuda de la debilidad de nuestro apetitos: la voluptuosidad no es en esencia pálida ni descolorida porque la observan ojos legañosos y turbios".

En otra parte, dice que "cuanto más ampliamos nuestras necesidades y nuestra posesión, más nos exponemos a los golpes de la fortuna y de las adversidades. La carrera de nuestros deseos debe hallarse circunscrita y restringida en un corto límite que comprenda las condiciones más próximas y contiguas; y debe, además, efectuarse no en línea recta, cuyo fin nos extravíe, sino en un redondel, cuyos dos puntos se apoyen y acaben en nosotros merced a un breve contorno. Las acciones que se gobiernan sin esta reflexión (se comprende, reflexión profunda y esencial), como son las de los avariciosos, las de los ambiciosos y las de tantos otros que se lanzan llenos de ímpetu, cuya carrera les lleva delante de sí mismos, son erróneas y enfermizas".

"¡Todos somos locos de remate! 'Ha pasado su vida en la ociosidad', decimos: 'hoy nada hice'. ¡Pues qué! ¿no habéis vivido? Esta no es solamente la fundamental, sino la más relevante de vuestras labores. 'Si se me hubiera adiestrado en el manejo de las empresas magnas, dicen, habría puesto de relieve de cuánto era capaz'. ¿Habéis sabido meditar y gobernar vuestra vida? Pues realizasteis de entre todas la mayor de las humanas obras; para que la naturaleza demuestre y ejecute, el acaso en nada tiene que intervenir; igualmente aparece aquella en todos los estados sociales, y así tras el telón como sin él. ¿Supisteis elaborar vuestras costumbres? Pues hicisteis más que quien libros elaboró; ¿fuisteis diestro en el descansar? Pues realizasteis mayores hazañas que quien se apoderó de imperios y ciudades".

"La más eximia y gloriosa labor del hombre –dice Montaigne- consiste en vivir adecuadamente; todas las demás cosas: reinar, atesorar, edificar y otras mil, no son sino apéndice y adminículos, cuanto más. La facilidad y el abandono sientan mejor, al par que honran a maravilla a las almas fuertes y generosas: no creía Epaminondas que destruyera el honor de sus gloriosas victorias ni las perfectas costumbres que le gobernaban el mezclarse en las danzas de los muchachos de su ciudad, cantando y tocando con ejemplar esmero".

"La grandeza del alma no consiste tanto en tirar hacia lo alto o en pugnar hacia delante como en saber acomodarse y circunscribirse; como grande considera todo cuanto es suficiente, y muestra su elevación amando más bien las cosas medianas que las eminentes. Nada es tan hermoso ni tan legítimo que desempeñar bien y debidamente el papel de hombre, ni hay ciencia tan ardua como el vivir esta vida de manera perfecta y natural. De nuestras enfermedades, la más salvaje es el menosprecio de nuestro ser. Yo ordeno a mi alma que contemple el dolor y el placer con mirada igualmente moderada, 'pues es un mismo mal la efusión del alma en la alegría que su contracción en el dolor' (Cicerón), y con firmeza idéntica; más alegremente la una y severa la otra: y en tanto que aquella lo pueda procurar, tan cuidadosa de aminorar el uno como agrandar el otro. Hay que tomar el primero como medicina y como cosa necesaria, más avaramente; la segunda como quien la sed aplaca, pero no hasta la embriaguez".

En fin, con Montaigne podemos quedarnos pegados para siempre; es realmente una delicia seguir su mente que combina con maestría la simplicidad con la inteligencia más alta.

HOBBES

Hobbes, filósofo empirista inglés, autor del "Leviatán", debe su fama más que nada a las ideas políticas expresadas en esta obra. Sobre la felicidad, dice que implica un progreso constante. Para él, la felicidad estática no existe, exceptuando las alegrías del Cielo, que sobrepasan nuestra comprensión. En el "Leviatán" dice "Y como en la deliberación los apetitos y aversiones surgen de la previsión de las consecuencias buenas y malas, y de las secuelas de la acción sobre la cual deliberamos, el efecto bueno o malo de ello dependen de la previsión de una larga serie de consecuencias, de las cuales raramente un hombre es capaz de ver hasta el final. Por lejos que un hombre vea, si el bien, en tales consecuencias, supera en magnitud al mal, la sucesión entera es lo que los escritores llaman bien aparente o semejante; y, contrariamente, cuando el mal excede al bien, el conjunto es mal aparente o semejante; así quien, por experiencia o razón, tiene las máximas y más seguras perspectivas de las consecuencias, delibera mejor por sí mismo y es capaz, cuando quiera, dar el mejor consejo a los demás. El éxito continuo en la obtención de aquellas cosas que un hombre desea de tiempo en tiempo, es decir, su perseverancia continua, es lo que los hombres llaman felicidad. Me refiero a la felicidad en esta vida; en efecto, no hay cosa que dé perpetua tranquilidad a la mente mientras vivamos aquí abajo, porque la vida raras veces es otra cosa que movimiento, y no puede darse sin deseo y sin temor, como no puede existir sin sensaciones. Qué género de felicidad guarda Dios para aquellos que con devoción lo honran, nadie puede saberlo antes de gozarlo: son cosas que resultan ahora tan incomprensibles como ininteligible parece la frase 'visión beatífica' de los escolásticos".

En otra parte del libro señala Hobbes que "La felicidad en esta vida no consiste en la serenidad de una mente satisfecha, porque no existe el finis ultimus (propósitos finales) ni el summun bonum (bien supremo) de que hablan los libros y los viejos filósofos moralistas. Para un hombre, cuando su deseo ha alcanzado el fin, resulta la vida tan imposible como para otro cuyas sensaciones y fantasías estén paralizadas. La felicidad es un continuo progreso de los deseos de un objeto a otro, ya que la consecución del primero no es otra cosa sino un camino para realizar otro ulterior. La causa de ello es que el objeto de los deseos humanos no es gozar una vez solamente y por un instante, sino asegurar para siempre la vía del deseo futuro. Por consiguiente, las acciones voluntarias e inclinaciones de todos los hombres tienden no solamente a procurar, sino también a asegurar una vida feliz; difieren tan sólo en el modo como parcialmente surgen de la diversidad de las pasiones en hombres diversos; en parte también de la diferencia de costumbres o de la opinión que cada uno tiene de las causas que producen el efecto deseado. De este modo señalo, en primer lugar, como inclinación general de la humanidad entera un perpetuo e incesante afán de poder que cesa solamente con la muerte. Y la causa de este no siempre es que el hombre espere un placer más intenso del que ha alcanzado, o que no llegue a satisfacerse con un moderado poder, sino que no puede asegurar su poderío y los fundamentos de su bienestar actual sino adquiriendo otros nuevos. Unas veces se desea la fama; otras se desea placeres fáciles y sensuales; otra la admiración o el deseo de ser adulado por la excelencia de algún arte o en otra habilidad de la mente".

Permanezcamos en Gran Bretaña con David Hume. En su libro "Investigación sobre los Principios de la Moral", este filósofo, al referirse a las virtudes sociales, parte del supuesto de que el mérito atribuido a ellas, a las virtudes, surge principalmente de "esa estima que el sentimiento natural de benevolencia nos conduce a prestar a los intereses de la humanidad y la sociedad. Si consideramos los principios de la estructura humana tal como aparecen a la observación y a la experiencia cotidianas, tenemos que concluir a priori, que es imposible para una criatura como el hombre el ser totalmente indiferente al bienestar o al malestar de sus semejantes, y no declarar espontáneamente, sin ninguna consideración y estimación ulteriores, y de buena gana, cuando nada le proporciona una inclinación particular, que lo que promueve la felicidad de los mismos es bueno, y que lo que tiende a su desdicha es malo. Y según se suponga que aumenta la humanidad de la persona, su conexión con los que salen perjudicados o se benefician, y la concepción vivaz de su desdicha y felicidad, su censura o aprobación consecuentes adquieren un vigor proporcionado". El hecho, agrega Hume, de que al ser testigos, de primera fila, de una acción virtuosa "nuestros corazones queden inmediatamente atrapados, nuestra simpatía se avive, y nuestra aprobación se convierta en los sentimientos más cálidos de amistad y estima, parecen ser consecuencias necesarias e infalibles de los principios generales de la naturaleza humana, tal y como se descubren en la práctica y en la vida diarias".

Dejando sentado esto de los "sentimientos de humanidad", que, según él, están presentes en todos los hombres, pasa a considerar el aspecto de la utilidad. Y dice que "parece que es una cuestión de hecho que en todos los asuntos la circunstancia de la utilidad es una fuente de alabanza y aprobación; que continuamente se apela a ella en todas las decisiones morales sobre mérito y demérito de las acciones; que es la única fuente de esa alta consideración que se presta a la justicia, a la felicidad, al honor, a la lealtad y a la castidad; que es inseparable de todas las demás virtudes sociales: de la humanidad, la generosidad, la caridad, la afabilidad, la indulgencia, la compasión y la moderación; y, en una palabra, que es (la utilidad) el fundamento de la parte principal de la moral, la cual se refiere a la humanidad y a nuestros semejantes. También parece que, en nuestra aprobación general de caracteres y costumbres, la tendencia útil de las virtudes sociales no nos mueve por consideraciones de interés personal, sino que tiene una influencia mucho más universal y dilatada. Parece que una tendencia hacia el bien público y a promover la paz, la armonía y el orden social –al afectar los principios benévolos de nuestra constitución- nos pone siempre del lado de las virtudes sociales. Y, como una confirmación adicional, también parece que estos principios de humanidad y simpatía entran tan profundamente en todos nuestros sentimientos, y tiene una influencia tan poderosa como para poder capacitarlos para provocar el aplauso y la censura más fuertes". Y puntualiza Hume que toda esta teoría se basa en la experiencia y la observación.

"Si hubiera alguna duda de que en nuestra naturaleza existe tal principio de humanidad o una preocupación por los demás –agrega Hume-, al ver en innumerables casos que todo lo que tiende a promover los intereses de la sociedad es tan altamente aprobado, tendríamos que reconocer la fuerza del principio benévolo; puesto que es imposible para cualquier cosa agradar como medio para un fin cuando el fin resulta totalmente indiferente. Por otra parte, si se dudara de si hay implantado en nuestra naturaleza un principio general de censura y aprobación moral, al ver en innumerables ejemplos la influencia de la humanidad, tendríamos que concluir de ello que no es posible que todo lo que promueve el interés de la sociedad no comunique placer, y que lo que es pernicioso no proporcione desasosiego".

"Se admite –indica Hume en la obra señalada- que todos los hombres desean por igual la felicidad, pero pocos tienen éxito en su búsqueda. Una causa importante de esto es la falta de vigor de la mente, el cual podría capacitarlos para resistir la tentación del placer o comodidad del momento, y para proseguir en la busca de ganancias y goces más distantes. Nuestros afectos, sobre la base de un panorama general de sus objetos, forman ciertas reglas de conducta y ciertas medidas de preferencia de unos sobre otros; y estas decisiones, aunque son realmente el resultado de nuestras propensiones y pasiones apacibles (porque, ¿qué otra cosa puede declarar que un objeto es elegible o lo contrario?); sin embargo, por un abuso natural de los términos, se dice que son determinaciones de la pura razón y reflexión. Pero cuando alguno de estos objetos se aproxima a nosotros, o adquiere las ventajas de una luz y posición favorables que atrapan el corazón o la imaginación, nuestras resoluciones generales se ven frecuentemente derrotadas; preferimos un goce pequeño, y una tristeza y vergüenza permanentes se abaten sobre nosotros. Y por mucho que los poetas puedan emplear su ingenio y elocuencia para celebrar el placer del momento y rechazar toda perspectiva lejana de fama, salud o fortuna, resulta evidente que esta práctica es la fuente de todo desenfreno y desorden, arrepentimiento y desdicha. Un hombre de temperamento firme y resuelto se adhiere con tenacidad a sus resoluciones generales y nunca es seducido por los encantos del placer ni se aterra ante las amenazas del dolor; sino que nunca pierde de vista esos objetivos distantes mediante los cuales asegura al mismo tiempo su felicidad y su honor".

"El mérito personal –puntualiza más adelante Hume- consiste enteramente en la posesión de cualidades mentales útiles o agradables a la misma persona o a los demás. Todo lo que de alguna manera es valioso se clasifica en forma natural bajo la división de lo útil o agradable, lo útil o lo dulce, que no es fácil imaginar por qué deberíamos buscar más allá o considerar la cuestión como un asunto de investigaciones o indagaciones meticulosas. Y como todo lo que es útil o agradable tiene que poseer estas cualidades respecto a la misma persona o a los demás, la pintura o descripción completa del mérito parece realizarse de

forma tan natural como el sol proyecta una sombra o una imagen
se refleja en el agua". Luego, para ahondar aún más sobre el
particular, Hume inventa el siguiente diálogo. "Supondremos que
una persona, dirigiéndose a otra, afirma: eres muy afortunado por
haber dado tu hija a Cleantes. Es un hombre de honor y
humanidad. Todo lo que tiene alguna relación con él está seguro de
obtener un trato justo y amable (cualidades útiles a los demás).
También yo te felicito, dice otro, por las expectativas prometedoras
de este yerno, cuya asidua aplicación al estudio de las leyes, cuya
penetración rápida y conocimiento precoz tanto de los hombres
como de los negocios le aseguran los más grandes honores y
progresos (cualidades útiles a la misma persona). Me sorprendéis,
replica un tercero, cuando habláis de Cleantes como un hombre de
negocios y aplicado. Le encontré hace poco en un círculo de la
compañía más alegre, y era el alma y la vida misma de nuestra
conversación; nunca antes había observado en nadie tanta agudeza
unida a tan buenas maneras; tanta galantería sin afectación, y tanto
conocimiento ingenioso presentado en una forma tan elegante
(cualidades inmediatamente agradables a los demás). Todavía le
admiraríais más, dice un cuarto, si le conocierais más íntimamente.
Ese buen humor que podéis observar en él no es un destello
repentino provocado por el hecho de encontrarse en compañía.
Recorre todo el tenor de su vida y hace que mantenga una
serenidad en su semblante y una tranquilidad en su alma continuas.
Se ha encontrado con pruebas difíciles, tanto desgracias como
peligrosas, y en virtud de su grandeza de espíritu fue, sin embargo,
superior a todas ellas (cualidades inmediatamente agradables a la
misma persona). Caballeros, la imagen que habéis bosquejado aquí
de Cleantes, exclamé, es la de un mérito consumado. Cada uno de
vosotros habéis dado una pincelada a su figura; y de un modo
inopinado habéis sobrepasado todos los retratos trazados por
Gracián o Castiglione. Un filósofo podría escoger este carácter

como un modelo de virtud perfecta".

"Y así como en la vida cotidiana se admite que toda cualidad que resulta útil o agradable a nosotros mismos o a los demás es una parte del mérito personal, así ninguna otra se recibirá jamás donde los hombres juzguen las cosas de acuerdo con su razón natural y sin prejuicios, sin las interpretaciones sofísticas y engañosas de la superstición y la falsa religión. El celibato, el ayuno, la penitencia, la mortificación, la negación de sí mismo, la humildad, el silencio, la soledad, y todo el conjunto de virtudes monásticas, ¿por qué razón son rechazadas en todas partes por los hombres sensatos, sino porque no sirven para nada; ni aumentan la fortuna de un hombre en el mundo, ni le convierten en un miembro más valioso de la sociedad, ni le cualifican para el solaz de la compañía, ni incrementan su poder de disfrutar consigo mismo? Observamos, a la inversa, que van en contra de todos estos fines deseables; embotan el entendimiento y endurecen el corazón; oscurecen la fantasía y agrian el temperamento. Por lo mismo, las transferimos con justicia a la columna opuesta y las colocamos en el catálogo de los vicios; y ninguna superstición tiene la fuerza suficiente entre los hombres de mundo para pervertir completamente estos sentimientos naturales. Un entusiasta melancólico e insensato puede ocupar después de su muerte un lugar en el calendario; pero casi nunca se le admitirá durante su vida en intimidad y sociedad, excepto por aquellos que sean tan delirantes y sombríos como él".

Hume reitera aquí que "para nuestro propósito presente basta, si es que se admite, lo que seguramente no puede cuestionarse sin caer en el mayor absurdo, que en nuestro pecho se ha infundido cierta benevolencia, por pequeña que sea; alguna chispa de amistad por la especie humana; que alguna partícula de la paloma forma parte de nuestra constitución, junto con los elementos del lobo y la serpiente. Supongamos que esos sentimientos generosos son muy débiles; que sean insuficientes para mover incluso una mano o un dedo de nuestro cuerpo; todavía deben dirigir las determinaciones de nuestro espíritu y, cuando todo lo demás es igual, producir una fría preferencia por lo que es útil y sirve para algo a la humanidad sobre lo que resulta pernicioso y peligroso. (...) ¿No son las justicia, la fidelidad, el honor, la veracidad, la lealtad, la castidad, estimadas únicamente en base a su tendencia a promover el bien de la sociedad? ¿No es inseparable esa tendencia de la humanidad, la benevolencia, la compasión, la generosidad, la gratitud, la moderación, la ternura, la amistad y todas las demás virtudes sociales? ¿Puede dudarse que la laboriosidad, la prudencia, la frugalidad, la reserva, el orden, la perseverancia, la previsión, el juicio y toda esta clase de virtudes y talentos, que tienden a promover el interés y la felicidad de su poseedor, es el único fundamento de su mérito? ¿Quién puede cuestionar que una mente que mantiene una continua serenidad y buen humor, una noble dignidad y un espíritu intrépido, una buena voluntad y un afecto tiernos hacia todos los que la rodean, como tiene más goce dentro de sí misma, es también un espectáculo más animoso y alegre que si estuviera abatida por la melancolía, atormentada por la ansiedad, irritada por la rabia o hundida en la depravación y en la vileza más abyectas? Y en lo que se refiere a las cualidades inmediatamente agradables a los demás, ellas hablan suficientemente por sí mismas; y verdaderamente ha de ser un infeliz en su propio temperamento, o en su situación y relaciones, quien nunca haya percibido los encantos de un ingenio divertido o de una afabilidad fluida, de una fina modestia o de una amable gentileza en la conversación y en los modales". Para Hume "el mérito personal consiste enteramente en la utilidad o el carácter agradable de las cualidades para la misma persona que las posee o para otras que tienen alguna relación con ella". Así, el "hombre que preste alguna atención a su propia felicidad y bienestar favorecerá más sus

propios intereses mediante la práctica de todos los deberes
morales". Las virtudes señaladas por Hume, esto es, "la gentileza,
la humanidad, la beneficencia, la afabilidad y hasta la travesura y
la alegría, tienen como único propósito hacer a sus devotos y a
toda la humanidad, durante todos los instantes de su existencia, si
ello es posible, joviales y felices". Y el ser humano que sigue este
camino "no se separa nunca de buena gana de ningún placer si no
es con la esperanza de obtener una compensación amplia para
algún otro período de sus vidas. El único esfuerzo que exige es el
de un cálculo exacto y una preferencia firme por la felicidad más
grande". Dice que "las virtudes que son útiles y agradables de
forma inmediata a la persona que las posee son deseables en vista
del interés propio. Los moralistas pueden ahorrase todos los
esfuerzos que a menudo realizan para recomendar estos deberes.
¿Con qué fin reunir argumentos para mostrar que la moderación es
ventajosa y los excesos de placer perjudiciales, cuando resulta que
estos excesos se denominan de esta manera únicamente porque son
perjudiciales; y que si el uso ilimitado de licores fuertes, por
ejemplo, dañara tan poco la salud o las facultades de la mente y el
cuerpo como el uso del aire o del agua, no sería ni una pizca más
vicioso o censurable?". Recalca Hume que "la paz interior del
espíritu, la conciencia de integridad, un examen satisfactorio de
nuestra propia conducta, éstas son circunstancias que resultan muy
necesarias para la felicidad, y que serán apreciadas y cultivadas por
todo hombre honesto que sienta su importancia". Dice esto Hume
como respuesta a quienes argumentan que resulta más sabio y
beneficioso para el hombre observar la regla general y
aprovecharse de todas las excepciones; es decir, actuar como un
bribón. El honesto, agrega, "tiene, además, la frecuente
satisfacción de contemplar a bribones que, a pesar de toda su
astucia y habilidades, son traicionados por sus propias máximas; y
que, aunque su propósito es estafar de una forma secreta y

controlada, se presenta un acontecimiento tentador, la naturaleza es
frágil, y caen en la trampa; de donde nunca logran salir sin la
pérdida total de su reputación y de toda futura confianza y fe por
parte de la humanidad. Pero aunque consiguiera obrar en secreto y
tener éxito, el hombre honrado, si posee algún barniz de filosofía, o
incluso de la reflexión y la observación comunes, descubrirá que
los bribones resultan al final las mayores víctimas, y que han
sacrificado el disfrute inestimable de una reputación, en lo que se
refiere al menos a ellos mismos, por la adquisición de juguetes y
chucherías sin valor. ¡Qué pocas cosas son necesarias para
satisfacer las necesidades de la naturaleza! Y, en lo que respecta al
placer, ¿qué comparación entre la satisfacción no comprada de la
conversación, las relaciones sociales, el estudio, incluso de la salud
y de las bellezas usuales de la naturaleza; pero sobre todo la
reflexión tranquila sobre la propia conducta; qué comparación,
digo, entre estas satisfacciones y las diversiones vacías y febriles
del lujo y el gasto? De hecho, esos placeres naturales realmente no
tienen precio; tanto porque están por debajo de todo precio en su
obtención, como porque se encuentran por encima de cualquiera en
su disfrute". Este análisis sobre las virtudes hecho por Hume sirvió
a Nietzsche para desarrollar sus escritos sobre el particular, en
donde expresa –ya lo veremos- una opinión exactamente opuesta a
las del filósofo inglés.

Y antes de abandonar Gran Bretaña, dos palabras sobre John
Locke. Dice este filósofo que "Los hombres olvidan siempre que la
felicidad humana es una disposición de la mente y no una
condición de las circunstancias". Locke niega la existencia de los
principios innatos teóricos, pero también la de los principios
prácticos o morales. Las ideas morales, dice, "deben terminar en
ideas simples"; es decir, toda idea moral superior debe poder
reducirse a una idea de la sensación o de la reflexión. Dice que las
ideas morales son arquetipos superiores, y por eso son "adecuadas

y completas", como las ideas matemáticas, pero siempre que la
última referencia sea empirista. Define el bien y el mal con
respecto al placer y al dolor: es bueno lo que proporciona placer a
la mente o al cuerpo, y malo lo que incrementa el dolor o
disminuye el placer. El bien moral consiste en el acuerdo de
nuestras acciones voluntarias con la ley moral, lo que aumenta el
placer; y a la inversa, el mal moral estriba en el desacuerdo con la
ley moral, por lo que el dolor "cae sobre nosotros en virtud de la
voluntad y el poder del que ha hecho la ley". Pero dice: "pienso
que no hay nadie tan irracional que niegue que Dios ha dado una
regla por la que los hombres habían de gobernarse a sí mismos. (...)
Éste es el único criterio verdadero de rectitud moral". Locke es,
muy acentuadamente, un utilitarista

CONSERVAR NUESTRO SER

"En nada piensa menos el hombre libre que en la muerte, y su sabiduría es una meditación, no sobre la muerte, sino sobre la vida". Estas palabras pertenecen al filósofo Baruch Spinoza y constituyen el anuncio de que estamos en presencia de un pensador amante de la vida, afirmador de la vida. "¡Estoy lleno de maravilla y júbilo! ¡Tengo un precursor, y qué precursor!", escribió Nietzsche a un amigo luego de haber leído la "Etica", obra cumbre de Spinoza. Añadía el filósofo alemán en la referida carta que "No conocía casi a Spinoza: por 'instinto' he deseado ahora leerlo. Y he aquí que la tendencia general de su filosofía es idéntica a la mía: hacer del intelecto 'la pasión más poderosa'; además, me reconozco en cinco puntos capitales de su doctrina; este pensador, el más enorme y solitario que ha existido, es el más vecino a mí en estas cinco argumentaciones: niega el libre albedrío; la finalidad; el aspecto moral del mundo; el desinterés; el mal... mi soledad... es hoy, al menos, una soledad de dos. ¡Qué prodigio!".

Un prólogo a "Aurora", escrito por Dolores Castrillo y Francisco José Martínez, señala que en este libro y en los inéditos de estos años, "se puede rastrear otros temas spinosianos, además de los cinco citados en la carta: el rechazo de la figura del sacerdote, la crítica de la religión como negadora del cuerpo, la revalorización del cuerpo frente al alma y, sobre todo, la noción de moral que Nietzsche en el prefacio de 1886 entiende, como el filósofo de Amsterdam, más ligada a la obediencia que al conocimiento. Dice Nietzsche que 'En presencia de la moral, como de cualquier autoridad, no se debe pensar, y cuanto menos hablar: ¡basta con obedecer!'".

Bertrand Russell califica a Spinoza como "el más noble y el más amable de los grandes filósofos. Intelectualmente, algunos le han superado, pero éticamente es supremo. Como natural consecuencia fue considerado, durante su vida y un siglo después de su muerte (todas sus obras fueron prohibidas), como un hombre de una perversidad aterradora. Judío de nacimiento, los judíos lo excomulgaron. Los cristianos le aborrecieron igualmente; aunque toda su filosofía está dominada por la idea de Dios, el ortodoxo le acusaba de ateísmo. Leibniz, que le debía mucho, ocultaba su deuda, y se abstuvo cuidadosamente de decir una palabra en elogio suyo; llegó incluso a mentir respecto al grado de su conocimiento personal con el herético judío".

"La vida de Spinoza fue muy sencilla", dice Russell. "Su familia había ido a Holanda desde España, o quizás desde Portugal, para escapar de la Inquisición. El mismo Spinoza fue educado en el saber judío, pero se encontró con que le era imposible seguir siendo ortodoxo. Se le ofrecieron cien florines al año para que mantuviera ocultas sus dudas; cuando los rehusó, se intentó asesinarle; cuando esto falló, se le maldijo con todas las maldiciones del Deuteronomio y con la maldición que Eliseo pronunció contra los muchachos que, a consecuencia de ella, fueron despedazados por las osas. Pero Spinoza no fue atacado por ninguna osa. Vivió tranquilamente, primero en Amsterdam y luego en La Haya, ganándose la vida puliendo lentes. Sus necesidades eran pocas y sencillas, y toda su vida mostró una rara indiferencia por el dinero. Los pocos que le conocieron le amaban, aun en el caso de que desaprobaran sus principios. El gobierno holandés, con su acostumbrado liberalismo, toleró sus opiniones sobre las cuestiones teológicas, aunque en un tiempo fue mal visto políticamente por haberse puesto al lado de los Witt frente a la Casa de Orange. A la temprana edad de 43 años murió de tisis".

Nuestro tema es la felicidad y al exponer el pensamiento de

Spinoza, extraído exclusivamente del libro "Etica", se entenderá fácilmente el entusiasmo de Nietzsche. Dice Spinoza que "no se puede concebir virtud alguna anterior al esfuerzo para conservarse". "Cuando más nos esforzamos en buscar lo que es útil, es decir, en conservar nuestro ser, y más tenemos el poder de conseguirlo, más dotados estamos de virtud; y, por el contrario, en la medida en que omitimos conservar lo que es útil, es decir, nuestro ser, somos impotentes. La virtud es la potencia misma del hombre, que se define por la sola esencia del hombre, es decir, que se define por el solo esfuerzo con que el hombre trata de perseverar en su ser. Por consiguiente, cuanto más se esfuerza en perseverar en su ser y más tiene el poder de conseguirlo, tanto más dotado está de virtud. Nadie, pues, omite apetecer lo que le es útil o conservar su ser como no sea vencido por causas exteriores y contrarias a su naturaleza. Esa omisión no es jamás debida a una necesidad de su naturaleza, y es siempre obligado por causas exteriores".

Reitera que "No se puede concebir virtud alguna anterior al esfuerzo para conservarse. El esfuerzo para conservarse es la esencia misma de una cosa. El esfuerzo para conservarse es el primero y único origen de la virtud. Obrar por virtud absolutamente no es otra cosa en nosotros que obrar, vivir y conservar nuestro ser (estas tres cosas no forman más que una) bajo el gobierno de la razón, con arreglo al principio de la investigación de la utilidad propia. Obrar absolutamente por virtud no es otra cosa que obrar por las leyes de la propia naturaleza".

"El gozo no es nunca malo directamente, sino bueno; por el contrario, la tristeza es directamente mala. El gozo es una afección que secunda y acrecienta la potencia de obrar del cuerpo; por el contrario, la tristeza es una afección que disminuye la potencia de obrar del cuerpo. La alegría no puede tener exceso, sino que es siempre buena; por el contrario, la melancolía es siempre mala".

"El placer puede tener exceso y ser malo; el dolor puede ser bueno en la medida en que el placer, que es un gozo, es malo. El placer es un gozo que, relativamente al cuerpo, consiste en que una o algunas de sus partes son afectadas más que las otras; la potencia de esta afección puede ser tal que sobrepuje las demás acciones del cuerpo, permanezca obstinadamente apegada a él e impida así que el cuerpo tenga aptitud para ser afectado de otras muchas maneras; esta afección puede, por tanto, ser mala. El dolor, que es, por el contrario, una tristeza, no puede ser bueno, considerado en sí mismo. Pero, puesto que su fuerza y su crecimiento se definen por la potencia de una causa exterior comparada con la nuestra, podemos concebir que la fuerza de esta afección varía en una infinidad de grados y se ejerce de una infinidad de maneras; podemos, por consecuencia, concebir un dolor tal que, reduciendo el placer, le impida ser excesivo y haga en esta medida que no disminuya la aptitud del cuerpo; en esto, por consiguiente, puede ser bueno el dolor". Spinoza postula que una afección cualquiera se vence con una afección más fuerte.

"El amor y el deseo pueden tener exceso. Lo que se llama amor es un gozo que va acompañado de la idea de una causa exterior; por consiguiente, el placer que va acompañado de la idea de una causa exterior es un amor; así el amor puede tener un exceso. Además, un deseo es tanto mayor cuando es más grande la afección de que nace. De igual modo que una afección puede sobrepujar las demás acciones del hombre, un deseo nacido de esta afección puede sobrepujar los demás deseos, y podrá, por consecuencia, tener el mismo exceso que el placer".

"La alegría, que es buena según he dicho, se concibe con más facilidad que se observa, porque las afecciones que nos dominan de continuo se refieren por lo general a alguna parte del cuerpo que es afectada más que las otras; de este modo las afecciones son excesivas por lo común y retienen el alma de tal suerte en la consideración de un solo objeto que no puede pensar en otros. Aunque los hombres estén sometidos a muchas pasiones y no sea frecuente se hallen dominados por una sola, siempre la misma, abundan, sin embargo, aquellos a quienes permanece obstinadamente apegada a una sola y misma afección. Vemos, en efecto, en ocasiones, afectados a los hombres de tal modo por un solo objeto que, a despecho de su no presencia, creen tenerle ante su vista, y cuando esto le sucede a un hombre que no está dormido, decimos de él que delira o que es insensato. No se juzga menos insensato, puesto que excitan generalmente la risa, los que se abrasan de amor, y noche y día no hacen más que soñar con la mujer amada o con una cortesana. Por el contrario, no se cree que deliran ni el avaro que no piensa en otra cosa que en la ganancia y el dinero, ni el ambicioso únicamente ocupado de su gloria, porque son por lo común objeto de pena para los demás y se considera que merecen el odio. No obstante, en realidad la avaricia, la ambición y la lujuria, son especies de delirio, aunque no se les coloque en el número de las enfermedades".

"El odio no puede ser nunca bueno. El que vive dirigido por la razón, se esfuerza, en cuanto le es posible, en compensar con generosidad o amor, el odio, la cólera o el menosprecio que otro tiene hacia él. Las afecciones de la esperanza y el temor no pueden ser buenas por sí mismas, porque no hay afección de esperanza y de temor sin tristeza".

"La conmiseración es en sí misma mala e inútil en el hombre que vive bajo el gobierno de la razón, porque la conmiseración es una tristeza. El que sabe con rectitud que todo se sigue de la necesidad de la naturaleza divina (negación del libre albedrío), y sucede conforme a las leyes y reglas eternas de la naturaleza, no encontrará ciertamente nada que sea digno de odio, burla o menosprecio, y no tendrá conmiseración por nadie, sin que en tanto permita la humana virtud, se esforzará en hacer bien y en mantenerse gozoso. A esto se añade que el que con facilidad siente conmiseración, y se conmueve ante la miseria y las lágrimas ajenas, hace a menudo algo de que más tarde se arrepiente; por una parte, no hacemos nada bajo la influencia de una afección que no sabemos con certidumbre si es buena; por otra, nos dejamos engañar fácilmente por lágrimas falsas. Hablo aquí expresamente del hombre que vive bajo el gobierno de la razón. El que no es impulsado ni por la razón ni por la conmiseración a socorrer a los demás, merece con justicia el nombre de inhumano".

"El contento de sí mismo puede originarse de la razón, y este contento, que tiene su origen en la razón, es el mayor posible. El contento de sí mismo es un gozo nacido de que el hombre considera su propia potencia de obrar. Pero la verdadera potencia de obrar del hombre o su virtud es la razón misma que el hombre considera clara y distintamente; el contento de sí mismo tiene, pues, su origen en la razón. Además, mientras el hombre se considera a sí mismo clara y distintamente, es decir, adecuadamente, no percibe más que lo que sigue de su propia potencia de obrar; es decir, de su potencia de conocer; de esta sola consideración nace, pues, el contento más grande que puede alcanzar".

"La humildad no es una virtud, es decir, no tiene su origen en la razón", dice también Spinoza en la "Etica". "La humildad es una tristeza nacida de que el hombre considera su impotencia propia; según esto, en la medida en que el hombre se conoce por la verdadera razón, se supone tiene una idea clara de su esencia, es decir, de su potencia. Por consiguiente, si el hombre, mientras se considera, percibe alguna impotencia que existe en él, esto no proviene de que se conoce, sino de que está reducida su potencia de obrar. Porque cuando suponemos que un hombre concibe su impotencia porque conoce algo más potente que él y por este conocimiento limita su propia potencia de obrar, no concebimos otra cosa sino que el hombre se conoce a sí mismo distintamente, es decir, que es secundada su potencia de obrar. Por este motivo, la humildad o la tristeza nacida de que un hombre considera su impotencia propia, no tiene su origen en una consideración verdadera, es decir, en la razón, y es una pasión y no una virtud".

Y lo que sigue llenó de gozo a Nietzsche. "El arrepentimiento no es una virtud, es decir, no tiene su origen en la razón; el que se arrepiente de lo que ha hecho, es dos veces miserable o impotente". El que experimenta arrepentimiento "se deja vencer en primer lugar por un deseo malo y después por la tristeza. Esas dos afecciones, quiero decir, la humildad y el arrepentimiento, y además la esperanza y el temor, son más útiles que perjudiciales para los hombres que no viven bajo el gobierno de la razón; por tanto, si es preciso pecar, que sea más bien en este sentido. En efecto, si los hombres que padecen impotencia interior fuesen todos igualmente orgullosos; si no se avergonzasen de nada y nada temieran ¿Cómo podrían mantenerse unidos y disciplinados? La muchedumbre es terrible cuando carece de temor; no debe, pues, extrañarnos que los profetas, atendiendo a la utilidad común, no a la de algunos, hayan recomendado tanto la humildad, el arrepentimiento y el respeto. Efectivamente, los que están sometidos a esas afecciones pueden ser conducidos con mucha más facilidad que los otros a vivir al fin bajo el gobierno de la razón, es decir, a ser libres y gozar de la vida de los afortunados".

"El más alto grado de orgullo o de menosprecio propio es la más completa ignorancia de sí mismo", e indica, asimismo, "la más grande impotencia interior. El primer principio de la virtud es conservar su ser bajo el gobierno de la razón. Por tanto, el que se ignora a sí mismo, ignora el principio de todas las virtudes y, por consecuencia, todas las virtudes. Además, obrar por virtud no es otra cosa que obrar dirigidos por la razón y el que obra bajo el gobierno de la razón debe saber necesariamente que obra conducido por ella. Por tanto, el que se ignora más y, por consiguiente, ignora más todas las virtudes, es que obra menos por virtud, es decir, es el que tiene mayor impotencia interior. Así, el más alto grado de orgullo o de menosprecio propio indica la más grande impotencia interior. Se deduce de aquí con mucha claridad que los orgullosos y los que se menosprecian están muy sometidos a las afecciones".

"Un hombre libre no piensa en cosa alguna menos que en la muerte, y su sabiduría es una meditación, no acerca de la muerte, sino de la vida. Un hombre libre, es decir, el que vive conforme únicamente al mandato de la razón, no está dirigido por el temor a la muerte, sino que desea directamente lo que es bueno, es decir, desea obrar, vivir, conservar su ser con arreglo al principio de la investigación de la utilidad propia".

"Es, pues, útil ante todo en la vida perfeccionar el entendimiento o la razón en cuanto nos sea posible; sólo en esto consiste la felicidad suprema o beatitud del hombre... Absolutamente hablando, es lícito a todos, según el derecho supremo de la naturaleza, hacer lo que juzgan conveniente para su utilidad".

Spinoza, al igual que Nietzsche, no cree en el libre albedrío, de modo, dice, que "en la medida en que el alma conoce todas las cosas como necesarias, tiene sobre las afecciones una potencia más grande, es decir, padece menos a causa de ellas. El alma conoce que todas las cosas son necesarias y están determinadas a existir y a producir algún efecto por una trabazón infinita de cosas; esto hace que a proporción del conocimiento que tiene de las cosas, padezca menos a causa de las afecciones que provienen de ellas y esté menos afectada con respecto a las cosas mismas. Cuando más alcanza el conocimiento de que las cosas son necesarias a las cosas singulares y son imaginadas estas últimas más clara y vivamente, mayor es la potencia del alma sobre las afecciones; la experiencia misma lo atestigua así. Vemos en efecto que la tristeza causada por la pérdida de un bien se suaviza tan pronto como considera el que ha experimentado la pérdida que ese bien no podía ser conservado por medio alguno. De igual modo, vemos que nadie compadece a un niño porque no sabe andar, hablar, razonar y vive tantos años casi sin conciencia de sí mismo. Si, por el contrario, la mayor parte de los hombres naciesen adultos y fuese raro el que naciera niño, todos le compadecerían porque entonces se consideraría la infancia no como una cosa necesaria y natural, sino como un vicio o pecado de la naturaleza, y podríamos hacer muchas observaciones de esta especie".

"El primer y único principio de la virtud o de la conducta recta en la vida es la investigación de lo que nos es útil", dice Spinoza ya casi al final de su libro, que termina con el siguiente párrafo: "He terminado aquí lo que quería establecer concerniente a la potencia del alma sobre sus afecciones y a la libertad del alma. Aparece por esto cuánto vale el sabio y hasta qué punto excede su poder al del ignorante conducido sólo por el apetito sensual. El ignorante, además de ser agitado de muchas maneras por las causas exteriores, no posee nunca el verdadero contento interior, está en una inconsciencia casi completa de sí mismo, de Dios y de las cosas y, tan pronto como cesa de padecer, cesa también de ser. Por el contrario, el sabio, considerado en esta cualidad, no conoce la turbación interior, sino que teniendo por cierta la necesidad eterna, consciencia de sí mismo, de Dios y de las cosas, no cesa jamás de ser y posee el verdadero contento. Si el camino que he demostrado conduce aquí parece extremadamente arduo, no por eso debemos dejar de entrar en él. Ciertamente tiene que ser arduo lo que se encuentra con tan poca frecuencia. ¿Sería posible, si la salvación estuviese en nuestra mano y se pudiera conseguir sin gran esfuerzo, que fuese desdeñada por casi todos? Pero todo lo que es hermoso es tan difícil como raro".

APETICIONES IMPERCEPTIBLES

Gottfried Wilheim Leibniz, filósofo y matemático alemán, tiene mucho que decir en este libro. Digamos previamente que Leibniz presenta el perfil inconfundible de todas los grandes pensadores que se mencionan en estas páginas, esto es, de todas estas maravillosas y prodigiosas cabezas que tuvieron la feliz ocurrencia de llevar sus ingeniosas construcciones mentales al papel para nuestro deleite. Cuando la gente normal, como uno, se acerca a las obras de estos grandes pensadores una de las primeras cosas que nos sorprenden es la gran cantidad de información que dominan, aun antes de cumplir los 30 años o apenas pasados los 20. A poco andar, no obstante, descubrimos que el hecho no reviste un gran misterio y que, al revés, responde a hechos lógicos y de fácil comprensión. Se trata, claro está, de individuos especiales, en cuanto haber sido dotados por la naturaleza de una inteligencia absolutamente por sobre la media. Este es el punto de partida, es decir, llegan al mundo con varios cuerpos de ventaja con respecto al resto. Lo otro, y esto es lo que a veces no se entiende bien, o algunos se resisten a aceptar, es que todos estos personajes han destinado a sus respectivas disciplinas un desaforado esfuerzo, también muy por encima del promedio de sus semejantes. Mucho estudio, mucho trabajo y desde muy temprana edad. Mientras nosotros jugábamos a las bolitas y al trompo, estos sabios ya estaban sumidos en los libros. Bertrand Russell, por ejemplo, hijo de una familia aristocrática y opulenta, tuvo preceptores desde muy corta edad. Esa preparación, unida a su envidiable inteligencia, explica que, a los 19 años, haya escrito un libro sobre la filosofía de Leibniz. Así, entonces, no resulta extraño que a los 25 o 30 años estas personas, al ritmo de trabajo y estudio que llevan, ya sean sujetos perfectamente formados y maduros intelectualmente; si su campo de trabajo es la filosofía, pongamos por caso, ya a esa edad tienen en su haber un cuadro global básico, fundamental, de la disciplina en cuestión. De ahí para adelante, entonces, pueden empezar a dar forma a sus propias ideas. Trabajo y más trabajo es lo que uno encuentra detrás de cada genio, sabio, artista o, en general, detrás de cada hombre o mujer destacado. Aquí no hay milagros, ni destellos de divina inspiración, ni azar, ni ninguna otra cosa que se le parezca. Es más, Nietzsche afirma en su obra Humano, Demasiado Humano que "¡No habléis de dotes, de talentos innatos! Pueden nombrarse grandes hombres de toda índole que fueron poco dotados. Pero adquirieron grandeza, devinieron 'genios' (como se dice), debido a propiedades de cuya carencia no le gusta hablar a nadie que sea consciente de ella: todos tenían esa recia seriedad de artesano que primero aprende a formar perfectamente las partes hasta que se atreve a hacer un gran todo; se daban tiempo para ello, pues se complacían más en la buena factura de lo menudo, accesorio, que en el efecto de un todo deslumbrante. La receta, por ejemplo, para llegar a ser un buen novelista es fácil de dar, pero la ejecución presupone cualidades que suelen pasarse por alto cuando se dice 'no tengo suficiente talento'. Hágase de bosquejos de novelas, ninguno de más de dos páginas, pero de tal concisión que cada palabra sea necesaria; anótese anécdotas diariamente hasta que se aprenda a encontrar su forma más escueta, más eficaz, séase infatigable en la recopilación y descripción de tipos y caracteres humanos, relátese ante todo con tanta frecuencia como sea posible y óigase relatar con vista y oídos aguzados para el efecto sobre los demás circundantes, viájese como un paisajista o un figurinista, extráigase de cada una de las ciencias todo lo que produce efectos artísticos cuando se expone bien, medítese finalmente sobre los motivos de las acciones humanas, no se desdeñe ninguna indicación instructiva a este respecto y séase recolector de semejantes cosas día y noche. Pásese en este múltiple ejercicio unos diez años; entonces lo que sea creado en el taller puede salir también a la luz pública. Pero, ¿cómo obran los demás? No comienzan por la parte, sino por el todo. Alguna vez dan quizás en el clavo, llaman la atención y a partir de ahí lo hacen cada vez peor, por buenas, naturales razones. A veces, cuando la razón y el carácter para configurar semejante plan de vida artístico faltan, el destino y el apremio ocupan su lugar y conducen poco a poco al futuro artista a través de todos los requisitos de oficio".

Cuando este asunto se plantea en los términos señalados las conversaciones siempre terminan en el ya viejo dilema de si existen o no los genios. Claramente Nietzsche dice que no; incluso se burla de los que hablan de genio. Este filósofo, al igual que Malebranche y Bentham, entre otros, creen que un buen entrenamiento es suficiente para producir un artista. Hasta aquí no habría discusión. Sin duda que el esfuerzo persistente va a producir algo bueno. Pero, de este modo, ¿es posible formar un Mozart? Cuesta convencerse de que a través de los consejos de Nietzsche se pueda crear un Tolstoi. Goethe, que a los genios, como Mozart, los trataba de entes domoníacos, habría disentido de Nietzsche. "Domoníaco –decía Goethe- es aquello que no puede resolverse por entendimiento ni razón. No reside en mi naturaleza, pero estoy sometido a ello". La naturaleza demoníaca, explicaba, es aquella que está "llena de actividad e inquietud ilimitadas. A los seres demoníacos de esta clase, los griegos los contaban entre los semidioses; aparece en todo aquello que no podemos resolver por entendimiento y razón. Se manifiesta de las maneras más distintas en la naturaleza entera, tanto en lo visible como en lo invisible. Algunas criaturas son por entero de condición demoníaca; otras, sólo en parte". Le pregunta Eckermann si acaso Mefistófeles no tiene rasgos demoníacos, a lo que Goethe responde: "No.

Mefistófeles es un ser demasiado negativo, y lo demoníaco se manifiesta siempre en una actividad totalmente positiva. Esta cualidad se encuentra en los artistas, más entre los músicos que entre los pintores". Pues bien, si como Nietzsche dice, podemos formar a un artista de calidad, ¿cómo le metemos dentro lo demoníaco –"todo aquello que no podemos resolver por entendimiento y razón", según dice Goethe- para trasformarlo en un Mozart?

En fin, no vamos aquí a resolver el problema. Estábamos en Leibniz y en la felicidad. Este filósofo, superabundante en vitalidad e ideas, buscó toda su vida sostener una discusión con Locke. Este último no quiso nunca aceptar la invitación. El majadero Leibniz siguió insistiendo hasta la muerte de Locke. "Aquí terminó todo", pensará usted. Nada de eso. Leibniz, que a porfiado no se la ganó nadie, inventó un Locke y se puso a dialogar con él. Es el libro "Nuevos Ensayos sobre el Entendimiento Humano", donde Teófilo es Leibniz y Filaletes Locke. Por último, digamos que Leibniz es el filósofo del optimismo, de la armonía preestablecida por Dios, lo cual significa que todo lo que sucede en este mundo es lo mejor que pudo haber pasado. Esta visión, como se recordará, se ganó las burlas de Voltaire, quien, ni más ni menos, escribió un libro entero, "Cándido", para reírse del sistema filosófico de Leibniz.

"La sabiduría es la ciencia de la felicidad", dice Leibniz en este libro. Define como principios prácticos e innatos el deseo de ser feliz y la aversión a la miseria. Y dice que "la felicidad no es otra cosa que una alegría duradera. Sin embargo, nuestra inclinación no es propiamente por la felicidad, sino por la alegría, es decir, por el presente; mientras que la razón nos conduce hacia el porvenir y la duración". Así, recomienda "empezar por la educación, que debe ser regulada de manera que los bienes verdaderos y los auténticos males queden resaltados todo cuanto se pueda, recubriendo las nociones que aluden a ellos con los aditamentos más adecuados para ello; en cuanto a un hombre hecho y derecho que no haya tenido una educación así, debe comenzar desde ya, pues más vale tarde que nunca, a buscar placeres puros y razonables, para oponerlos a los de los sentidos, que son confusos pero conmueven. Cuando un hombre tiene buenos propósitos, debe hacerse leyes y recetas para el futuro, y seguirlas fielmente, apartándose de las ocasiones posibles de corrupción, bruscamente o poco a poco, según la naturaleza del asunto".

Leibniz cita como ejemplo el caso de Francisco Borgia, a quien llama el general de los jesuitas y que acabó siendo canonizado. Borgia, dice, era un hombre de mundo que tenía la costumbre de beber mucho; poco a poco fue reduciendo lo que bebía a cantidades de poca monta, en cuanto pensó retirarse del mundo, mediante el expediente de dejar caer cada día una gota de cera en el recipiente donde tenía costumbre de beber. Así, "a los gustos que pueden ser peligrosos hay que contrarrestarlos con otras aficiones, como la agricultura y la jardinería; conviene huir de la ociosidad, coleccionar curiosidades de la naturaleza y del arte, hacer experimentos e investigaciones; si no se quiere ninguna, es bueno buscar alguna ocupación que sea ineludible, o alguna conversación o lectura que resulte agradable". Este filósofo, muy creyente, recomienda, "en una palabra, aprovechar los buenos propósitos como si proviniesen de la voz divina, para tomar resoluciones eficaces, y poner atención a las conclusiones de la razón, y seguirlas una vez comprendidas, pese a que a continuación y casi siempre sólo pueden ser percibidas mediante 'pensamientos sordos' únicamente, sin atractivos sensibles, y todo eso para conseguir llegar al dominio de las pasiones, así como de las inclinaciones sensibles o inquietudes, mediante la adquisición de la costumbre de actuar según los dictados de la razón, lo cual hará que la virtud sea agradable y como natural. Mas –advierte- no se trata aquí de dar y enseñar las reglas de la moral, o direcciones o consejos espirituales para ejercitarse en la auténtica piedad; basta con que se considere la conducta de nuestra alma y veamos cuál es la fuente de nuestras debilidades, pues conocer esto proporciona a la vez el conocimiento de los remedios".

Leibniz hace decir a Filaletes, es decir, a Locke, que las inquietudes que nos hostigan operan sobre la voluntad y la orienta naturalmente hacia la felicidad. "Un dolor pequeño (inquietud) basta para estropear todos los placeres de que gozamos. En consecuencia, lo que incesantemente determina la elección de nuestra voluntad en cuanto a la acción siguiente siempre es alejarnos del dolor, en tanto podamos preverlo de alguna manera, y dicho alejamiento es el primer paso hacia la felicidad".

Pero Leibniz no está de acuerdo en que la inquietud, como auténtico displacer, sea el único acicate a la acción. "Más frecuente –dice- son esas pequeñas percepciones insensibles, que podrían ser denominadas dolores no aperceptibles si no fuese porque la noción de dolor implica la de apercepción. Esos pequeños impulsos consisten en intentar continuamente liberarse de los pequeños impedimentos, en lo cual nuestra naturaleza trabaja sin que nos demos cuenta. La inquietud que se siente sin conocerla consiste precisamente en eso, y nos permite actuar sobre las pasiones incluso cuando parecemos estar más tranquilos, pues nunca estamos sin algún tipo de movimiento y acción, lo cual es debido a que la naturaleza trabaja continuamente para sentirse más a su gusto. También esto es lo que nos determina a algo, incluso antes de cualquier consulta, en los casos que nos parecen más indiferentes, porque nunca estamos completamente en el ras de la balanza, y entre dos posibilidades nunca podremos estar exactamente en el término medio. Ahora bien, si esos elementos de dolor (que degeneran en dolor o displacer auténtico de vez en cuando, al aumentar demasiado) fuesen auténticos dolores, seríamos siempre miserables, al buscar el bien que perseguimos con inquietud y ardor. Pero sucede todo lo contrario, y como ya se ha dicho anteriormente la acumulación de pequeños sucesos continuos de la naturaleza, que intenta estar cada vez más a gusto, tendiendo al bien y a gozarse de su imagen, o bien disminuyendo la sensación de dolor, es ya de por sí un placer considerable y a menudo vale más que el propio gozo del bien; y lejos de que esta inquietud deba ser contemplada como algo incompatible con la felicidad, pienso que la inquietud es esencial para la felicidad de las personas, la cual nunca consiste en una posesión perfecta, que les volvería insensibles e incluso estúpidas, sino en un progreso continuo e ininterrumpido hacia mayores bienes, lo cual no puede dejar de venir acompañado por un deseo o al menos por una inquietud continua, pero tal y como la que acabo de describir, que no llega a incomodar, sino que se limita a esos elementos o rudimentos de dolor, no aperceptibles por separado, pero que, sin embargo, bastan para servir de acicate y para espolear a la voluntad; como sucede con el apetito de un hombre que está bien de salud en los casos en que no llega a hacerse molesto, impacientándonos y atormentándonos por nuestro excesivo apego a la idea de lo que nos falta. Estas 'apeticiones', pequeñas o grandes, son lo que en las escuelas de denominan motus primo primi (movimiento primordialmente primario), y constituyen los primeros pasos que la naturaleza nos hace dar, no tanto hacia la felicidad como hacia la alegría, pues sólo se tiene en cuenta el presente: pero la experiencia y la razón llegan a regular esas 'apeticiones' y a moderarlas para que puedan conducirnos a la felicidad. Las 'apeticiones' son como la tendencia de la piedra, que va en derechura, aunque no siempre por el mejor camino, hacia el centro de la tierra, sin que pueda prever que encontrará rocas en las cuales se partirá, mientras que si hubiese tenido espíritu y los medios para desviarse, hubiera llegado más cerca de su objetivo. Asimismo, al ir derechos hacia el placer presente, a veces caemos en el precipicio de la miseria. Por eso la razón opone a ello las imágenes de los grandes bienes y males por venir, y una firme resolución y costumbre de pensar previamente a actuar y a intentar conseguir lo que haya sido considerado como lo mejor, incluso en el caso en que las causas sensibles de nuestras conclusiones ya no continúen presentes en el espíritu y se hayan reducido a imágenes débiles, o incluso a pensamientos sordos sustentados por palabras y signos privados de un significado actual, de manera que todo consiste en el 'piénsalo bien' y en 'memento': el primero para hacer uno sus propias leyes y el segundo para seguirlas cuando ya no se recuerde la razón que las hizo surgir. No obstante, es conveniente pensar en ello lo más que se pueda, para tener el alma llena de alegría razonable y de un placer puro y luminoso".

Es imposible que las apeticiones o pensamientos sordos o dolores o inquietudes imperceptibles, no nos recuerden las famosas mónadas de Leibniz. Se trata de seres infinitos, con percepción, "cada uno de los cuales es como un animal dotado con alma (o con algún principio activo análogo, que constituya su auténtica unidad), con lo que le haga falta para ser pasivo, y con un cuerpo orgánico. Ahora bien, dichos seres han recibido su naturaleza, tanto activa como pasiva (es decir, lo que tienen de material y de inmaterial) de una causa general y suprema, porque de otra forma, al ser independientes unos de otros, jamás podrían producir este orden, esta armonía, esta belleza que se observa en la naturaleza. Pero este argumento, que así parece ser únicamente de una certidumbre moral, es empujado hacia una necesidad metafísica por completo mediante la nueva especie de armonía que yo he introducido, que es la armonía preestablecida. Pues como cada una de estas almas (mónadas) expresa a su manera lo que sucede fuera de ella, y como no puede recibir ninguna influencia de los restantes seres particulares, o mejor, teniendo que extraer dicha expresión de su propio fondo, necesariamente hace falta que cada una haya recibido esa naturaleza (o esa razón interna de las expresiones de lo que está fuera) de una causa universal, de la cual dependen todos esos seres, y que haga que cada uno de ellos esté completamente de acuerdo y se corresponda con cualquier otro; esto no puede suceder sin un conocimiento y un poder infinito, y mediante un gran artificio, sobre todo en relación al consentimiento espontáneo de la máquina con las acciones del alma racional". La armonía preestablecida hace que necesariamente las mónadas tengan su origen en Dios y dependan de él, y que su conservación no sea otra cosa que una creación continua.

Leibniz, volviendo a nuestro tema, añora lo que llama una "venturosa revolución del género humano que ponga en boga el ejercicio de la virtud como su mayor fuente de placeres. Todo consiste, prácticamente, en hacer desear de manera constante los bienes verdaderos". Luego hace decir a Filaletes, esto es, a Locke, que "si nos preguntan además qué es lo que excita el deseo, respondemos que la felicidad, y nada más. La felicidad y la miseria son los nombres cuyos límites extremos nos son desconocidos. La mirada humana nunca los ha visto, ni el oído los ha escuchado, ni el corazón humano los ha comprendido nunca. Sin embargo, existen en nosotros vivas impresiones del uno y del otro, a través de las diferentes especies de satisfacción y de alegría, de tormento y de pena, a todas las cuales las englobo, para abreviar, bajo los términos de placer y dolor. Así la felicidad tomada en toda su extensión es el mayor placer del que somos capaces, y el grado más bajo de lo que se llama felicidad es el estado en el cual, liberados de todo dolor, gozamos de una medida tal de placer actual que no podríamos sentirnos contentos con menos.

Llamamos bien a lo que puede producirnos un placer y mal a lo que puede producirnos un dolor".

A lo que Teófilo (Leibniz) contesta: "No sé si es posible un placer máximo; más bien tiendo a pensar que puede crecer al infinito, pues no sabemos hasta donde serán llevados nuestros conocimientos y nuestros órganos en toda la eternidad que nos espera. Creo, por tanto, que la felicidad es un placer duradero, lo cual no podría existir sin una continua progresión hacia nuevos placeres. Si comparamos dos, uno de los cuales va incomparablemente más de prisa y a través de mayores placeres que el otro, cada uno de ellos será feliz en sí y para sus adentros, aunque su felicidad sea muy desigual. La felicidad es, por decirlo así, un camino entre los placeres; y el placer no es más que un paso adelante hacia la felicidad, el más corto que se pueda dar en función de las impresiones actuales, pero no siempre el mejor. Queriendo seguir el camino más corto se puede errar el camino verdadero, como la piedra que cae en derechura puede encontrarse demasiado pronto con obstáculos que le impidan avanzar lo suficiente hacia el centro de la tierra. Lo cual permite entender que la razón y la voluntad son las que nos llevan a ser felices, pero que el sentimiento y los apetitos sólo nos conducen al placer. Ahora bien, aun cuando el placer no puede recibir una definición nominal, como tampoco la luz y el calor, no obstante puede recibir una definición causal, al igual que ellas, y creo que en el fondo el placer es una sensación de perfección, y el dolor de imperfección, con tal de que sean lo suficientemente notables como para hacerse captar, pues las pequeñas percepciones insensibles de cualquier perfección o imperfección, que son como los elementos del dolor y del placer, forman inclinaciones y propensiones, pero no tanto como las pasiones mismas". Leibniz dice que las inclinaciones que nos vienen dadas por la razón, cuya fuerza y formación sentimos, y que dan lugar a los placeres que se obtienen por el conocimiento y la producción del orden adecuado a la armonía, son los más estimables. Luego señala que "Así como la más alta perfección de un ser inteligente consiste en dedicarse constante y escrupulosamente a la búsqueda de la verdadera felicidad, asimismo el fundamento de nuestra libertad radica en el cuidado que debemos tener en no tomar por una felicidad real la que no es sino imaginaria: cuando más nos entreguemos a la búsqueda invariable de la felicidad en general, que jamás deja de ser objeto de nuestros deseos, tanto más nuestra voluntad se desembarazará de la necesidad de estar determinada por el deseo que nos conduce hacia algún bien particular, al menos en tanto no hayamos investigado si se relaciona o se opone a nuestra felicidad verdadera".

"Si no hubiese nada que esperar más allá de la tumba –dice Filaletes-, la consecuencia que habría que sacar de ello sería sin duda justa: comamos y bebamos, gocemos con todo aquello que nos causa placer, que mañana moriremos". A lo que Teófilo señala que "En mi opinión hay algo que objetar a esa deducción. Aristóteles y los estoicos, así como otros muchos filósofos de la antigüedad, pensaban de otras manera, y pienso, en efecto, que tenían razón. Aun cuando no existiese nada después de esta vida, la tranquilidad del alma y la salud del cuerpo seguirían siendo preferibles a los placeres que fuesen contrarios a ellas. Para desdeñar un bien, no es un argumento decir que no durará siempre. Sin embargo, reconozco que en algunos casos no se podría demostrar que lo más honesto también es lo más útil. Por lo tanto, únicamente la consideración de Dios y de la inmortalidad logran hacer indispensables las obligaciones de la virtud y de la justicia".

"Gracias a Dios –destaca Teófilo-, en aquello que más nos importa, esto es, la felicidad y la miseria, no se necesitan tantos conocimientos, ayudas y habilidades como las que serían necesarias para juzgar acertadamente en un consejo de guerra o de Estado, en un tribunal de justicia, en una consulta médica, en cualquier controversia teológica o histórica, o en cualquier cuestión de matemáticas o de mecánica; pero en comparación hace falta más firmeza y costumbre en lo que se refiere a ese punto fundamental de la felicidad y de la virtud, para tomar siempre buenas resoluciones y para seguirlas. En una palabra, para la felicidad verdadera es suficiente con menos conocimientos, siempre que haya más buena voluntad: de suerte que el más idiota puede llegar a ella con tanta facilidad como el más docto o inteligente".

EL HOMBRE NATURAL

Dice el filósofo suizo Jean-Jacques Rousseau. al final de su obra "Sobre el Origen de la Desigualdad", que "al alterarse insensiblemente el alma y las pasiones humanas, cambian por así decir de naturaleza; porque al desvanecerse gradualmente el hombre original, la sociedad no ofrece ya a los ojos del sabio más que un conjunto de hombres artificiales y de pasiones ficticias que son obra de todas estas nuevas relaciones (las que va construyendo el hombre desde que sale de su estado original) y que no tienen ningún fundamento verdadero en la naturaleza. Lo que la reflexión nos enseña en esto, lo confirma completamente la observación: el hombre salvaje y el hombre civilizado difieren tanto por el fondo del corazón y las inclinaciones que lo que hace la felicidad suprema del uno reduciría al otro a la desesperación. El primero no respira sino reposo y libertad, sólo quiere vivir y permanecer ocioso, y ni siquiera la ataraxia misma del estoico se acerca a su profunda indiferencia por cualquier otro objeto. Por el contrario, el ciudadano, siempre activo, suda, se agita, se atormenta sin cesar en busca de ocupaciones aún más laboriosas: trabaja hasta la muerte, corre incluso a ella para ponerse en condiciones de vivir, o renuncia a la vida para adquirir inmortalidad. Corteja a los grandes que odia y a los ricos que desprecia; no escatima nada para obtener el honor de servirles; se jacta orgullosamente de su bajeza y de la protección de ellos y, orgulloso de su esclavitud, habla con desdén de los que no tienen el honor de compartirla. ¡Qué espectáculo para el Caribe los penosos y envidiados trabajos de un ministro europeo! ¡Cuántas muertes crueles no preferiría ese indolente salvaje al horror de una vida semejante que a menudo no está siquiera dulcificada por el placer de obrar bien! Mas, para ver la meta de tantos ciudadanos, sería preciso que esas palabras 'poder' y 'reputación' tuvieran un sentido en su espíritu, que aprendiese que hay una clase de hombres que tienen en mucho las miradas del resto del universo, que saben ser felices y estar contentos de sí mismos con testimonio de otro más que con el suyo propio. Tal es, en efecto, la verdadera causa de todas estas diferencias: el salvaje vive en sí mismo; el hombre sociable, siempre fuera de sí, no sabe vivir más que en la opinión de los demás, y, por así decir, es del solo juicio ajeno de donde saca el sentimiento de su propia existencia. No corresponde a mi tema mostrar cómo de semejante disposición nace tanta indiferencia para el bien y para el mal, pese a discursos tan hermosos de moral; cómo al reducirse todo a apariencias, todo se convierte en ficticio y fingido: honor, amistad, virtud y con frecuencia hasta los vicios mismos, de los que finalmente se encuentra el secreto de glorificarse; cómo, en una palabra, al pedir siempre a los demás lo que nosotros somos y no atreviéndonos a preguntarnos sobre ello a nosotros mismos, en medio de tanta filosofía, humanidad, educación y máximas sublimes, no tenemos más que un exterior engañoso y frívolo, honor sin virtud, razón sin sabiduría y placer sin dicha. Me basta con haber probado que no radica ahí el estado original del hombre y que es únicamente el espíritu de la sociedad y la desigualdad que ella engendra los que así cambian y alteran todas nuestras inclinaciones naturales".

"He tratado de exponer el origen y el progreso de la desigualdad, el establecimiento y el abuso de las sociedades políticas, hasta donde tales cosas pueden deducirse de la naturaleza del hombre con las solas luces de la razón, e independientemente de los dogmas sagrados que dan a la autoridad soberana la sanción del derecho divino. Dedúcese de esta exposición que la desigualdad, que es casi nula en el estado de naturaleza, saca su fuerza y su acrecentamiento del desarrollo de nuestras facultades y de los progresos del espíritu humano y se hace finalmente estable y

legítima mediante el establecimiento de la propiedad y de las leyes.
Se desprende además que la desigualdad moral, solamente
autorizada por el derecho positivo, es contraria al derecho natural,
siempre que no concurra, en igual proporción, con la desigualdad
física; distinción que determina suficientemente lo que debe
pensarse a este respecto de la clase de desigualdad que reina entre
todos los pueblos civilizados, puesto que va manifiestamente
contra la ley de la naturaleza, de cualquier forma que se la defina,
el que un niño mande a un anciano, el que un imbécil guíe a un
hombre sabio y el que un puñado de gentes rebose en
superfluidades mientras la multitud hambrienta carece de lo
necesario".

Rousseau habla en una época en que se pensaba que el desarrollo
del conocimiento en general, y especialmente de las ciencias y de
las técnicas, iban a hacer al fin realidad las ansias eternas del
hombre por encontrar la felicidad. Pues bien, paradójicamente este
filósofo asienta toda su argumentación en que es precisamente ese
avance el causante de todos los males de la humanidad y, por lo
tanto, de la desdicha de las personas. Rousseau concluye, en una
relación causa efecto, que el refinamiento material de la sociedad
moderna es la causante de la degradación moral de sus
contemporáneos; que la ciencia, las letras y las artes son los peores
enemigos de la moral y que, al crear necesidades, son fuentes de
esclavitud. Sostiene que "el hombre es naturalmente bueno y que
sólo las instituciones lo han hecho malo". Reconoce que el estado
de naturaleza es "un estado que ya no existe, que quizás nunca
existió, probablemente no existirá nunca, y del cual, a pesar de
todo, es necesario tener ideas justas con el fin de juzgar bien
nuestro estado actual". Rousseau rechaza la razón como
herramienta para encontrar la verdad en beneficio del corazón, de
las emociones.

Rosseau se enfrenta así al fenómeno social que se originó a partir del siglo XVII y que alcanzó su cenit en el XIX, referido a las desaforadas expectativas de bienestar y felicidad que despertó en los hombres la aparición y desarrollo de las ciencias naturales, particularmente de la física. El impacto que rápidamente tuvo el progreso de las ciencias en los avances técnicos y, consecuentemente, en el confort de la sociedades, instauró muy firme la idea de que la posibilidad de alcanzar la felicidad en este mundo estaba al alcance de la mano. Era cosa de esperar unos pocos años. Pero el prodigio de la ciencia no terminó aquí. Hizo surgir también la idea de que si de las áreas naturales trasladamos la ciencia a las disciplinas sociales, seríamos capaces de organizar y dirigir a las sociedades en forma más eficiente, con precisión matemática, logrando de este modo, como es lógico, la felicidad de todos. El positivismo, que dominó la escena en el siglo XIX, es hijo de este fenómeno. Resumiendo un poco en qué quedaron todas estas esperanzas, diremos que si bien la ciencia efectivamente siguió avanzando en forma espectacular, hoy la gente, al cabo de dos siglos de espera, ya perdió toda esperanza de que cambios cualitativos favorables a la felicidad se produzcan a través de esta vía. Y en cuanto a lo segundo, esto es, lo de trasladar las ciencias al ámbito de los estudios sociales, se puede decir que efectivamente rindió algunos frutos, como la sociología, por ejemplo, pero dio lugar, asimismo, al nacimiento de experiencias políticas horrorosas. La ciencia dice que esta o aquella organización social es la mejor para todos, de suerte tal que si a usted no le gusta, peor para usted. Este simple y terrorífico razonamiento –que surgió en forma legítima en el amanecer de las ciencias, cuando un científico italiano dijo que si los datos que le entregaba la naturaleza no se ajustaban al modelo, peor para los datos-, justificó, todos sabemos, brutales carnicerías. Estos son los extremos negativos hasta donde nos puede llevar la razón cuando, desprendida de la realidad, comienza a construir castillos en el aire. Contra este extremismo racionalista, que igualmente desprecia el conocimiento y las experiencias que emanan de la relación entre nuestros sentidos y el mundo externo -lo que nos dice el corazón-, se alzó en su contra, desde un principio, el romanticismo. La frialdad de la razón fue helando y atrofiando la vena poética natural que tuvo el hombre en su contacto espontáneo con su entorno. Es lo que encontramos todavía en el niño que no sabe de razón y que, por lo mismo, es un poeta innato. Los procesos mentales que lo llevan a expresarse, es decir, a usar un determinado lenguaje, están todavía muy ligados a las primeras impresiones que recibió sobre las cosas a través de sus sentidos. Para él, la lluvia no son gotas que caen de las nubes, sino su experiencia personal con el fenómeno. Así, su idea del aguacero estará dada por su experiencia personal con ella –que comprende sentidos y mente-, de modo que si donde vive la lluvia cae como llovizna, esto significará para él la palabra lluvia. Pero si vive donde las tormentas son lo usual, el fenómeno adquirirá este otro carácter. Un niño corto de vista tendrá una impresión diferente de otro de buena vista frente al mismo objeto. La clave aquí es la importancia de los sentidos en el conocimiento.

Luego, la educación se encarga de despersonalizar el lenguaje, de modo que agua ya no será todo aquello que despierta la imaginación del niño, es decir, algo que moja, que sirve para jugar y bañarse, o para hacerle una broma a un amigo, sino H2O. De este modo, conforme se avanza en este proceso, el lenguaje se separa cada vez más del mundo de los sentidos. Finalmente se logra tal virtuosismo en la manipulación de las frases que apenas se necesita recordar que las palabras tienen significados. Adquiere así el lenguaje un carácter totalmente público. Pero ya no podemos abrigar la esperanza de ser poetas. Hemos sacrificado la expresión a la comunicación y lo que podemos comunicar resulta abstracto y seco.

Un niño puede decir las cosas más maravillosas e ingeniosas sobre la Luna, porque para él no tiene aún el significado que con el tiempo adquiere para todos. A sus ojos, la Luna todavía presenta las características que se imprimieron en su espíritu cuando por primera vez, mirando el cielo, su madre le dijo "eso es la Luna". Y en ese momento él podría haber estado triste o contento; el clima pudo haber estado frío o cálido; los pajaritos pudieron haber estado dando sus últimos cantos del día, etcétera. Todo esto forma en la mente del niño una impresión compleja o mágica, que le puede llevar a decir, por ejemplo, que los pajaritos, antes de dormirse, le cantan a la Luna. Luego caemos en la cuenta que la Luna no es más que una porción de rocas y arena que da vueltas alrededor de la Tierra, y que bajo ninguna circunstancia puede escuchar los trinos de las aves; es decir, luego nos ponemos racionales. Sobre el particular, Goethe refiriéndose a una escultura antigua, tallada en piedra, le dice a Eckermann: "Nosotros los modernos sentimos la gran belleza de un motivo tan natural, tan ingenuo y poseemos el conocimiento y el concepto de cómo habría que tratarlo. Pero no lo hacemos; en nuestras creaciones domina la inteligencia, y por eso carecen de esa gracia encantadora". Para nosotros, que somos hijos de la edad de la razón, es difícil emitir una opinión imparcial sobre los efectos que pudo haber tenido esta razón avasalladora en nuestros niveles de felicidad.

Pushkin, en su obra "Eugenio Onieguin", dice: "¡Dichoso mil veces el que esta consagrado a la esperanza¡ Quien, calmando la calculadora inteligencia, reposa en la indolencia del corazón, como el caminante borracho en la posada, o, dicho con más delicadeza, como la mariposa impregnada de néctar de la flor de primavera. Sin embargo, desdichado el que prevé todo, cuya cabeza siempre con lucidez, quien mira materialmente todos los movimientos y las palabras, y cuyo corazón, amargado por la experiencia, no puede olvidar".

En una de las notas a la obra citada, Rousseau indica que "un autor célebre (Maupertuis, quien señala "que en la vida ordinaria la suma de los males sobrepasa la de los bienes"), tras calcular los bienes y los males de la vida humana y comparar las dos sumas, ha hallado que la última sobrepasaba en mucho a la primera y que, todo considerado, la vida era para el hombre un regalo bastante malo. No estoy sorprendido por su conclusión; ha deducido todos sus razonamientos de la constitución del hombre civil: si se hubiera remontado hasta el hombre natural, puede creerse que habría hallado resultados muy diferentes, que se habría percatado de que el hombre no tiene otros males que aquellos que él mismo se ha dado, y que la naturaleza habría quedado justificada. No sin esfuerzo hemos conseguido volvernos tan desgraciados. Cuando por un lado se consideran los inmensos trabajos de los hombres, tantas ciencias profundizadas, tantas artes inventadas, tantas fuerzas empleadas, abismos colmados, montañas allanadas, rocas rotas, ríos hechos navegables, tierras roturadas, lagos excavados, marismas desecadas, edificios enormes levantados sobre la tierra, la mar cubierta de bajeles y de marineros, y por otro lado se investigan con cierta reflexión las verdaderas ventajas que han resultado de todo esto para la felicidad de la especie humana, no puede uno sino quedar afectado por la sorprendente desproporción que reina entre estas cosas, y deplorar la ceguera del hombre que, para alimentar su loco orgullo y no sé qué vana admiración por sí mismo, le hace correr ardorosamente tras todas las miserias de que es susceptible, y que la bienhechora naturaleza había tomado la precaución de apartar de él".

"Los hombres son malvados –sigue la nota-; una triste y continua experiencia nos dispensa de probarlo; sin embargo, el hombre es naturalmente bueno, creo haberlo demostrado. ¿Qué es, pues, lo que puede haberlo depravado hasta ese punto sino los cambios sobrevenidos en su constitución, los progresos que ha hecho y los conocimientos que ha adquirido? Que admiren cuanto quieran la sociedad humana, no será por ello menos cierto que necesariamente conduce a los hombres a odiarse entre sí en la medida en que sus intereses se cruzan, a prestarse mutuamente servicios aparentes y a hacerse en la práctica todos los males imaginables. ¿Qué puede pensarse de un trato en que la razón de cada particular le dicta máximas directamente contrarias a las que la razón pública predica al cuerpo de la sociedad, y en el que cada cual halla su provecho en la desgracia del prójimo? Quizás no haya ni un solo hombre acomodado a quien herederos ávidos, y a menudo sus hijos no deseen en secreto la muerte, ni un bajel en el mar cuyo naufragio no fuera una buena nueva para algún negociante, ni una casa que un deudor de mala fe no quisiera ver arder con todos los papeles que contiene, ni un pueblo que no se regocije con los desastres de su vecinos. Así es como hallamos nuestro provecho en el perjuicio de nuestros semejantes, y cómo la pérdida de uno hace casi siempre la prosperidad del otro. Pero hay algo más peligroso todavía, y es que las calamidades públicas son la expectativa y la esperanza de una multitud de particulares. Unos quieren enfermedades, otros mortandad, otros guerras, otros hambrunas; he visto hombres horribles llorar de dolor ante las probabilidades de un año fértil, y el vasto y funesto incendio de Londres (1666), que costó la vida o los bienes a tantos desgraciados, hizo quizás la fortuna de más de diez mil personas... Penetremos, pues, más allá de nuestras frívolas demostraciones de benevolencia, lo que pasa en el fondo de los corazones, y reflexionemos en lo que debe ser un estado de cosas en que todos los hombres están forzados a acariciarse y destruirse mutuamente y en el que nacen enemigos por deber y trapaceros por interés. Si se me contesta que la sociedad está constituida de tal modo que cada hombre gana sirviendo a los otros, replicaré que eso estaría muy bien si no ganase más aún perjudicándoles. No hay provecho tan legítimo que no sea superado por el que puede obtenerse ilegítimamente, y el daño causado al prójimo es siempre más lucrativo que los servicios. No se trata, pues, sino de hallar los medios de asegurarse la impunidad, y en ello es en lo que emplean los poderosos todas sus fuerzas y los débiles todas sus artimañas".

"Cuando ha comido –sigue-, el hombre salvaje está en paz con toda la naturaleza y es amigo de todos sus semejantes. ¿Qué tratan a veces de disputarle su comida? No llega nunca a las manos sin haber comparado antes la dificultad de vencer con la de encontrar su subsistencia en otra parte, y como el orgullo no se mezcla al combate, éste termina al cabo de algunos puñetazos. El vencedor come, el vencido va en busca de fortuna, y todo queda en paz; pero en el hombre en sociedad los asuntos son muy distintos; se trata en primer lugar de proveer a lo necesario, y luego a lo superfluo; enseguida vienen los placeres, y después las inmensas riquezas, y después los súbditos, y después los esclavos; no hay un momento de reposo; y lo más singular es que cuanto menos naturales y acuciantes son las necesidades, más aumentan las pasiones y, lo que es peor, el poder de satisfacerlas; de suerte que tras largas prosperidades, tras haber engullido muchos tesoros y destruido muchos hombres, mi héroe terminará por degollar todo hasta ser el único amo del universo. Tal es, en resumen, el cuadro moral, si no de la vida humana, al menos de las pretensiones secretas de todo hombre civilizado".

"Comparad sin prejuicio el estado del hombre civil con el del hombre salvaje e investigad, si podéis, dejando a un lado su maldad, sus necesidades y sus miserias, cuántas nuevas puertas abrió el primero al dolor y a la muerte. Si consideráis los pesares del alma que nos consumen, las pasiones violentas que nos agotan y desolan, los trabajos excesivos con que los pobres están sobrecargados, la molicie aún más peligrosa a que se abandonan los ricos, y que hace que algunos mueran por sus necesidades y otros por sus excesos; si pensáis en las monstruosas mezclas de alimentos, en sus perniciosas condimentaciones, en los productos corrompidos, en las drogas falsificadas, en las bribonadas de quienes las venden, en los errores de quienes las administran; si prestáis atención a las enfermedades epidémicas causadas por el aire malsano entre multitudes de hombres apiñados, a las que ocasionan la delicadeza de nuestra manera de vivir, el paso alterno del interior de nuestras casas al aire libre, el uso de vestidos puestos y quitados con demasiada poca precaución, y todos los cuidados que nuestra excesiva sensualidad ha convertido en hábitos necesarios, cuya privación o negligencia nos cuesta al punto la vida o la salud, si ponéis en la lista los incendios y los terremotos que, consumiendo o destruyendo ciudades enteras, hacen perecer sus habitantes por millares; en una palabra, si reunís los peligros que todas estas causas amontonan continuamente sobre nuestras cabezas, sentiréis cuán caro nos hace pagar la naturaleza el desprecio que hemos hecho de sus lecciones".

Luego de destacar los horrores de la guerra, los "vergonzosos" medios utilizados para impedir los nacimiento, los abusos y tristes consecuencias de los derechos paternos y los trabajos que destruyen el cuerpo, indica que "de la sociedad y del lujo que engendra nacen las artes liberales y mecánicas, el comercio, las letras y todas esas inutilidades que hacen florecer la industria, enriquecen y pierden a los Estados. La razón de este deterioro es muy simple. Es fácil ver que, por su naturaleza, la agricultura debe ser la menos lucrativa de todas las artes; porque al ser su producto el de uso más indispensable para todos los hombres, el precio debe ser proporcionado a las posibilidades de los más pobres. Del mismo principio se puede sacar la siguiente regla: que en general las artes son lucrativas en razón inversa a su utilidad, y que las más necesarias han de convertirse en última instancia en las más descuidadas. De donde se ve lo que hay que pensar de las verdaderas ventajas de la industria y del efecto real que resulta de sus progresos".

Rousseau señala que una de las cualidades que distinguen al hombre de los animales es la facultad de perfeccionarse, "facultad que, con ayuda de las circunstancias, desarrolla sucesivamente todas las demás, y reside entre nosotros tanto en la especie como en el individuo, mientras que un animal, al cabo de algunos meses es lo que será toda su vida, y su especie, al cabo de mil años. ¿Por qué sólo el hombre está expuesto a volverse imbécil? ¿No será así como retorna a su estado primitivo y como, mientras la bestia, que nada ha adquirido y que tampoco tiene nada que perder, permanece siempre con su instinto, el hombre, volviendo a perder por la vejez u otros accidentes todo cuanto su perfectibilidad le había hecho adquirir, vuelve a caer más bajo que la bestia misma? Sería triste para nosotros vernos forzados a convenir que esta facultad distintiva, y casi ilimitada, es la fuente de todas las desgracias del hombre; que es ella la que a fuerza de tiempo le saca de esa condición originaria en la que pasaría sus días tranquilos e inocentes; que es ella la que, haciendo surgir con los siglos sus luces y sus errores, sus vicios y sus virtudes, la torna a la larga tirano de sí mismo y de la naturaleza".

Más adelante, al comentar el calificativo de "miserable" que se hacía en el tiempo de Rousseau a la condición del hombre primitivo, señala: "me gustaría que me explicasen cuál puede ser el género de miseria de un ser libre cuyo corazón está en paz y en cuerpo en salud. Pregunto qué vida, la civil o la natural, está más sometida a volverse insoportable para quienes disfrutan de ella. Casi no vemos en torno nuestro más que gentes que se quejan de su existencia, muchos incluso que se privan de ella cuando pueden, y la reunión de las leyes divina y humana apenas basta a detener este desorden. Yo pregunto si alguna vez se ha oído decir que un salvaje en libertad haya pensado siquiera en quejarse de la vida y en darse la muerte. Júzguese, pues, con menor orgullo de qué lado está la verdadera miseria". Rousseau dice que el estado en que el hombre vivió más feliz fue aquel en que se encontró el justo medio entre la "indolencia del estado primitivo y la impetuosa actividad de nuestro amor propio. El ejemplo de los salvajes, que han sido hallados casi todos en este punto, parece confirmar que el género humano estaba hecho para quedarse siempre en él, que ese estado es la verdadera juventud del mundo, y que todos los progresos ulteriores han sido, en apariencia, otros tantos pasos hacia la perfección del individuo, y en realidad, hacia la decrepitud de la especie. Mientras los hombres se contentaron con sus cabañas rústicas, mientras se limitaron a coser sus vestidos de pieles con espinas de plantas, a adornarse con plumas y con conchas, a pintarse el cuerpo de diversos colores, a perfeccionar o embellecer sus arcos y sus flechas, a tallar con piedras afiladas algunas canoas de pescadores o algunos groseros instrumentos de música; en una palabra, mientras sólo se aplicaron a obras que podía hacer uno solo y a artes que no necesitaban del concurso de varias manos, vivieron libres, sanos, buenos y felices tanto como podían serlo por su naturaleza, y continuaron gozando entre ellos de las dulzuras de un trato independiente: pero desde el instante en que el hombre tuvo necesidad del socorro de otro, desde que se dio cuenta de que era útil para uno solo tener provisiones para dos, la igualdad desapareció, se introdujo la propiedad, el trabajo se hizo necesario y las vastas selvas se trocaron en campiñas risueñas que hubo que regar con el sudor de los hombres, y en las que pronto se vio la esclavitud y la miseria germinar y crecer con las mieses".

Llegamos así al estadio actual, en que encontramos al hombre "con todas nuestras facultades desarrolladas, la memoria y la imaginación en juego, el amor propio interesado, la razón vuelta

activa y el espíritu llegado casi al término de la perfección de que
es susceptible. He aquí todas las cualidades naturales puestas en
acción, el rango y la suerte de cada hombre establecidos no sólo
con arreglo a la cantidad de bienes y poder de servir o de
perjudicar, sino con arreglo al espíritu, la belleza, la fuerza o la
destreza, con arreglo al mérito y los talentos; y siendo estas
cualidades las únicas que podían conseguir la consideración,
pronto hubo que tenerlas o afectarlas, en provecho propio hubo que
mostrarse diferente de lo que uno era en efecto. Ser y parecer
llegaron a ser dos cosas totalmente diferentes, y de esta distinción
salieron el fausto imponente, la astucia falaz y todos los vicios que
son su cortejo. Por otro lado, de libre e independiente que era antes
el hombre, helo aquí sometido por una multitud de nuevas
necesidades, por así decir, a toda la naturaleza, y sobre todo a sus
semejantes de los que se hacen esclavo en cierto sentido, incluso
aunque se vuelva su amo; rico, necesita sus servicios; pobre,
necesita sus ayudas; y la medianía no le pone en situación de
prescindir de ellos. Es preciso, por tanto, que trate constantemente
de interesarlos en su suerte, y de hacerles encontrar, en realidad o
en apariencia, beneficio propio trabajando por el suyo: lo cual le
hace trapacero y artificioso con unos, imperioso y duro con otros, y
le pone en la necesidad de abusar de todos aquellos que necesita
cuando no puede hacerse temer y cuando no redunda en interés
propio servirlos con utilidad. Finalmente, la ambición devoradora,
el ansia de elevar su fortuna relativa, menos por necesidad
auténtica que por ponerse por encima de los demás, inspiran a
todos los hombres una negra inclinación a perjudicarse
mutuamente, una envidia secreta, tanto más peligrosa cuanto que
para hacer su jugada con mayor seguridad adopta a menudo la
máscara de la benevolencia; en una palabra, competencia y
rivalidad, por un lado, por otro oposición de intereses y siempre el
oculto deseo de lograr un beneficio a costa del otro; todos estos

males son el primer efecto de la propiedad y el cortejo inseparable de la desigualdad naciente".

La avaricia sin límite de los ricos y los intentos de los pobres de arrebatar a los poderosos parte de las riquezas, dieron origen a la violencia y las rapiñas, argumenta Rousseau, y agrega que "Así es como haciendo los más poderosos o los más miserables de su fuerza o de sus necesidades una especie de derecho a los bienes ajenos, equivalente, según ellos, al de propiedad, a la igualdad rota, siguió el más horroroso desorden; así fue como las usurpaciones de los ricos, el bandidaje de los pobres, las pasiones desenfrenadas de todos, ahogando la piedad natural y la voz aún débil de la justicia, volvieron a los hombres avaros, ambiciosos y malvados (...) el género humano, envilecido y desolado, sin poder volver ya sobre sus pasos ni renunciar a las desventuradas adquisiciones que había hecho, y trabajando exclusivamente para vergüenza suya por el abuso de las facultades que le honran, se puso él mismo en vísperas de su ruina". Ruina que, según nos cuenta Rousseau, fue evitada con el acuerdo de las personas de normar el funcionamiento de la sociedad de acuerdo a leyes. Y así, "todos corrieron al encuentro de sus cadenas creyendo asegurar su libertad, porque los más capaces, los ricos, modelaron, obviamente, un sistema muy conveniente para sus intereses".

Pero ese es un asunto que no está directamente relacionado con la felicidad, que es nuestro tema. Lo que sí tiene que ver con la dicha es la pregunta que le formularon al filósofo sus contemporáneos: ¿Es qué, señor Rousseau, para ser felices no tenemos más remedio que irnos a vivir como salvajes a la selva o a las montañas? Como la pregunta caía de cajón, Rousseau se adelantó a las inquietudes de sus lectores. "¡Vaya! –dice-, ¿hay que destruir las sociedades, aniquilar lo tuyo y lo mío, y volver a vivir en los bosques con los osos? Consecuencia propia de mis adversarios, que me gusta tanto anticipar como dejarles la vergüenza de sacarla. Vosotros, para quienes la voz celeste no se ha hecho oír y que no reconocéis para vuestra especie otro destino que acabar en paz vuestra corta vida, vosotros que podéis dejar en medio de las ciudades vuestros corazones corrompidos y vuestros deseos desenfrenados, recuperad, puesto que depende de vosotros, vuestra antigua y primera inocencia; id a los bosques a perder la visión y la memoria de los crímenes de vuestros contemporáneos, y no temáis envilecer vuestra especie renunciando a sus luces por renunciar a sus vicios. En cuanto a los hombres semejantes a mí, cuyas pasiones han destruido para siempre la sencillez originaria, que no pueden ya alimentarse de hierbas y de bellotas, ni prescindir de leyes ni de jefes; quienes fueron honrados en su primer padre mediante lecciones sobrenaturales; quienes vean, en el intento de dar desde el inicio a las acciones humanas una moralidad que no se ha adquirido de antaño, quienes, en una palabra, estén convencidos de que la voz divina llamó a todo el género humano a las luces y a la felicidad de las inteligencias celestes, todos ellos tratarán, mediante el ejercicio de virtudes que se obligan a practicar aprendiendo a conocerlas, de merecer la recompensa eterna que por ello deben esperar; respetarán los sagrados lazos de la sociedad de que son miembros; amarán a sus semejantes y los servirán en todo cuanto puedan; obedecerán escrupulosamente las leyes y a los hombres que son sus autores y ministros; honrarán, sobre todo, a los príncipes sabios y buenos que sepan prevenir, curar y paliar ese tropel de abusos y de males siempre dispuestos a acuciarnos, animarán el celo de estos dignos jefes, mostrándoles sin temor ni adulación la grandeza de su tarea y el rigor de su deber. Pero no por eso despreciarán menos una constitución que sólo puede mantenerse con la ayuda de tantas personas respetables que son más a menudo deseadas que conseguidas, y de la cual, pese a todos sus cuidados, nacen siempre más calamidades reales que ventajas aparentes". El síntesis, Rousseau llama al prójimo a mantener, en el seno de la vida social, una fidelidad fiel a la naturaleza perdida. No hay más remedio. El hombre natural se perdió para siempre en las profundidades del tiempo. No así, como veremos más adelante, el ideal de hombre que tiene Nietzsche. El hombre que está en la mente del filósofo alemán, el hombre de la Grecia presocrática, del Renacimiento y de Roma, sigue presente en el mundo actual, sólo que dormido, narcotizado bajo varias capas de moral cristiana antinatural. Así, mientras el hombre natural de Rousseau está irremediablemente perdido, el de Nietzsche puede despertar en cualquier momento.

SOLO DIGNOS DE SER FELICES

Acerquémonos ahora al muy influyente filósofo Manuel Kant. Este pensador alemán desligó absolutamente la razón y la virtud de la felicidad. Como la razón es para este filósofo el centro de todo, sin titubeos trata a la felicidad como algo inabordable. La felicidad, dice Kant, tiene que ver con la fantasía, así como con los hechos, las situaciones. Y como éstos son infinitos, no hay modo de manejarlos o de manejarse entre ellos. De modo que sólo un hombre omnisciente -como Dios- conocedor de todo, podría encontrar la felicidad. La felicidad no es un ideal de la razón sino de la imaginación, que descansa sobre meras bases empíricas, "de las cuales en vano se esperará que hayan de determinar una acción por la cual se alcance la totalidad de una serie, en realidad infinita, de consecuencias". Lo que el hombre sí puede hacer, continúa Kant, es, a través de la razón, tener un comportamiento moral. Pero esto, claro está, toca tangencialmente el tema de la felicidad. De modo que Kant aclara el asunto que venía bastante enredado desde antiguo, al separar la virtud de la felicidad. Como ya hemos visto, la mayoría de los pensadores que hemos tratado hasta aquí han argumentado en el entendido de que la virtud está atada a la felicidad. Para ser feliz había que ser virtuoso. Profundo error, según Kant, porque la virtud cae en el campo de la moral y sus leyes, área dominada por la razón, mientras que el ruedo propio de la felicidad es la imaginación que funciona de cara al mundo empírico.

Kant dice explícitamente que "nunca se ha de tratar de la moral en sí como doctrina de la felicidad, es decir, como una enseñanza para llegar a ser partícipe de la felicidad. La doctrina de la moral no dice relación de cómo nos hacemos felices, sino de cómo debemos llegar a ser dignos de la felicidad".

En la "Fundamentación de la metafísica de las costumbres" Kant
señala que quien quiere el fin, quiere también –de conformidad con
la razón, necesariamente- los únicos medios que están para ello en
su poder. "Pero es una desdicha que el concepto de la felicidad sea
un concepto tan indeterminado que, aun cuando el hombre desea
alcanzarla, nunca puede decir por modo fijo y acorde consigo
mismo lo que propiamente quiere y desea. Y la causa de ello es que
todos los elementos que pertenecen al concepto de la felicidad son
empíricos; es decir, tienen que derivarse de la experiencia, y que,
sin embargo, para la idea de felicidad se exige un todo absoluto, un
máximum de bienestar en mi estado actual y en todo estado futuro.
Ahora bien, es imposible que un ente, el más perspicaz posible y al
mismo tiempo el más poderoso, si es finito, se haga un concepto
determinado de lo que propiamente quiere en este punto. ¿Quiere
riquezas? ¡Cuántos cuidados, cuánta envidia, cuántas asechanzas
no podrá atraerse con ella! ¿Quiere conocimiento y saber? Pero
quizá esto no haga sino darle una visión más aguda, que le
mostrará más terribles aún los males que están ahora ocultos para
él y que no puede evitar, o impondrá a sus deseos, que ya bastante
le dan que hacer, nuevas y más ardientes necesidades. ¿Quiere una
larga vida? ¿Quién le asegura que no ha de ser una larga miseria?
¿Quiere al menos tener salud? Pero, ¿no ha sucedido muchas veces
que la flaqueza del cuerpo le ha evitado caer en excesos que
hubiera cometido de tener una salud perfecta, etc., etc. En suma,
nadie es capaz de determinar, por un principio, con plena certeza,
qué sea lo que le haría verdaderamente feliz, porque para tal
determinación fuera indispensable tener omnisciencia. Así, pues,
para ser feliz, no cabe obrar por principios determinados, sino sólo
por consejos empíricos, por ejemplo, de dieta, de ahorro, de
cortesía, de comedimiento, etc.; la experiencia enseña que estos
consejos son los que mejor fomentan, por término medio, el
bienestar. Así, entonces, determinar con seguridad y universalidad

qué acción fomente la felicidad de un ser racional es totalmente insoluble".

Como se recordará, una línea de pensamiento similar a la de Kant muestra Spinoza en su libro "Etica", cuando señala que "hay tantas especies de gozo, de tristeza y de deseo y, por consiguiente, todas las afecciones que se componen de éstas, como la fluctuación del alma, o se derivan de ellas, como el amor, el odio, la esperanza, el temor, etc., como especies de objetos que nos afectan. El gozo y la tristeza y, por consecuencia, las afecciones que se componen o derivan de ellos, son pasiones; por otra parte, padecemos necesariamente en tanto tenemos ideas inadecuadas y sólo en la medida exacta en que las tenemos; es decir, padecemos en la medida solamente en que imaginamos; en otros términos, en la medida en que somos afectados por una afección que envuelve la naturaleza de nuestro cuerpo exterior y la de un cuerpo exterior. La naturaleza de cada pasión debe explicarse necesariamente de modo que se expresa la naturaleza del objeto porque somos afectados. Digo que el gozo que nace de un objeto, por ejemplo de A, envuelve la naturaleza del objeto A, y que el gozo que nace del objeto B envuelve la naturaleza del objeto B. Al nacer de causas de naturalezas distintas, son diferente. De igual modo, la afección de tristeza que nace de un objeto es diferente por naturaleza de la tristeza que nace de otra causa, y debe entenderse lo mismo del amor, del odio, de la esperanza, del temor de la fluctuación del alma; y, por consiguiente, hay necesariamente tantas especies de gozo, de tristeza, de amor, de odio, como especies de objetos nos afectan. En cuanto al deseo, es la esencia misma de cada uno, o su naturaleza, en tanto se le concibe como determinado a hacer alguna cosa por su constitución tal como es dada; desde el momento, pues, en que cada uno es afectado por causas exteriores de tal o cual especie de gozo, de tristeza, de amor, de odio, es decir, desde el momento en que su naturaleza es constituida de tal o cual modo, su

deseo será necesariamente tal o cual, y la naturaleza de su deseo
diferirá de la de otro, tanto como las afecciones de que nacen
difieran entre sí. Hay, pues, tantas especies de deseo, como de
gozo, etc., como hay especies de objetos que nos afectan".

Para abundar aún más en Kant, éste señala en su obra
"Antropología en sentido pragmático" que "el egoísta moral es
aquel que reduce todos los fines a sí mismo, que no ve más utilidad
que la que hay en lo que le es útil, y que incluso como eudemonista
pone meramente en la utilidad y en la propia felicidad, no en la
representación del deber, el supremo fundamento determinante de
su voluntad. Pues como cada hombre se hace conceptos distintos
de lo que incluye la felicidad, es justamente el egoísmo quien llega
a no tener ninguna piedra de toque del verdadero concepto del
deber, el cual ha de ser absolutamente un principio de validez
universal. Todos los eudemonistas son, por ende, egoístas
prácticos. Al egoísmo sólo puede oponérsele el pluralismo, esto es,
aquel modo de pensar que consiste en no considerarse ni
conducirse como encerrado en el propio sí mismo el mundo entero,
sino como un simple ciudadano del mundo". Y apoyándose en esta
concepción, Kant añade que "si la cuestión fuese meramente de si
yo, como ser pensante, tengo motivos para admitir, además de mi
existencia, la de todo un mundo de seres distintos de mí que se
hallan en relación de comunidad conmigo (un todo llamado
mundo), no se trataría de una cuestión antropológica, sino
puramente metafísica".

En este mismo libro, Kant lanza las ideas que, como veremos más
adelante, nutrieron buena parte de la filosofía de Schopenhauer.
Dice Kant que "el deleite es un placer por medio del sentido, y lo
que da placer a éste se dice agradable. El dolor es el displacer por
medio de los sentidos, y lo que produce aquél es desagradable.
Deleite y dolor no son mutuamente como la ganancia y la carencia

(+ y 0), sino como la ganancia y la pérdida (+ y -), esto es, lo uno no es opuesto a lo otro meramente como su contradicción, sino también como su contrario. Las expresiones de los que place y displace y de lo que hay en medio, lo indiferente, son demasiado vastas; pues pueden referirse también a lo intelectual, donde no coincidirían ya con el deleite y el dolor".

"Pueden explicarse también estos sentimientos por el efecto que la sensación de nuestro estado hace sobre el ánimo. Lo que me impulsa inmediatamente (por el sentido) a abandonar mi estado (a salir de él), me es desagradable -me causa dolor-; lo que me impulsa igualmente a conservarlo (a permanecer en él), me es agradable, me proporciona un deleite. Pero nosotros somos arrastrados incesantemente por la corriente del tiempo y del cambio de sensaciones enlazado a ella. Mas si bien abandonar un punto del tiempo y entrar en otro es un mismo acto (de cambio), hay en nuestro pensamiento y en la conciencia de este cambio una sucesión temporal, conforme a la relación de causa y efecto. Ahora bien, se pregunta si es la conciencia de abandonar el estado presente, o de la visión anticipada de entrar en un estado futuro, lo que despierta en nosotros la sensación de deleite. En el primer caso no es el deleite otra cosa que la supresión del dolor y algo negativo; en el segundo sería el presentimiento de algo agradable, o sea, un aumento del estado de placer, por ende, algo positivo. Pero puede adivinarse ya también por adelantado que es solamente lo primero lo que tiene lugar; pues el tiempo no arrastra de lo presente a lo futuro (no a la inversa), y el hecho de que primero nos encontremos forzados a salir del presente, sin saber en qué otro nos encontraremos, sino sólo que será distinto, solo puede ser causa del sentimiento agradable. Deleite es el sentimiento del fomento de la vida; dolor, es de un impedimento de ésta. La vida (animal) es, como han hecho notar los médicos, un continuo juego del antagonismo entre ambos".

"Así pues, a todo deleite ha de preceder el dolor; el dolor es siempre lo primero. ¿Pues qué otra cosa se seguiría de un continuo fomento de la fuerza vital (felicidad decimos nosotros) - que, sin embargo, no puede elevarse por encima de cierto grado- si no una rápida muerte de la alegría?"

Puede que no esté de más señalar aquí, a modo de paréntesis, que por dolor Kant, y en general los filósofos, no se refieren sólo a un dolor de muelas o a una tragedia dantesca. No, por dolor quieren significar todas las contrariedades que se presentan en la vida, desde las más banales hasta las más dramáticas. Schopenhauer define el dolor como aquello que se opone a mi voluntad.

Sigamos entonces con Kant. Dice, "Tampoco puede un deleite seguir inmediatamente a otro, sino que entre uno y otro ha de instalarse un dolor (una contrariedad). Son pequeñas represiones de la fuerza vital con fomentos de ésta mezclados entre las primeras, las que constituyen el estado de salud, que tomamos erróneamente por un bienestar continuamente sentido; este estado, en efecto, sólo se integra de sentimientos agradables que se suceden como pulsaciones (con un dolor que se intercala siempre entre ellos). El dolor es el aguijón de la actividad, y en ésta sentimos ante todo nuestro vivir; sin él se daría una falta de vitalidad. Los dolores que remiten lentamente (como el paulatino convalecer de una enfermedad o la lenta readquisición de un capital perdido) no tienen un deleite vivo como secuela, porque la transición es imperceptible. Estas tesis del conde Verri las suscribo con plena convicción".

En otra parte del libro "Antropología en sentido pragmático", Kant, siempre en línea con las ideas que retomó más tarde Shopenhauer, señala que "sentir su vida, deleitarse, no es otra cosa que sentirse continuamente impulsado a salir del estado presente (que, por ende, ha de ser un dolor que otras tantas retorna). De ello se explica también la opresiva, incluso la angustiosa fatiga del aburrimiento para todos los que fijan su atención en su vida y en el tiempo". Kant hace hincapié en que esto vale sólo para el hombre cultivado, pues el caribeño, ejemplifica, esta libre de esta fatiga por su innata falta de vitalidad. Dice "puede estar horas con caña de pescar sin pescar nada". "Esta presión o impulso -sigue Kant- a abandonar el momento en que nos encontramos y a pasar al siguiente va acelerándose y puede crecer hasta llegar hasta la resolución de poner un término a la propia vida, por haber el hombre suntuoso ensayado los goces de toda índole y no ser ya nuevo ninguno para él; como se decía en París de Lord Mordaunt: 'Los ingleses se ahorcan por pasar el tiempo'. El vacío de sensaciones percibido en uno mismo suscita horror y es como el presentimiento de una muerte lenta, que es tenida por más penosa que si el destino cortara rápidamente el hilo de la vida".

"Por esto se explica también por qué se toma por una misma cosa el acortar el tiempo y el deleite; porque cuando más rápidamente pasamos el tiempo, tanto más reanimados nos sentimos; como un grupo que durante un viaje de placer se ha entretenido conversando en el coche durante tres horas, dice jovialmente al descender, si uno de ellos mira el reloj: '¿A dónde se fue el tiempo?' o '¡Qué corto se nos ha hecho el tiempo!'. Mientras que, por el contrario, si la atención al tiempo no fuese atención a un dolor del que deseamos encontrarnos libre, sino un deleite, se deploraría, como es justo, toda pérdida de tiempo. Las conversaciones que encierran poco cambio de las representaciones se llaman aburridas y, precisamente por esto, también fatigosas, y un hombre que hace pasar el tiempo es tenido, si no por un hombre importante, empero por un hombre agradable, que, tan pronto entra en la estancia serena, inmediatamente se alegran los rostros de todos los reunidos, como si hubiesen sido liberados de una fatiga".

"Pero ¿cómo explicar el fenómeno de que un hombre que se ha atormentado con el aburrimiento a lo largo de mayor parte de su vida, de modo que cada uno de sus días se le hacía largo, sin embargo, al término de aquélla se lamente de su brevedad? La causa hay que buscarla en la analogía con una observación parecida: las leguas alemanas se hacen cuanto más cerca de la capital (Berlín), tanto más pequeñas: cuanto más lejos de ella, tanto más grandes; pues la abundancia de los objetos vistos (aldeas y casas de campo) engendra en el recuerdo la engañosa conclusión de la existencia de un gran espacio recorrido, por consiguiente, de un tiempo más largo necesario para recorrerlo; el vacío, en el segundo caso, genera poco recuerdo de lo visto y, por ende, la conclusión de la existencia de un camino más corto y consiguientemente de un tiempo más corto que el que resultaría del reloj. Igualmente, la multitud de períodos que caracterizan la última parte de la vida con sus múltiples trabajos cambiados suscitará en el viejo la imaginación de un plazo más largo recorrido en la vida de lo que había creído por el número de los años, y el llenar el tiempo con ocupaciones que avancen metódicamente y tengan por consecuencia un gran fin propuesto es el único medio seguro de estar contento de la propia vida y al mismo tiempo saciado de vivir. Cuanto más hayas pensado, cuanto más hayas hecho, tanto más largamente habrás vivido, incluso en tu propia imaginación. Concluir la vida de este modo va acompañado de contentamiento".

"Pero, ¿qué pasa con el contentamiento durante la vida? Es inasequible al hombre: ni en sentido moral (estar contento consigo mismo en cuanto a la buena conducta), ni en sentido pragmático (estar contento con el bienestar que el hombre piensa proporcionarse con su habilidad y prudencia). La naturaleza ha puesto el dolor en el hombre como un aguijón de la actividad al que no puede escapar, para que progrese siempre hacia lo mejor, y hasta el último instante de la vida es el contentamiento sentido por el último período   de ella sólo digno de este nombre comparativamente (comparándonos en parte con la suerte de otros, en parte con nosotros mismos), pero nunca es pura y completa. Estar en la vida (absolutamente) contento sería un inerte reposo y quietud de los móviles, o aturdimiento de las sensaciones y de la actividad ligada a unos y otras. Pero un estado semejante no puede coexistir con la vida intelectual del hombre más que puede existir la paralización del corazón en un cuerpo animal, a la que, si no ocurre un nuevo estímulo (por medio del dolor), sigue inevitablemente la muerte".

Aconseja Kant que "una forma de deleitarse es, al mismo tiempo, cultura, es decir, aumento de la capacidad de gozar todavía más deleites de esta índole. Este es el caso del deleite con las ciencias y las artes bellas. Otra forme es desgaste: que nos hace cada vez menos capaces de seguir gozando. Mas por cualquier camino que se busque el deleite, es una máxima capital, como ya se ha dicho anteriormente, concedérselo en tal medida que siempre se pueda subir aún más; pues estar saciado de él produce aquel repugnante estado que para el hombre estragado convierte la vida misma en una carga, y devora a las mujeres bajo el nombre de vapores (achaques). Joven (y lo repito), ¡Acostúmbrate a amar el trabajo! ¡rehúsate deleites, no para renunciar a ellos, sino para mantenerlos todo lo posible exclusivamente en perspectiva! ¡No aturdas prematuramente la receptividad para ellos con el goce! La madurez de la edad, que nunca hace deplorar la privación de un goce físico cualquiera, te asegurará incluso en este sacrificio un capital de contentamiento que es independiente del acaso o de la ley de la naturaleza".

Indica que "Los dos tipos de bien, el físico y el moral, no pueden ser mezclados, pues se neutralizan y no actuarían a favor del fin de la verdadera felicidad: sino que la inclinación al bien vivir y a la virtud, en lucha una con la otra, y la limitación del principio de la primera por el de la última. constituyen, chocando entre sí, el tono entero del hombre bien dispuesto, en parte sensible, en la otra intelectual y moral; pero que, porque en la práctica es difícil de evitar la mezcla, necesita de un análisis mediante reactivos (reagintia) para saber cuáles son los elementos y la proporción de su combinación, que, unidos entre sí, pueden proporcionar el goce de una felicidad decorosa. El modo de pensar que unifica en bien vivir con la virtud en el trato social es la humanidad". Por humanidad, en la sociabilidad con el prójimo, Kant quiere significar el bien vivir, y da como ejemplo "una buena comida en buena compañía". Luego pormenoriza lo que a su entender es una buena comida en buena compañía, pasaje muy entretenido que no viene al caso reproducir aquí. Y al terminar su exposición sobre el tema, señala que "Por insignificantes que puedan parecer estas leyes de humanidad (de urbanidad diríamos hoy) refinada, particularmente al compararlas con las leyes morales puras, todo lo que promueve la sociabilidad, aunque sólo consista en máximas o maneras que agradan, es un traje que viste ventajosamente a la virtud y que es de recomendar a esta última, también en una manera seria. El purismo del cínico y el ascetismo del anacoreta, carentes del bien vivir social, son forma desfiguradas de la virtud y no invitan a seguirla; abandonados de las Gracias, no pueden pretender humanidad".

EL HOMBRE UNIVERSAL

En el libro de Eckermann, "Conversaciones con Johann Wolfgang Goethe" -calificado por Nietzsche como una de las mejores obras de la literatura alemana- dice el poeta germano (Goethe) que "Me han tenido siempre por un hombre extraordinariamente favorecido por la suerte; no quiero quejarme ni maldecir el curso de mi vida. Pero, en sustancia, mi vida no ha sido otra cosa que fatiga y trabajo, y puedo asegurar que en los 75 años que llevo en el mundo no habré gozado cuatro semanas de una dicha propiamente tal. Mi vida ha sido el constante rodar de una piedra que quería siempre volver a erguirse. Mis anales expresarán con más claridad lo que esto quiere decir. Lo que se exigió de mi actividad, tanto de dentro como de fuera, fue excesivo".

"Mi dicha verdadera estuvo en mi sentir y en mi crear poéticos. Pero ¡cuántos obstáculos, barreras e impedimentos puso a esta labor mi posición exterior! Si hubiese podido abstenerme de la actividad pública y de los negocios, hubiera sido más feliz y hubiera producido mucho más como poeta. Pero poco después de publicados el "Götz" y el "Werther" se cumplió en mí la máxima de aquel sabio que dijo 'Cuando alguien hace algo por el mundo, éste se cuida de que no vuelva a hacerlo una segunda vez'".

"Un hombre muy conocido y una posición elevada en la vida son cosas buenas. Pero todo lo que he conseguido con mi nombre y mi posición es tener que callarme, para no herir, ante la opinión de los otros. Esto sería, en verdad, una broma pesada si no me proporcionase la ventaja de saber lo que los otros piensan, al paso que ellos no saben lo que pienso yo".

Goethe es un hombre admirable por muchas y buenas razones, artísticas y humanas, pero, por sobre todo, por su espíritu libre, joven, jovial, natural, espontáneo, abierto a todo y a todos, amante de la vida, de la verdad, del arte, de la naturaleza, de la actividad, de la acción, de la creación y enemigo declarado de la mojigatería. Como todo eso se refleja en su obra, nada puede ser más aconsejable que recurrir a sus libros para alejar las sombras y pesares de nuestro espíritu.

En su libro "Viaje a Italia", relata una conversación sostenida con un compañero italiano ocasional, quien, dice Goethe, "dado que en muchas oportunidades yo estaba en silencio y entregado a mis pensamientos, me decía: '¿Por qué piensa usted tanto? El hombre no ha de pensar nunca, pensar envejece. El hombre no debe aferrarse a una sola cosa, porque si no se volvería loco; necesita tener mil cosas en la cabeza, una confusión en ella´. El buen hombre no sabía –agrega Goethe- desde luego, que si yo estaba callado y pensativo era, precisamente, por la gran turbación que causaba en mi mente la confusión de cosas antiguas y nuevas. La mentalidad de este italiano aún se evidenció más en lo siguiente: Conociendo que yo era protestante, me preguntó, tras varios rodeos, si le daba permiso para hacerme algunas preguntas, puesto que había oído acerca de los protestantes cosas muy asombrosas sobre las cuales desearía saber, de una vez por todas, a qué atenerse.

-¿Os está permitido –me preguntó-, vivir sin problemas con una bella joven sin estar casado con ella? ¿Os lo permiten vuestros curas?

-Nuestros sacerdotes –le contesté- son gente sabia que no da importancia a estas pequeñeces. Desde luego que si les preguntáramos, no nos lo consentirían.

Esta respuesta dada por Goethe a fines del siglo XVIII, muestra lo parecido que son los hombres sensatos de todas las épocas, cuando no se dejan dominar por los tópicos, por las ideas en boga, por las supersticiones y falsas moralidades; cuando, en definitiva, son capaces de pensar por cuenta propia. Goethe confiesa en este mismo libro que "los hombres que parecen saber vivir son demasiado diferentes a mí en su naturaleza y en su manera de ser para que yo pueda pretender aquel talento".

También en este libro indica: "Durante este año pasado entre extranjeros he notado que todos los hombres verdaderamente sensatos adquieren y conservan más o menos, de un modo más delicado o más grosero, la convicción de que el momento lo es todo. La excelencia de un hombre razonable se reduce a comportarse de tal manera que su vida encierre, en cuanto depende de él, la mayor cantidad posible de momentos razonables y felices". Y más adelante, "puedo decir, por lo demás, que he aprendido a reconocer los verdaderos caminos que conducen sin desvíos a todas las artes plásticas, y que también me doy cuenta de su extensión y de su lontananza. Soy ya demasiado viejo (38 años cuando escribía esto y vivió 83) para poder hacer en lo sucesivo otras cosas que chapucerías; veo también el modo de proceder de los demás y advierto que más de uno se hallaba en el buen camino, pero no veo que ninguno avance a grandes pasos. Lo mismo sucede con la felicidad y la sabiduría, cuyas imágenes arquetípicas flotan ante nuestra mirada, sin que seamos capaces de tocar más que, a lo sumo, la orla de la vestidura".

Al término de una hermosa descripción que hace Goethe de un carnaval que por ese entonces se efectuaba anualmente en Roma, en que el desenfreno alcazaba niveles increíbles, dice que "observamos que los placeres más intensos y mayores sólo aparecen y nos emocionan un instante, como los caballos que pasan raudos ante nosotros y apenas dejan huella en nuestra alma; que la libertad y la igualdad (que se constatan en el carnaval) sólo pueden ser saboreadas en el vértigo de la locura, y que el mayor placer únicamente seduce plenamente cuando roza el peligro de modo que goce en su proximidad de una voluptuosidad a la vez angustiosa y dulce. Y así, sin pensarlo, nuestro carnaval terminó con una meditación más propia de miércoles de Cenizas, con la cual no tememos haber entristecido a ninguno de nuestros lectores. Todo lo contrario: dado que la vida, como el carnaval en Roma, es en suma algo imposible de captar con la mirada, insatisfactorio y lleno de peligros, desearíamos que esta indolente reunión de máscaras permitiera que todos recordaran la importancia de cada placer momentáneo, con frecuencia de poca importancia, que la existencia nos brinda".

Dice Fausto: "¿Tengo acaso necesidad de leer en estos mil libros que en todas partes se atormentaron los hombres, y que sólo acá y allá ha habido uno dichoso?". Y en un diálogo con Mefistófeles señala Fausto que "Soy demasiado viejo para andar en juegos, y demasiado joven para estar sin deseos. ¿Qué puede ofrecerme el mundo? 'Es menester que renuncies'. 'Has de renunciar´. He aquí la sempiterna canción que resuena en los oídos de todos y que, enronquecida, nos canta cada hora durante nuestra existencia entera. Con espanto me despierto por la mañana. Quisiera llorar lágrimas amargas al ver el día, que en su curso no saciará uno solo de mis anhelos, ni uno tan siquiera; que con porfiada crítica obstinada amengua hasta el gusto previo de todo placer; que contraría las creaciones de mí agitado pecho con las mil bagatelas de la vida. Y luego, cuando desciende la noche, debo tenderme intranquilo en el lecho, y ni aun allí encuentro reposo alguno, pues fieros ensueños vendrán a llenarme de sobresalto. El dios que reside en mi pecho puede agitar profundamente lo más íntimo de mi ser, pero él, que impera sobre todas mis facultades, nada puede mover por fuera, de suerte que la existencia es para mí una penosa carga; ansío la muerte y detesto la vida". Y luego: "Si unos dulces acentos que me eran conocidos me arrancaron a la horrible confusión engañando el último resto de mis sentimientos infantiles con el recuerdo de un tiempo feliz, maldigo todo cuanto cerca el alma con el señuelo de seducciones y prestigios, y en este antro de dolor la retiene fascinada mediante fuerzas que deslumbran y halagan. ¡Maldito sea por adelantado el alto concepto de que se rodea a sí mismo el espíritu! ¡Maldito el engaño de la apariencia que acosa a nuestros sentidos! ¡Maldito lo que en sueños se insinúa hipócritamente en nosotros con ilusiones de gloria y fama imperecedera! ¡Maldito lo que nos lisonjea como posesión, en forma de esposa e hijos, de sirviente y arado! ¡Maldito sea Mammón, cuando con tesoros nos incita a arrojadas empresas, cuando para el placer ocioso nos apareja mullidos almohadones! ¡Malditos sean los favores supremos del amor! ¡Maldita sea la esperanza! ¡Maldita sea la fe, y maldita sobre todo la paciencia!".

En un diálogo dice Fausto a Margarita: "Y todo cuanto existe ¿no impresiona a tu cabeza y tu corazón y se agita visible e invisible cerca de ti en un eterno misterio? Por grande que sea, llena de esto tu corazón, y cuando, penetrada de tal sentimiento, seas feliz, nómbralo entonces como quieras, llámale Felicidad, Corazón, Amor, Dios. Para ello no tengo nombre; el sentimiento es todo. El nombre no es más que un ruido y humo que ofusca la lumbre del cielo".

En la novela "Años de Aprendizaje de Whilhem Maister", Goethe hace decir a un personaje "acuérdate de que tienes que vivir", que a juicio de sus biógrafos es clave de la obra de este artista en su conjunto. Otra figura de este libro dice "amigo, la felicidad es la diosa de los hombres vitales y para lograr el disfrute de sus favores se ha de vivir y se ha de ver a hombres que se esfuerzan con intensidad y gozan con todo placer". Y para que no se crea que Goethe no tenía los pies bien puestos sobre la tierra en este tema, hace decir a un personaje mujer que "yo me sentía feliz, todo lo feliz que una puede ser en este mundo, es decir, por muy poco tiempo".

Y para saber si algo está bien o está mal "no interroguéis a los ecos de vuestros claustros, a vuestros carcomidos pergaminos, a vuestras circunstanciadas y complejas tonterías y disposiciones. Interrogad a la naturaleza y a vuestro corazón. Ellos os enseñarán de qué debéis horrorizáros, os mostrarán con un severo gesto de su índice qué condena la naturaleza de forma eterna e inapelable. Cuando la naturaleza reprueba, lo afirma en voz alta, la criatura que no debe existir no puede nacer, la criatura que vive falsamente es pronto destruida. La esterilidad, la existencia miserable, la precoz decadencia son sus maldiciones, los signos de su debilidad. Ella sólo castiga por medio de consecuencias inmediatas. Mirad en torno vuestro y os quedará de manifiesto lo que está prohibido y es maldito. En el silencio del claustro y en el tumulto del mundo hay miles de acciones santificadas y veneradas sobre las cuales pesa la maldición. Considera con triste mirada tanto el cómodo ocio como el trabajo excesivo, tanto la arbitrariedad en la adquisición de lo superfluo como la miseria y la carencia. Ella invita a la moderación, todas sus relaciones son verdaderas y son pacíficos todos sus efectos…".

Esto era lo que hacía a Nietzsche adorar a Goethe. Para el filósofo este poeta era el epítome de un espíritu libre, sin temor a la verdad, a la verdad que nos muestra la naturaleza y que nos resistimos a aceptar, porque muchas veces nos resulta cruel. "El amor a la verdad –dice Goethe en "Máximas y Reflexiones"- se manifiesta en la capacidad de hallar y apreciar lo bueno en todas partes". Sin embargo, preferimos vivir engañados, en la mentira, con tal de no mirar la realidad a sus ojos. Y esto, por supuesto que tiene consecuencias en nuestra mayor o menor felicidad. Cuántas veces nos abstenemos de hacer algo que quisiéramos, a que nos empuja con naturalidad y honestidad nuestro corazón, nuestro fuero interno, porque la sociedad, la opinión pública, alguien que no se sabe quién es, dice que no se debe hacer, que está mal. Son pocas las personas que tratan de formarse una opinión personal sobre las cosas, porque es mucho más cómodo seguir la pauta que dicta el prójimo. El problema es que después nos quejamos de nuestra infelicidad, le echamos la culpa a la vida, a los demás. Gran parte de lo que hacemos o dejamos de hacer a lo largo de nuestra existencia, con graves consecuencias posteriores para nuestra felicidad, se explica por el apego irracional a normas sin bases lógicas o francamente antinaturales. ¡Qué distinto pudo haber sido todo si hubiésemos escuchado a tiempo el consejo de Goethe, de que guiemos nuestro comportamiento de acuerdo a lo que nos dicta el corazón y la naturaleza!

Espíritu, claridad, alegría y gracia eran los gustos de Goethe. Por eso prefería lo clásico a lo romántico. Lo clásico lo definía como lo fuerte, sano, fresco, alegre, mientras que lo romántico lo ligaba a lo débil, blando y enfermo.

"La dicha suprema –dice en "Máximas y Reflexiones"- es aquella que corrige nuestros defectos y compensa nuestros fallos". Y en otro lugar de este mismo libro indica que "el atributo espiritual es la capacidad de intuir y calar hondo, en tanto que el atributo moral es la capacidad para repeler a los malos demonios que pudieran impedir rendir honores a la verdad".

Hay una idea sobre la dicha del filósofo alemán Schopenhauer que en cierto sentido coincide con la de Goethe. Advirtiendo que no puede precisar y ahondar mucho en el punto, Schopenhauer señala que el ser humano tiene una capacidad determinada de felicidad y de desdicha que, claro, varía de persona a persona; la capacidad de felicidad no es elástica, no se estira ni encoge. Pues bien, en el libro "Afinidades Electivas" Goethe dice "afortunadamente el hombre sólo puede abarcar un cierto grado de desdicha; lo que sobrepasa esa medida o lo destruye o lo deja indiferente". Y el lord puntualiza en la misma obra que "Lo cierto es que hacemos demasiados preparativos para la vida, invertimos demasiado gasto. En lugar de empezar enseguida por encontrarnos a gusto en una situación modesta, siempre queremos extendernos y abarcar más para tener cada vez más trabajo e incomodidades. ¿Y quién disfruta ahora de mis construcciones, de mi parque y mis jardines? No yo, ni siquiera los míos: huéspedes desconocidos, curiosos, viajeros inquietos". Y un consejo para los entraditos en años. El capitán le dice a Eduardo: "El que trata de realizar de mayor las antiguas esperanzas y deseos de la juventud siempre se equivoca. Cada período de la vida del hombre tiene su propia felicidad, sus propias esperanzas y perspectivas". Mittler, el sanador de almas, indica que "quien desea verse libre de un mal, siempre sabe lo que quiere; quien desea algo mejor que lo que tiene, es ciego de remate".

En "Werther", refiriéndose al mal humor, el personaje señala que "Nada me irrita más que el que los hombres se atormenten unos a otros, en especial cuando se trata de jóvenes en la flor de la vida, pues es cuando podrían abrirse más a lo placeres. Se echan a perder unos a otros los pocos días buenos poniendo caras largas, y sólo cuando ya es demasiado tarde se dan cuenta de lo irreparable de su pérdida. (...) Cuando la conversación giró en torno a las alegrías y las penas de este mundo, no pude evitar seguir el hilo, para hablar de todo corazón contra el mal humor. Los seres humanos a menudo nos quejamos, comenté, de que los días buenos sean tan pocos, y los malos tantos, y me parece que la mayoría de las veces no tenemos razón. Si tuviéramos siempre el corazón dispuesto a disfrutar de lo bueno que Dios nos depara cada día, entonces tendríamos también la energía suficiente para soportar lo malo cuando llega... Pero no somos dueños de nuestro ánimo, replicó la mujer del párroco. ¡Cuánto depende de nuestro cuerpo!

Cuando uno no se encuentra bien, no se siente a gusto en ningún sitio. En eso le di la razón. Entonces hemos de considerarlo, proseguí, como una enfermedad, y preguntarnos si hay algún remedio contra ello. En efecto, dijo Lotte. Yo al menos creo que mucho depende de nosotros mismos, lo sé por mí; cuando algo me enerva y está a punto de amargarme, en cuanto corro y canto un par de contradanzas dando saltos por el jardín arriba y abajo, desaparece. Eso es lo que quería decir, añadí. Con el mal humor ocurre exactamente lo mismo que con la pereza, pues no es más que una suerte de pereza. Nuestro carácter tiende con exceso a ella, y, sin embargo, si tenemos, aunque sólo sea una vez, la fuerza para animarnos, el trabajo se hace solo, y encontramos en la actividad un verdadero placer".

"Friederike estaba muy atento, y el joven me replicó que uno no es dueño de sí mismo, y menos aún puede gobernar sus emociones. La cuestión es que se trata de un sentimiento desagradables, le contesté, del que cualquiera desea librarse, y nadie sabe hasta dónde pueden alcanzar sus fuerzas si no lo ha probado. Ciertamente, alguien que esté enfermo, consultará a todos los médicos y no rehusará los mayores sacrificios, ni las más amargas medicinas, con tal de obtener la deseada salud. Me di cuenta de que el venerable anciano aplicaba el oído para tomar parte en nuestra conversación, así que alcé la voz, dirigiendo mis palabras hacia él. Se predica contra tantos pecados, dije, y aún no sé de nadie que desde el púlpito haya trabajado contra el mal humor. Eso tendrían que hacerlo los párrocos de la ciudad, dijo él. Los campesinos no tienen mal humor, aunque de vez en cuando tampoco vendría mal. (...) El joven volvió a tomar la palabra: Ha calificado usted el mal humor de pecado, lo que se me antoja un tanto exagerado. Nada merece tanto ese nombre, le respondí, que aquello con lo que nos hacemos daño a nosotros mismos y a nuestro prójimo. ¿No basta con que no podamos hacernos felices mutuamente, sino que además hemos de privarnos unos a otros del placer que todo corazón de vez en cuando puede permitirse a sí mismo? Dígame de un hombre que, teniendo mal humor, sea capaz de ocultarlo, de soportarlo solo, sin destruir la alegría que encuentra en torno. ¿No es más bien un íntimo despecho ante nuestra propia indignidad, un disgustarnos con nosotros mismos, que siempre va unido a la envidia, azuzada por una necia vanidad? Vemos seres felices a los que no somos nosotros quienes hacemos dichosos, y eso nos resulta insoportable. Lotte me sonrió al ver la vehemencia con que hablaba, y una lágrima asomada a los ojos de Friederike me espoleó a seguir. ¡Ay de aquellos que se sirven del poder que tienen sobre un corazón para privarle de las sencillas alegrías que brotan de su interior!, proseguí. Todos los regalos, todas las deferencias del mundo, no reemplazan un instante de placer que una envidiosa indisposición de nuestro tirano nos haya amargado".

"Todo mi corazón rebosaba en aquel momento; el recuerdo de algo similar vivido en el pasado oprimía mi alma, y las lágrimas acudieron a mis ojos".

"Con que uno se dijera cada día, prorrumpí: No harás más que dejar a tus amigos con sus alegrías y aumentar su dicha, disfrutándola con ellos. ¿Podrías, si su alma se viera atormentada por una angustiosa pasión, perturbada por la preocupación, proporcionarles una gota de alivio?".

"Y cuando la última y más temible de las enfermedades caiga sobre la criatura que tú mismo habrás de enterrar en la flor de su juventud, y yazga en el más miserable agotamiento, con la vista perdida en el cielo, y el sudor de la muerte corra sobre su frente, y tú estés junto al lecho como un condenado, convencido de que con todo tu poder no puedes hacer nada, y la angustia te agarre por dentro, de modo que quisieras darlo todo para poder instilar algo de vigor, una chispa de valor, a la criatura moribunda…".

"Todo placer por la vida –dice Goethe en "Poesía y Verdad", una obra autobiográfica- se basa en un retorno regular de las cosas externas. Los cambios del día a la noche, de las estaciones, de las flores y frutos y de cualquier cosa que nos salga al encuentro de época en época para que podamos y debamos disfrutarlas, son en realidad los resortes que activan la vida terrenal. Cuando más abiertos estamos para estos placeres, más felices nos sentimos; pero si la diversidad de estas manifestaciones gira incesantemente ante nuestros ojos sin que participemos de ellas, si no nos mostramos receptivos a tan benignos ofrecimientos, entonces irrumpe la más grave enfermedad: vemos la propia vida como una carga repugnante. De un inglés se cuenta que se colgó sólo por no tener que seguir vistiéndose y desvistiéndose todos los días. Yo conocía a un probo jardinero, el vigilante de un parque muy grande, que una vez exclamó con disgusto.

-¿Es que siempre voy a tener que ver pasar estas nubes de lluvia del crepúsculo a la mañana?

Se cuenta que uno de nuestros hombres más notables [Lessing] que había visto con desagrado cómo reverdecía la primavera, deseaba que, para variar, los brotes salieran por una sola vez de color rojo. Estos son en realidad los síntomas del hastío vital, que no pocas veces desemboca en el suicidio y que en las personas reflexivas e introvertidas era más frecuente de lo que hoy se puede pensar".

"Pero no hay nada que ocasione este hastío en mayor grado – continúa Goethe- que el regreso del amor. Se dice con razón que el primer amor es el único verdadero, pues durante el segundo ya se pierde su sentido más elevado. El concepto de lo eterno e infinito, que es en realidad lo que eleva y sostiene el amor, ha quedado destruido, de modo que nos parecerá perecedero como todo aquello que se repite. También aquí la segregación de lo sensual y de lo moral, que en el intrincado mundo civilizado divide los sentimientos del amor y del deseo, conlleva una tendencia al exceso de la que no puede salir nada bueno. Además, un hombre joven si no a través de sí mismo, sí a través de otros, pronto se da cuenta de que las épocas morales cambian tanto como las estaciones. La indulgencia de los grandes, el favor de los poderosos, el estímulo de las personas activas, la inclinación de la multitud, el amor del individuo, todo eso sube y baja sin que podamos retenerlo, como tampoco podemos retener el sol, la luna y las estrellas. Y, con todo, estas cosas no son meros fenómenos naturales: se nos escapan de las manos por culpa propia o ajena, por azar o por destino, pero en cualquier caso cambian, y nunca podemos estar seguros de ella".

"Pero lo que más atemoriza a un muchacho sensible es el retorno irrefrenable de nuestros propios defectos, pues demasiado tarde aprendemos a darnos cuenta de que, mientras desarrollamos nuestra virtudes, edificamos también nuestros vicios. Aquellas reposan sobre éstos como sobre sus raíces, que sin embargo se ramifican secretamente con tanta fuerza y diversidad como lo hacen las ramas de la virtud a plena luz del día. Y como normalmente ejercemos nuestras virtudes con voluntad y conciencia mientras nuestros defectos nos sorprenden inconscientemente, aquellas pocas veces nos procuran alguna alegría, mientras que éstos nos producen continuo pesar y tormento. Aquí reside el punto más difícil del conocimiento de uno mismo, hasta el punto de convertirlo en una tarea casi imposible". Estas reflexiones de Goethe están hechas con el propósito de explicar el trasfondo de la conducta del joven Werther que, como se sabe, termina suicidándose.

LA MALDITA VOLUNTAD

Otro alemán, Arturo Schopenhauer, conocido por su pesimismo sin par, como no podía menos, niega totalmente cualquier posibilidad de acceder a la felicidad. Muy por el contrario, argumenta que la vida es la prueba más evidente de que en el mundo reina la infelicidad. El Dante, dice, no tuvo ningún problema para describir el Infierno, pues le bastaba mirar por la ventana para encontrar material más que suficiente para su obra. En cambio, cuando le llegó el turno al Cielo, a lo que se supone representa lo máximo a que el hombre puede aspirar en materia de felicidad, no tuvo mucho que decir. De hecho, agrega, es la parte más floja de su libro. Es claro que este filósofo no lanza estas afirmaciones gratuitamente. Construyó toda una metafísica, expuesta en su libro "El mundo como voluntad y representación", para sostener su aserto.

El hombre no puede alcanzar la felicidad, afirma Schopenhauer, porque tanto él, como todo en el universo, es dominado por la voluntad o el querer permanente, el deseo sin fin. El estado normal del hombre es la infelicidad, que se interrumpe a ratos cuando las personas sienten que tal o cual necesidad ha sido satisfecha. Así, la felicidad tiene signo negativo, porque interrumpe un querer, esto es, un dolor, una carencia. Pero, apaciguada por un instante, la voluntad o el querer vuelven a renacer y parten tras un nuevo anhelo que se transforma en una nueva necesidad, es decir, infelicidad. Y así eternamente. En el libro citado Schopenhauer señala que el obstáculo que se interpone entre nuestro querer y lo que queremos llamamos dolor; "por el contrario, llamamos bienestar o felicidad a la consecución de este fin".

Dejemos a este filósofo que se explaye con comodidad. En "El mundo como voluntad y representación" dice que "Todo esfuerzo o aspiración nace de una necesidad, de un descontento con el estado presente, y es por tanto un dolor mientras no se ve satisfecho. Pero la satisfacción verdadera no existe, puesto que es el punto de partida de un nuevo deseo, también dificultado y origen de nuevos dolores. Jamás hay descanso final; por tanto, jamás hay límites ni términos para el dolor. En esencia, toda vida es dolor (...) Así como nuestro andar es siempre una caída evitada, la vida de nuestro cuerpo es un morir incesantemente evitado, una destrucción retardada de nuestro cuerpo; y, finalmente, la actividad de nuestro espíritu no es sino un hastío evitado. Cada uno de nuestros movimientos respiratorios nos evita morir; por consiguiente, luchamos contra la muerte a cada segundo, y también el dormir, el comer, el calentarnos al fuego son medios de combatir una muerte inmediata. Pero la muerte ha de triunfar necesariamente de nosotros, porque le pertenecemos por el hecho mismo de haber nacido y no hace en último término sino jugar con una víctima antes de devorarla. Mientras tanto, hacemos todo lo posible por conservar la vida, como inflaríamos una burbuja de jabón todo lo que se puede, aunque sabemos que al fin ha de estallar (...) Querer y ambicionar, esta es la esencia del animal y del hombre, como si nos sintiéramos poseídos de una sed que nada puede apagar. Pero la base de todo querer es la falta de algo, la privación, el sufrimiento. Por su origen y por su esencia la voluntad está condenada al dolor. Cuando ha satisfecho todas sus aspiraciones siente un vacío aterrador, el tedio; es decir, que la existencia misma se convierte en una carga insoportable. La vida, como péndulo, oscila constantemente entre el dolor y el hastío, que son en realidad sus elementos constitutivos. Este hecho ha sido simbolizado de una manera bien rara: habiendo puesto en el infierno todos los dolores y todos los tormentos, no se ha dejado para el cielo más que el aburrimiento"

"El perpetuo anhelar, que constituye, en el fondo, todo fenómeno de voluntad, encuentra en los grados superiores de su objetivación, su razón de ser principal y más común en que, en ellos, la voluntad se muestra a sí misma bajo la forma corporal que le exige imperiosamente alimento; lo que da tanta fuerza a esta orden es que el cuerpo no es otra cosa que la voluntad de vivir objetivada. Siendo el hombre la objetivación más perfecta de la voluntad de vivir, es al mismo tiempo el ser que tiene más necesidades; no es en todas partes más que volición y necesidad concretas y puede decirse que es una concreción de mil necesidades. Y con todo esto se encuentra en el mundo abandonado a sí mismo, incierto de todo menos de su indigencia y de sus necesidades; de aquí que toda su vida la absorban los cuidados que reclama la conservación de su cuerpo. A esto se une luego el imperativo de la propagación de la especie. Por todas partes le acechan peligros de todo género y necesita desplegar una actividad infatigable, una constante vigilancia para evitarlos. Tiene que recorrer su camino con pies de plomo, escrutando con mirada recelosa, pues la acechan toda clase de contingencias y de adversarios. Así caminaba en el estado salvaje y así camina ahora en las sociedades civilizadas. Jamás se encuentra seguro. La vida de la mayor parte de los hombres no es más que una lucha constante por su existencia misma, con la seguridad de perderla al fin. Pero lo que les hace persistir en esta fatigosa lucha, no es tanto el amor a la vida como el temor a la muerte, que, sin embargo, está en el fondo y de un momento a otro puede avanzar. La vida misma es un mar sembrado de escollos y arrecifes que el hombre tiene que sortear con el mayor cuidado y destreza, si bien sabe que aunque logre evitarlos, cada paso que da le conduce al total e inevitable naufragio, la muerte. Ella es la postrera meta de la fatigosa jornada, que le asusta más que los escollos que evita. Lo que a todo ser vivo le ocupa y le pone en movimiento es la lucha por la vida. Pero con la vida una vez asegurada no hemos hecho nada aún; necesitamos sacudir la carga del hastío, hacerla insensible, matar el tiempo, es decir, matar el aburrimiento. En consonancia con esto vemos que todas las personas que han conseguido ponerse a cubierto de la necesidad y las preocupaciones por la subsistencia, después de haber sacudido todas las cargas, son ellos una carga para sí mismos y ven con alegría cada hora que matan, es decir, cualquier abreviación de su vida, en cuya posible prolongación habían empleado hasta entonces todas sus fuerzas. El aburrimiento no es un mal que se deba tener en poco; deja en el rostro la huella de una verdadera desesperación. Hace que seres como los hombres, que tan poco se aman, se busquen unos a otros, siendo por esto el origen de la sociabilidad (...) Así como la necesidad es el látigo del pueblo, el tedio lo es de las gentes principales".

"Ahora bien, entre el querer y el lograr se desliza la vida humana. El deseo es por su naturaleza doloroso; la satisfacción engendra al punto la saciedad; el fin era sólo aparente; la posesión mata el estímulo; el deseo aparece bajo una nueva figura, la necesidad vuelve otra vez, y cuando no sucede esto, la soledad, el vacío, el aburrimiento, nos atormentan y luchamos contra éstos tan dolorosamente como contra la necesidad. Para que una vida transcurra felizmente es necesario que entre el deseo y la satisfacción no medie un tiempo ni demasiado corto ni demasiado largo, porque de este modo se reduce el sufrimiento que ambos causan. La inmensa mayoría de los hombres están completamente entregados al deseo. Por lo cual, si algo les interesa deberá ser lo que excite su voluntad, aunque no sea sino una relación lejana y sólo posible con ella; pero no deben pasar de aquí, porque su esencia consiste más en el querer que en el conocer; la acción y la reacción es su único elemento. Expresan de la manera más ingeniosa esta su naturaleza, y así, por ejemplo, escriben su nombre en los lugares célebres que visitan, reaccionando de esta

manera, actuando sobre las cosas, ya que las cosas no actúan sobre
ellos; no pueden limitarse a observar un animal raro y exótico, sino
que le estimulan, le excitan, juegan con ellos para sentir la acción y
la reacción".

"Pero sea cual sea la acción de la naturaleza y de la suerte y trátese
de quien se trate y de lo que posea, no se sustraerá nunca al dolor
de vivir. Los esfuerzos incesantes para desterrar el dolor no
consiguen otras cosa que variar su figura: ésta es primordialmente
carencia, necesidad, cuidados por la conservación de la vida. Al
que tiene la fortuna de haber resuelto este problema, lo que pocas
veces sucede, le sale de nuevo el dolor al paso en mil otras formas
distintas, según la edad y las circunstancias, como pasiones
sexuales, amores desgraciados, envidia, celos, odios, terrores,
ambición, codicia, enfermedades, etcétera. Y cuando no puede
revestir otra forma toma el ropaje gris y tristón del fastidio y el
aburrimiento, contra el cual tantas cosas se han inventado. Y
aunque se consigue alejar éste, difícil sería que no volviese en
cualquiera de las otras formas para empezar otra vez su ronda;
pues entre dolor y aburrimiento se pasa la vida. Por mucho que nos
abatan estas consideraciones, quiero, sin embargo, poner la
atención en uno de sus aspectos, del cual podemos obtener un
consuelo y quizás una estoica indiferencia ante nuestras propias
desdichas. Pues la impaciencia con que las conllevamos depende,
en gran parte, de que las consideremos contingentes, es decir,
como traídas por una serie de causas que muy bien pudiera haber
sido otra. Pues los males que consideramos como necesarios y
generales, la vejez y la muerte y muchas molestias de la vida
diaria, no suelen preocuparnos. La consideración de que se trata de
una circunstancia causal es precisamente lo que nos proporciona
dolor, lo que da al hecho su aguijón. Pero si llegáramos a
convencernos de que el dolor como tal es esencial e inseparable de
la vida, y la forma en que se presenta lo único accidental y

dependiente del acaso; de que nuestra vida presente ocupa un lugar en el que sin cesar pronto sería reemplazada por otra, alejada ahora del mismo, y que, por consiguiente, el destino poco nos puede quitar. Tal reflexión, en caso de convertirse en viva persuasión, podría suministrarnos una buena dosis de ecuanimidad estoica, disminuyendo en gran parte nuestros angustiosos temores egoístas. Pero de hecho, tal poderoso dominio de la razón sobre los dolores que sentimos de un modo inmediato, pocas veces o nunca se encuentra".

"Por lo demás, esta consideración sobre la inevitabilidad del dolor y la sustitución de unos dolores por otros y de la aparición de nuevos males por la repetición de los anteriores, puede llevarse hasta sostener la hipótesis, paradójica, pero no absurda, de que en cada individuo está determinada de antemano la medida del dolor que ha de soportar por su naturaleza, medida que no puede contener ni más ni menos de lo que en ella cabe, aun cuando la forma del dolor pueda variar. Según esto su próspera o adversa fortuna no procedería del exterior, sino del interior, y variaría por su disposición física en las distintas épocas, pero en conjunto sería la misma y no distinta de lo que se llama temperamento, o más exactamente, el grado que posee de sensibilidad ligera o fuerte, o como Platón dice en el primer libro de La República: de humor fácil o difícil. El hecho observado frecuentemente, de que los grandes dolores nos hacen insensibles a los pequeños, y a la inversa, que a falta de grandes sufrimientos las más pequeñas contrariedades nos atormentan e irritan, habla a favor de esta hipótesis. Pero, además, la experiencia nos enseña que cuando soportamos una gran desgracia, que sólo con pensar en ella nos estremecíamos, nuestro ánimo sigue siendo siempre el mismo una vez experimentado el dolor primero; y, a la inversa, cuando alcanzamos una dicha largo tiempo apetecida, apenas nos sentimos más contentos ni más alegres que antes, una vez pasado el primer momento. En el instante mismo de producirse tales cambios, la emoción es fuerte y se sale de lo corriente, manifestándose en exclamaciones de desesperación o de júbilo, pero, como efecto de una ilusión, cesa pronto. La desesperación o el júbilo no eran debidos al dolor ni al gozo presentes, sino a la perspectiva de un porvenir anticipado. Lo que tan anormales proporciones les permite adquirir es esta anticipación de lo futuro; por eso se comprende que no puede tener gran duración".

"Podemos hacer notar, también, en apoyo de nuestra hipótesis, de que el sentimiento está en parte, como el conocimiento, determinado a priori, que la alegría o la tristeza humanas no son producto de circunstancias exteriores, como la riqueza o la posición social, puesto que hallamos tantas caras alegres entre los ricos como entre los pobres. Notemos también que los motivos de suicidio son diferentes, según los hombres, pues con dificultad hallaríamos desgracia tan grande que condujera al suicidio en todos los caracteres y pocas hay entre las más pequeñas que no hayan conducido alguna vez a esta determinación. Por consiguiente, no siendo igual en todos los momentos el grado de alegría y de tristeza, no lo debemos atribuir al cambio de las condiciones exteriores, sino al del estado interior o a la disposición física. Cuando la satisfacción va creciendo, hasta llegar a la alegría, el cambio se produce ordinariamente sin motivo alguno exterior. En efecto, nuestro dolor es muchas veces provocado por algún accidente exterior, y esto es indudablemente lo que nos perturba y aflige, porque creemos que si hubiera modo de suprimir dicho accidente experimentaríamos gran contento. Pero esto es mera ilusión. La cantidad de alegría y tristeza, según hemos dicho, es siempre la misma en cada instante, y con respecto a ella aquel motivo de tristeza es lo que para el cuerpo un vejigatorio, que llama a sí todos los malos humores repartidos por el organismo. Sin esta causa determinada e interior, el dolor correspondiente a nuestra naturaleza, y por lo tanto inexcusable, estaría repartido en muchos puntos y se manifestaría bajo la forma de mil pequeñas contrariedades (aquí parece que escucháramos a Leibniz) o caprichos extravagantes por cosas a que no damos en el momento importancia alguna, porque nuestra capacidad de dolor está saturada por un padecimiento mayor, que ha concentrado en un solo punto todos los dolores distribuidos hasta entonces en diferentes lugares. Igualmente, si el éxito en un negocio nos libera de la inquietud que nos angustiaba, ésta es luego sustituida inmediatamente por otra, cuya sustancia existía ya en nosotros, pero que no lograba aparecer en la conciencia para agitarla por estar ésta colmada ya; tal motivo de inquietud pasaba inadvertido, como forma nebulosa y sombría, en el límite extremo de nuestra conciencia. Pero cuando ha encontrado ya un puesto se destaca como cuidado positivo y ocupa el trono de la inquietud dominante, y aún siendo más pequeño que el desaparecido, sabrá hincharse hasta igualar en magnitud y así, como primer cuidado del día, llenar completamente el trono".

"Las alegrías excesivas y los más vivos dolores se suelen encontrar en una misma persona, pues aquéllas y éstos se condicionan recíprocamente y tienen por condición común una gran vivacidad de espíritu. Según hemos visto, ambos provienen no tanto de lo presente como de la consideración de lo porvenir. Pero, siendo el dolor esencial a la vida y hallándose determinado en sus proporciones por la naturaleza del individuo, los cambios repentinos provenientes del exterior no pueden determinar su grado. Toda alegría excesiva nace siempre de creer que hemos hallado en la vida una cosa que no puede hallarse jamás: la desaparición definitiva de los cuidados que nos atormentan y que renacen sin cesar. Cada una de estas ilusiones nos es arrebatada más tarde y su pérdida nos produce entonces tanto dolor como alegría nos produjo su aparición. Pudiéramos compararla con una montaña escarpada a la cual no se debe subir porque no hay modo de bajarla más que dejándose caer desde la cima: una caída de este género es todo dolor repentino y exagerado y procede de la pérdida de la ilusión. Siendo esto así, deberíamos evitar todo extremo, procurando contemplar el conjunto y el encadenamiento de las cosas con ánimo sereno y sin atribuirle nunca los colores que desearíamos que tuviesen. El empeño principal de la moral estoica fue emancipar el ánimo de esta quimera y de su consecuencia e inculcarle en cambio una perfecta ecuanimidad. Pero la mayor parte de las veces nos negamos a aceptar esta idea, como nos negaríamos a beber una medicina amarga, esta idea de que el dolor es esencial a la vida y no proviene del exterior, sino que cada uno de nosotros lo llevamos dentro de nosotros mismos, como un manantial que no se agota. Siempre buscamos una causa o un pretexto exterior del dolor que no se separa de nosotros; somos como el hombre libre que se crea un ídolo para tener un amo. Pues infatigablemente volamos de deseo en deseo, y aunque ninguna realización, por mucho que prometa, pueda satisfacernos y no ser más que un vergonzoso error, nos empeñamos, no obstante, en no comprender que estamos haciendo el trabajo de las Danaides y corremos incesantemente hacia nuevos deseos. Así continuamos hasta el infinito, hasta que encontramos un deseo que no podemos satisfacer ni renunciar; entonces poseemos, en cierto modo, lo que anhelamos, a saber: algo a lo que podemos achacar siempre el ser la causa de nuestros dolores, en vez de acusar a nuestro propio ser; este algo nos malquista con la suerte, pero nos reconcilia con la vida porque aleja de nuestro espíritu la idea de que el dolor es parte de nuestra naturaleza y de que toda dicha es imposible. La consecuencia de este proceso es una disposición algo melancólica. El hombre lleva en sí, entonces, un grande y único dolor que le hace olvidar todas las alegrías y todas las aflicciones menores. Esto constituye ya una actitud más digna que no la carrera incesante en pos de fantasmas que varían continuamente".

"Toda satisfacción, o lo que comúnmente se llama felicidad es, por su naturaleza, siempre negativa, nunca positiva. No es algo que exista por sí mismo, sino la satisfacción de un deseo, pues la condición primera de todo goce es desearle, tener necesidad de alguna cosa. Mas con la satisfacción desaparece el deseo y, por lo tanto, cesa la condición del placer y el placer mismo. De aquí que la satisfacción o felicidad no puede ser nunca más que la supresión de un dolor, de una necesidad, pues en esta categoría entran no sólo los dolores reales y evidentes, sino todo deseo importuno que turba nuestro reposo y hasta el mortal aburrimiento que hace de nuestra existencia una pesada carga. Y ¡cuán difícil es llegar a un fin, lograr algún deseo! Tropezamos siempre con mil dificultades. Y cuando al fin los hemos vencido y llegamos a la meta, nunca logramos otra cosa más que vernos libres de un dolor o de una necesidad, es decir, hallarnos exactamente igual que antes. Inmediatamente no nos es dado más que la privación, es decir, el dolor. Pero la satisfacción y el goce son conocidos inmediatamente por el recuerdo del dolor y de la privación pasados, que cesarán a la aparición de aquéllos. De aquí que no sintamos ni apreciemos bastante los bienes y ventajas que poseemos, sino que creemos que son como deben ser, pues no nos hacen felices más que negativamente, apartando de nosotros el dolor. Sólo después de haberlas perdido conocemos su valor, pues la necesidad, el dolor, la privación es lo único positivo, lo que sentimos inmediatamente. Por esto nos es grato recordar los males que huyeron, y el único medio de gozar de los bienes actuales. Y hemos de confesar también que por ese concepto y desde el punto de vista del egoísmo, que es la forma del deseo de vivir, el aspecto del relato de las desgracias ajenas nos proporciona asimismo una grata satisfacción".

En "La Guerra y la Paz", el simpático y bonachón Pedro, mientras está prisionero de los franceses, se acuerda de sus conversaciones con el príncipe Andrés. "Este –dice- aseguraba, con una mezcla de amargura e ironía, que la felicidad era absolutamente negativa e insinuaba que todas nuestras aspiraciones hacia la dicha positiva nos habían sido dadas para atormentarnos, ya que nunca podríamos satisfacerlas. Pero Pedro lo creía sin ninguna reserva mental. La ausencia de sufrimientos, la satisfacción de las necesidades de la vida y, por consiguiente, la libertad en la elección de las ocupaciones o del género de existencia constituían para Pedro algo así como el ideal de la felicidad en este mundo. Solamente allí, en aquella barraca y por primera vez en su vida, Pedro apreció, porque había estado privado de ello, el placer de comer cuando tenía hambre, de calentarse cuando tenía frío y de conversar cuando deseaba cambiar algunas palabras. Sólo una cosa olvidaba y era que en este mundo la abundancia de bienes mengua el placer que uno siente al servirse de ellos, y que una excesiva libertad en la elección de las ocupaciones –libertad que él había poseído gracias a su educación, a su fortuna y a su posición social- es lo que hace desesperadamente complicada la elección de ocupación".

Schopenhauer identifica tres extremos en la vida humana. "En primer lugar, un querer enérgico, las grandes pasiones. Aparecen en los grandes caracteres de la historia y son descritas en la epopeya y en el drama. Luego, el conocimiento puro, la concepción de las Ideas (Platón), que tiene como condición una inteligencia emancipada del servicio de la voluntad; tal es la vida del genio. Y por último, en tercer lugar, el más grande letargo de la voluntad y por él el de la inteligencia, una aspiración vacía, un aburrimiento que fosiliza la vida. Lejos de mantenerse en uno de estos extremos, la vida del individuo rara vez llega a ellos; por lo general sigue una marcha lenta y oscilante que se aproxima a uno de ellos; es un débil querer, aplicado a objetos baladíes, y que se renueva sin cesar para huir del tedio. Es realmente increíble lo insignificante y fútil que, vista desde fuera, parece la vida en la mayor parte de los hombres y cuán melancólica e irreflexiva es en su interior. Es un deseo vago y atormentado, una marcha soñolienta a través de las cuatro edades de la vida hasta la muerte, con el acompañamiento de los más triviales pensamientos. Podríamos comparar a los hombres con relojes a los que se les da cuerda y andan sin saber por qué; y cada vez que un hombre es engendrado o nacido, el reloj tiene cuerda de nuevo para repetir al pie de la letra la sonata ya tocada tantas veces, compás por compás, con insignificantes variaciones (...) La vida de cada individuo, si se considera en su conjunto y en general, sin fijarse más que en los rasgos principales, es siempre un espectáculo trágico; pero vista en sus detalles se convierte en sainete, pues las vicisitudes y tormentos diarios, las molestias incesantes, los deseos y temores de la semana, las contrariedades de cada hora, son verdaderos pasos de comedia. Pero lo que constituye una verdadera tragedia son las decepciones, las ilusiones que la suerte pisotea cruelmente, nuestros errores y el dolor creciente, cuyo desenlace es la muerte. De este modo, como si el destino hubiera querido añadir a la desolación de nuestra existencia el sarcasmo, nuestra vida encierra todos los dolores de la tragedia, arrebatándonos la dignidad de los personajes trágicos. Por el contrario, en los detalles de la vida, necesariamente nos convertimos todos en caracteres cómicos. (...) Como si no tuviéramos bastante con los tormentos, las inquietudes y los trabajos que nos impone la realidad, nos creamos nuevos cuidados bajo la forma de mil supersticiones diversas. El hombre crea a su imagen y semejanza demonios, dioses y santos, a los cuales se complace en ofrecer luego constantes sacrificios, oraciones, ornamentos de iglesia, votos, peregrinaciones, salutaciones, adornos suntuosos, etcétera. Su culto se confunde con la realidad hasta el punto de que acaba por eclipsarla. Los

acontecimientos de la vida son considerados como obra de esos
seres, el comercio con ellos ocupa la mitad de la existencia,
mantiene constantemente la esperanza, y llega a ser muchas veces,
por la fuerza de la ilusión, más interesante que el de las criaturas
reales. Aquí encuentran su expresión y símbolo las dos necesidades
del hombre: la de la ayuda y protección, y la de la ocupación y
entretención; y si muchas veces perjudica al primero de estos fines,
derrochando su caudal inútilmente en ofrendas y sacrificios cuando
le ocurre una desgracia o se le presenta algún peligro, en vez de
invertir su energía en apartar el mal, en cambio satisface mejor la
segunda necesidad, por medio de las relaciones fantásticas con el
mundo de espíritus que se ha forjado: tal es el beneficio que nos
proporcionan las supersticiones, beneficio que no es de desdeñar.
(...) En cuanto a la vida de los individuos, cada biografía es una
historia de dolor, pues por regla general cada existencia es una
serie continuada de desdichas, que cada cual oculta todo lo posible,
porque sabe que los demás rara vez sienten interés o lástima y casi
siempre satisfacción ante el relato de los dolores de que en aquel
momento se encuentran libres. Quizás no hubiera un hombre que al
final de su vida, si conserva sus facultades y dice lo que siente,
desee comenzarla otra vez y no prefiera dejar de existir en
absoluto. (...) El padre de la historia (Heródoto) apunta la idea,
hasta hoy no refutada, a mi juicio, de que no hay hombre en el
mundo que no haya deseado más de una vez no despertar al día
siguiente. En este respecto, lo mejor de la existencia es su
brevedad, de que tan a menudo nos lamentamos...".

En consecuencia, para Schopenhauer -y en parte también para
Bertrand Russel-, así como para los filósofos orientales y los
estoicos, lo más parecido a la felicidad se encuentra cuando el
hombre es capaz de dominar su voluntad, que interrumpe el querer
sin fin. Si uno deja de querer, de modo de acabar con el ciclo
perverso de largos períodos de necesidad con escasos lapsos de

satisfacción, el espíritu puede lograr paz y serenidad interior.
También Ortega y Gasset entrega argumentos que apuntan hacia la
infelicidad como hecho ontológico, esto es, relativo al ser de cada
cual. En su libro "Meditaciones de la técnica" dice que "el hombre
es, esencialmente, un insatisfecho, y esto, la insatisfacción, es lo
más alto que el hombre posee; precisamente porque trata de tener
cosas que no ha tenido nunca. Por eso suelo decir que esta
insatisfacción es como un amor sin amada o como un dolor que
siento en unos miembros que nunca he tenido". Luego, en otra
parte del libro, señala que "el ser básico del hombre es subsistente
infelicidad. Es el único ser constitutivamente infeliz y lo es porque
está en un ámbito de existencia –el mundo- que le es extraño y,
últimamente, hostil". En la obra "Sobre la razón histórica", Ortega
indica "siendo la circunstancia lo extraño y heterogéneo, se opone
siempre a la realización de ese yo que con su peculiar perfil de
aspiraciones la oprime. Pues bien: al esforzarse en ser, al querer
ser, lo que busco es ser feliz. Felicidad, esa extraña y nunca bien
explicada necesidad fundamental del hombre, consistiría en que
lográsemos realizar el programa de vida, el yo que somos. Pero,
como la circunstancia nos es negativa, el yo que somos no se
realiza nunca suficientemente, el hombre que consiste en tener que
ser feliz, al mismo tiempo y siempre es, más o menos, infeliz".
"Por eso, la vida es pena, continuado penar. Precisamente, gracias
a que es antes que eso afán de ser, entusiasmo y esperanza. Un ente
que no estuviese constituido de aspiraciones no podría ser infeliz.
El hombre es un ser utópico que sólo se propone ser lo imposible,
quiero decir, lo que en la circunstancia, llamémosle mundo o
naturaleza, es imposible, y al querer realizarlo en su contorno
choca con eso, y el moretón perpetuo que de ese choque resulta es
la infelicidad".

"De ahí el encanto y la envidia con que a veces contemplamos la
impasibilidad del animal viviendo en su selva. Le envidiamos, no

porque sea feliz –el animal no es feliz-, le envidiamos porque no es
infeliz. El animal, como no se ha propuesto nada imposible, ni es
feliz ni es infeliz: coincide con el elemento. El animal es el
adaptado, pero el hombre es la inadaptación esencial. El hombre
es, donde quiera, un extranjero". Pero esta definición de la vida,
advierte Ortega, "por un lado triste y deficiente, aun siendo
verídica no es toda la verdad. Porque es evidente que, si la vida
fuese solo eso, al llegar a ella la abandonaríamos. No se olvide que
el hombre tiene siempre la posibilidad de salir de la vida. El
suicidio es una de las potencias constituyentes del hombre. Por
tanto, si sigue el hombre en la vida, es que acepta ese defecto,
desventura, infelicidad y absoluto riesgo que es. Y si lo acepta...
¡Ah!... Entonces convierte el defecto y la desventura en tarea
entusiasta, es decir, en aventura y empresa".

Dos aspectos que apuntan al ser del hombre. La voluntad o el
querer sin pausa del filósofo alemán Schopenhauer, que no da
respiro y causa la infelicidad del sujeto, y el ambiente poco amable
en que es lanzado el hombre al nacer y que le obliga a superponer
otra naturaleza utilizando la técnica, de Ortega y Gasset. Los
efectos satisfactorios que provoca el dominio de la voluntad, es
decir, del querer sin tregua, es posible que todos, más menos, lo
hayamos sentido sin darnos cuenta, claro que a un muy alto costo.
Generalmente se produce en situaciones de mucho dolor, de
extremo dolor, con ocasión, por ejemplo, de la muerte de un ser
querido, muy cercano. Bueno, cuando eso sucede, en las primeras
horas, uno se encuentra sin voluntad. En ese momento uno quiere a
todo el mundo, nada nos puede alterar. Existe una paz interior
beatífica, muy reconfortante, muy agradable. No hay temores,
odios, rencores, ni envidias. En suma, un estado al cual el común
de los hombres sólo puede llegar a través de la droga. Nuestra
mente y cuerpo alcanzan tales niveles de delicia, que allí uno
entiende porqué los santos, los únicos que logran dominar la

voluntad ciento por ciento las 24 horas del día, cuidan con tanto celo no caer nuevamente al dominio de la voluntad, del querer sin ataduras.

En su libro "El amor y otras pasiones", Schopenhauer señala que "sabemos que los instantes en que la contemplación de las obras de arte nos hacen libres de los ávidos deseos, cual si sobrenadásemos por encima de la pesada atmósfera de la tierra, son al mismo tiempo los más felices que conocemos. Por esto podemos figurarnos qué felicidad ha de experimentar el hombre cuya voluntad se aquieta, no por algunos instantes, como en el goce desinteresado de lo bello, sino para siempre, y hasta se extingue por completo de tal modo que ya no queda sino la última chispa con destellos vacilantes que sostiene el cuerpo y se apagará con él. Cuando, tras rudos combates contra su propia naturaleza, ha concluido ese hombre por triunfar del todo, no existe sino en estado de ser puramente intelectual, como un espejo del mundo que nada enturbia. En adelante, nada podrá causarle angustia ni agitarlo, porque ha roto los mil lazos del querer que nos tienen encadenados al mundo y nos dan tirones en todos los sentidos, con dolores continuos en forma de deseo, temor, envidia, cólera. Dirige atrás una mirada tranquila y risueña a las ilusorias imágenes de este mundo que pudieron agitar y atormentar un día su corazón. Desde entonces la vida y sus formas flotan ante sus ojos como una fugaz aparición, como un ligero sueño de la madrugada para el hombre medio despierto, un sueño que la verdad atraviesa ya con sus rayos y que no puede engañarnos más. Y cual un sueño desvanécese también al fin la vida, sin transición brusca".

Schopenhauer reconoce que a través del conocimiento reflexivo de las cosas es muy difícil llegar a este estado. "Por eso es preciso que un sufrimiento inmenso destroce nuestra voluntad antes que llegue al renunciamiento de sí misma. Cuando ha recorrido todos los grados de la angustia creciente; cuando, después de una suprema resistencia, toca en el abismo de la desesperación, el hombre se reconcentra súbitamente dentro de sí mismo, se conoce, conoce el mundo, transfórmase su alma, se eleva sobre sí mismo y sobre todo sufrimiento. Purificado, entonces, santificado en cierto modo con un sosiego y una felicidad inquebrantables, con una elevación inaccesible, renuncia a todos los objetos de sus deseos apasionados y recibe la muerte con alegría. De la purificadora llama del dolor brota repentinamente, cual pálida luz, la negación de la voluntad de vivir, o sea, la libertad de este mundo. Un dolor, una gran desgracia, pueden forzarnos a conocer las contradicciones de la voluntad de vivir consigo mismo y mostrarnos con claridad la nada de todo esfuerzo. Así, se ha visto a menudo cambiar súbitamente, resignarse, arrepentirse, hacerse frailes o anacoretas, después de una vida agitada por tumultuosas pasiones, a reyes, héroes y aventureros". Aquí el filósofo alemán cita el caso real de Raimundo Lulio, a quien un día la mujer que amaba desde hacía mucho tiempo, le concede al fin una cita en su casa. Loco de alegría, entra en el dormitorio de ella. En ese momento, sin decir palabra, ella se descubre un pecho corroído por un horrible cáncer. "A partir de ese instante, como si hubiera entrevisto el infierno, se convirtió, abandonó la corte del rey de Mallorca, se retiró a un yermo y se hizo penitente. La conversión de Rancé es parecida. Había consagrado su juventud a todos los placeres y vivía en íntimos tratos con la señora de Montbazon. Una noche, a la hora de la cita, encuentra vacía la estancia, oscura, revuelta; su pie choca con una cosa, la cabeza de su querida, que habían separado del tronco; había muerto de repente y no habían podido hacer entrar el cadáver en el féretro de plomo colocado junto a ella. Afligido por un dolor sin límite, Rancé se hizo en 1663 reformador de los trapenses, enteramente degenerados de su antigua disciplina. Bien pronto los condujo a esa grandeza de renunciamiento que aún vemos hoy, a esa negación de la voluntad metódicamente conducida a través de las más duras privaciones, a esa vida de una austeridad y un trabajo increíbles, que llena de santo horror al extraño cuando al penetrar en el convento le llama desde luego la atención la humildad de esos verdaderos monjes, que, extenuados por ayunos, frías vigilias, preces y trabajos, se arrodillan ante él, hijo del mundo y pecador, para pedirle su bendición".

"Quietismo, es decir, renunciamiento a todo deseo; ascetismo, es decir, inmolación reflexiva de la voluntad egoísta, y misticismo, es decir, conciencia de la identidad de su ser con el conjunto de las cosas y el principio del universo; tres disposiciones del alma que se enlazan estrechamente. Cualquiera que hace profesión de una de ellas se ve atraído hacia las otras, en cierto modo a pesar suyo".

Este filósofo alemán hace notar que el espíritu del Antiguo Testamento es extraño al puro cristianismo, "porque en todo el Nuevo Testamento se trata del mundo como una cosa a la cual no se pertenece y no se ama, una cosa que está bajo el imperio del diablo". Desde este punto de vista, esto es, del renunciamiento y de victoria sobre el mundo, así como del espíritu de amor al prójimo y de perdón a las injurias, Schopenhauer destaca el parecido que existe entre este cristianismo, el brahmanismo y el budismo.

El Siddhartha (de Herman Hess), hijo de un brahman, luego de probar infructuosamente todos los caminos en busca de la sabiduría y la felicidad, al final, junto a su amigo Vasudeva, lo comprende todo; el río le entregó el secreto. Al término de su existencia, luego de ver fluir por el río toda su vida, toda la vida, "era todo oídos, se hallaba totalmente inmerso en esa sensación, totalmente vacío y dispuesto a asimilar, consciente de que esta vez, por fin, había aprendido el arte de escuchar. Aunque muchas veces hubiera escuchado todo aquello, esa infinidad de voces del río, esta vez le parecieron nuevas. Pronto no pudo distinguir ya más

aquellas voces, las alegres de las llorosas, las infantiles de las
varoniles: todas se le confundían y entremezclaban, los lamentos
del deseo y la risa del sabio, los gritos de cólera y los estertores de
los moribundos, todo se hacía uno, se entretejía y anulaba en mil
diversos modos. Y todo ese conjunto, todas las voces, todas las
metas, todos los deseos, todos los sufrimientos, todos los placeres,
todo el bien y todo el mal, todo eso junto era el mundo. Todo eso
junto formaba el río del devenir, era la música de la vida. Y cuando
Siddhartha escuchaba atentamente ese río, aquel canto orquestado
por miles de voces, cuando no escuchaba los lamentos ni las risas,
cuando no ataba su alma a una de esas voces ni se introducía en
ella con su propio yo, sino que las oía todas, percibiendo el
Conjunto, la Unidad, entonces la gran canción de las mil voces se
reducía a una palabra, a una sola, y esta palabra era: Om, la
Perfección". Cuando su yo se funde en la Unidad, "en ese
momento dejó Siddhartha de luchar contra el destino, en ese
momento dejó de sufrir. Sobre su rostro floreció la serenidad de esa
sabiduría a la que no se opone ya ninguna voluntad, de esa
sabiduría que conoce la perfección y que se aviene con el río del
devenir, con la corriente de la vida, llena de compasión y simpatía,
entregada a la corriente e integridad de la Unidad".

Antes de llegar a esta etapa, cuando Siddhartha era un joven
hambriento de sabiduría, tiene un encuentro con el Buda, quien le
dice "permíteme joven que te ponga en guardia contra la espesa
jungla de las opiniones, ya sean buenas o malas, inteligentes o
disparatadas: cualquiera puede aceptarlas o rechazarlas. Mas la
doctrina que has escuchado de mis labios no es mi opinión, ni su
objetivo es explicar el mundo a la gente sedienta de saber. Su
objetivo es otro: la liberación del sufrimiento; eso, nada más". Y
las personas que entraban a su movimiento debían renunciar "a su
patria y a sus padres, a su origen y a sus propiedades; debían
renunciar a su propia voluntad y a cualquier sentimiento de

amistad". Siguiendo con Schopenhauer, digamos de paso que él consideraba que "El protestantismo, al eliminar el ascetismo y el celibato, que es su punto capital, ataca por eso mismo a la esencia del cristianismo, y, desde este punto de vista, puede considerárselo como una apostasía. Bien se ha visto en estos días (Siglo XIX) cuánto el protestantismo ha degenerado poco a poco en un racionalismo ramplón, que viene a resumirse en un buen padre que crea el mundo con el fin de divertirnos mucho en él, en lo cual le salió bonitamente el tiro por la culata. Ese buen padre, bajo ciertas condiciones, se compromete a proporcionar también más tarde a sus fieles servidores un mundo mucho más bello, cuyo único inconveniente es tener una entrada tan funesta. Esto podrá ser de seguro una buena religión para pastores protestantes con todas las comodidades materiales, casados e ilustrados, pero eso no es cristianismo. El cristianismo es la doctrina que afirma que el hombre es profundamente culpable sólo por el hecho de nacer, y al mismo tiempo enseña que el corazón debe aspirar a desligarse del mundo, lo cual no se puede conseguir sino a costa de los más penosos sacrificios, por la dejación voluntaria, por el anonadamiento de sí mismo, es decir, por una total transformación de la naturaleza humana".

Por último, Schopenhauer afirma que "el optimismo, cuando no es un mero discurso irreflexivo de personas cuyo obtuso cerebro no encierra más que palabras, me parece no sólo absurdo, sino verdaderamente impío, pues es un sarcasmo contra los dolores sin cuento de la humanidad. No se olvide que la doctrina cristiana inclina al pesimismo y que en los Evangelios las palabras 'mundo' y 'mal' se emplean como sinónimos".

Schopenhauer fue un profundo admirador del jesuita español Baltasar Gracián cuya obra más famosa, "El Criticón", fue traducida al alemán por el filósofo germano y es actualmente la traducción que se lee en ese país. ¿Por qué admiraba a Gracián? Veamos el libro citado y encontraremos en el acto la respuesta. Dice Gracián que el hombre "entra en este teatro de tragedias llorando; comiénzale a cantar y encantar con falsedades. Desnudo llega y desnudo sale, que nada saca, después de haber servido a tan ruines amos. Recíbele aquel primer embustero, que es el Mundo, ofrécele mucho y nada cumple. Dale lo que a otros quita, hará volvérselo a tomar, con tal presteza, que lo que con una mano le presenta, con la otra se lo ausenta, y todo para en nada. Aquel otro que le convida a holgarse es el Gusto, tan falso en sus deleites cuan cierto en sus pesares; su comida es sin sustancia, y su bebida venenosa. A lo mejor falta el fundamento de la Verdad, y da con todo en tierra. Llega la Salud, que cuanto más le asegura (lo tranquiliza) más le miente. Aquellos que le dan prisa, son los Males; las Penas le dan vaya, y gritan los Dolores: vil canalla toda de la Fortuna. Finalmente, aquel viejo peor que todos, la malicia envejecida, es el Tiempo, que le da el traspié y le arroja a la sepultura, donde le deja muerto, solo, desnudo y olvidado. De suerte que, si bien no se nota, todo cuanto hay, se burla del miserable hombre: el Mundo le engaña, la Vida le miente, la Fortuna le burla, la Salud le falta, la Edad se pasa, el Mal le da priesa, el Bien se le ausenta, los Años huyen, los Contentos no llegan, el Tiempo vuela, la Vida se acaba, la Muerte le acoge, la Sepultura le traga, la Tierra le cubre, la Pudrición le deshace, el Olvido le aniquila; y el que ayer fue hombre hoy es polvo, y mañana nada".

En otra parte de "El Criticón" Gracián expresa de una manera muy especial su pesimismo frente a la vida en general y a la felicidad en particular. En un acápite que titula "Contrapeso de las felicidades", hace decir a la Fortuna que "no doy cosa que no la pese y contrapese primero, igualando muy bien estas balanzas. Venid acá necios inconsiderados: si todo lo diera a los sabios, ¿qué hiciera de vosotros? ¿habíais de quedar destituidos del todo? ¿Qué había de hacer una mujer si fuera necia y fea y desdichada? Desesperarse. ¿Y quién se pudiera entender con una hermosa si fuera venturosa y entendida? Y si no, hagamos una cosa. Traigan acá todas mis dádivas; vengan las lindas: si tan desgraciadas son, truequen con las feas; vengan los discretos: si tan descontentos viven, truequen con los ricos necios, que todo no se puede tener. Fue luego pesando sus dádivas y disfavores, coronas, cetros, tiaras, riquezas, oro, lata, dignidades y venturas. Y fue tal el contrapeso de cuidados a las horas, de dolores a los gustos, de descréditos a los vicios, de ocupaciones a los cargos, de desvelos a las riquezas, de trabajos a la salud, de crudezas al regalo, de riesgos a la valentía, de desdoros a la hermosura, de pobreza a las letras, que cada uno decía: ¡Démonos por buenos! Estas dos balanzas –proseguía la Fortuna- somos la Naturaleza y yo, que igualamos la sangre: si ella favorece al sabio, yo al necio; si ella a la hermosa, yo a la fea; siempre al contrario, contrapesando los bienes".

"Todo estás bien –replicó un oyente-, pero ¿por qué no has de ser constante en una cosa y no andar variando cada día? ¿Para qué es buena tanta mudanza".

¡Qué más quisieran los dichosos –respondió la Fortuna-. ¡Bueno, por cierto, que siempre gozasen unos mismos los bienes, y que nunca les llegue su vez a los desdichados! De eso me guardaré yo muy bien. ¡Hola, Tiempo!, ande la rueda, dé una vuelta y otra vuelta y nunca pare. Abátanse los soberbios y sean ensalzados los humildes. Vayan a veces: sepan unos qué cosa es padecer y los otros gozar. Pero si aún con saber esto y llamarme la Mudable no se dan por entendido los poderosos, los entronizados, ninguno se acuerda de mañana, despreciando los inferiores, atropellando los desvalidos, ¿qué hicieran si ellos supieran que no había de haber mudanza? ¡Hola Tiempo!, ande la rueda. Si aún de este modo son intolerables los ricos, los mandones, ¿qué fuera si se aseguraran echando un clavo (asegurar) a su felicidad? Ése sí que fuera yerro. ¡Hola Tiempo! Ande la rueda y desengáñese todo el mundo, que nada permanece sino la virtud.

RESPONDEN A SCHOPENHAUER

Montesquieu, al igual que Kant, mostró un abierto desinterés por el tema de la felicidad. En las "Lettres Persanes", coincidiendo con Biran, dice que la felicidad o la desdicha consisten en cierta disposición, favorables o desfavorable, de los órganos. Bentham reprocha a Montesquieu su nula atención al problema: "De la felicidad no dice nada", apunta hoscamente.

Platón también, como vimos, liga el tema de la felicidad a aspectos internos del hombre. Según él –digámoslo una vez más- toda nuestra vida íntima brota, como de una simiente, de una tonalidad emotiva radical que en cada sujeto es distinta y constituye la base del carácter. Cada una de nuestras reacciones concretas va determinada por este fondo sentimental, que en unos es melancolía, en otros exultación, en unos depresión, en otros seguridad. Para Platón, en consecuencia, será más feliz quien tenga un carácter jovial, esto es, una forma amable de ver la vida y de relacionarse con el prójimo. ¿Cómo se logra la jovialidad? Platón, obviamente no lo dice, porque, claro, es imposible. El carácter con que nacemos nos sigue hasta la muerte.

Escuchemos una vez más al siempre bienvenido Goethe. Como recordarán, en "Poesía y Realidad" dice que "El cambio del día en noche, las estaciones, las flores, los frutos, y todo lo demás que nos sale al encuentro de tiempo en tiempo, para que podamos y debamos gozar, éstos son los verdaderos impulsos hacia la vida terrena. Cuanto más abierto estamos a tales goces tanto más felices somos; si, en cambio, esta variedad de apariciones nos baila ante los ojos sin que tomemos parte, si no somos receptivos ante tan sagradas ofertas, entonces se insinúa el gran mal, la más severa enfermedad: se considera la vida como un peso repugnante".

Aquí Goethe nos abre una puerta y nos dice, adoptando la posición más contraria a la de Schopenhauer que cabe imaginar, que la vida está llena de cosas que, si son bien atendidas y entendidas, nos alejarán del tedio y nos producirán felicidad. Es verdad. Si nuestro interés es capaz de centrarse en un número mayor de objetivos, al día le faltarán horas para dar espacio a todo lo que quisiéramos hacer. Diríamos: "Hoy, después de trabajar, quiero seguir leyendo el libro maravilloso que tengo a medio terminar; ver cómo están las plantas que puse el otro día en un hermoso rincón del patio; regar; echar una miradita a la copa del eucaliptus a ver si se vuelven a parar los tordos cuyos hermosos y variados cantos me alegraron la vida el otro día; deleitarme con las ocurrencias sin límite de mis hijos; escuchar el último disco que compré; algo de televisión y, claro, el amor. Pero hay más, siempre surgen cosas nuevas. Los amigos, por ejemplo; pocos, pero buenos. Los paseos y conversaciones con los perros. Admirar sus gracias y la entrega a uno sin condiciones. La comida. ¡¿Qué vamos a comer hoy?!". En realidad no hay día que dure tanto para hacer tanto, y, sin embargo, es el tedio el problema principal del hombre de hoy o de todos los tiempos.

En la novela de Dostoyevski "El idiota", el personaje principal, el príncipe, un tipo de carácter jovial, al estilo del que Platón describe como el único con capacidad innata e ser feliz, dice: "¿cómo puede uno, de veras, no ser feliz? ¡Oh… ¿qué importan mis angustias y mis pesares si tengo la capacidad ser feliz? No comprendo cómo puede uno pasar junto a un árbol y no sentirse feliz de verlo. Hablar con un hombre y no sentirse feliz de amarlo. ¡Oh, lo que pasa es que no puedo expresarlo en palabras, pero…, pero piense en las muchas cosas bellas que se encuentran a cada paso, cosas que aun el más desgraciado de los hombres no puede menos de considerar como bellas! Mire un niño, mire una divina puesta de sol, mire la hierba y cómo crece, mire los ojos que le miran y le aman".

Y los pensadores orientales son más específicos aún en este aspecto. Según señala Lin Yutang en su libro "La Importancia de Vivir" (ya veremos esto con más detalle), los goces de la vida "cubren cosas como gozar de nosotros mismos, de la vida hogareña, de los árboles, flores, nubes, ríos serpenteantes y cataratas bullentes, y las mil cosas de la naturaleza, y gozar también de la poesía, el arte, la contemplación, la amistad, la conversación y la lectura. Hay cosas obvias, como el goce de la comida, de una alegre fiesta o una reunión familiar, un paseo en un hermoso día de primavera". En todo esto de que nos habla Goethe y los orientales no existe ese carrusel infernal que nos describe Shopenhauer. Este tiene razón cuando dice que el hombre común es dominado por su voluntad, la que en forma implacable lo mantiene en la eterna infelicidad tras la búsqueda de cosas, con pequeños intervalos de felicidad que se producen cuando éstas se obtienen. Cortos intervalos porque pronto nos hartamos del nuevo auto, la nueva casa, el nuevo vestido, corbata, pantalones, reloj... La visión de Goethe nos permite bajarnos del carrusel de Schopenhauer, que es verdadero, y en el que va girando la gran mayoría de los habitantes de este planeta. Libres del círculo vicioso del filósofo alemán, comenzamos a ver otras cosas –bellas, hermosas, entretenidas que nos salen al encuentro- que siempre estuvieron ahí al alcance de todos.

"La felicidad fundamental depende, sobre todo, de lo que pudiéramos llamar un interés amistoso por las personas y las cosas", dice sobre el particular Bertrand Russell. Lo anterior, dice el filósofo inglés, "es una variante del cariño, pero no del cariño que quiere poseer y busca siempre una correspondencia categórica. Este último es, con frecuencia, un motivo de desgracia. Lo que contribuye a la felicidad es observar a la gente y encontrar placer en sus rasgos individuales, procurar ayudar en sus intereses a las personas con quienes nos ponemos en contacto, sin el deseo de influir en ellas ni de asegurarnos su entusiasta admiración. La persona cuya actitud hacia los demás sea genuinamente de este tipo será una fuente de felicidad y un recipiente de recíproca simpatía. Pero todo esto debe ser sincero; no debe proceder de una idea de sacrificio inspirado por el sentido del deber. El sentido del deber es útil para el trabajo, pero ofensivo en las relaciones personales. La gente desea que la quieran, no que la soporten con paciente resignación. El querer a muchas personas espontáneamente y sin esfuerzo es, tal vez, la mayor fuente de felicidad personal".

"El interés hacia las cosas, aunque es quizás menos valioso como elemento de nuestra felicidad cotidiana que una actitud amistosa hacia nuestros conocidos, es, sin embargo, muy importante. El mundo es amplio y nuestros poderes limitados. Si toda nuestra felicidad ha de depender exclusivamente de las circunstancias personales, es probable que pidamos a la vida más de lo que puede darnos. Y pedir demasiado es el mejor camino para obtener lo menos posible. El que pueda olvidar sus preocupaciones interesándose sinceramente en algo, por ejemplo, en el Concilio de Trento o en la historia de la vida de las estrellas, notará que al volver de su excursión a ese mundo impersonal ha adquirido un reposo y una calma que le capacitan para afrontar de buen humor toda molestia, y, al mismo tiempo, habrá gozado de una felicidad genuina, aunque sea temporal. El secreto de la felicidad –dice Russell-, es este: que tus intereses sean lo más amplio posible y que tus reacciones hacia las cosas y personas interesantes sean amistosas en vez de hostiles".

Coincidiendo con Goethe, Russell afirma que "cuantas más cosas interesen a un hombre, mayores posibilidades de felicidad tiene y menos expuesto se halla a cualquier accidente, pues si una le falta, puede dedicarse inmediatamente a otra. La vida es demasiado breve para interesarnos en todo, pero está bien que nos interesemos por todo cuanto puede hacernos pasar el tiempo. Pensemos en las distintas cosas que pueden llamar nuestra atención durante un paseo por el campo. A unos les pueden interesar los pájaros, a otros la vegetación, a estos la agricultura, a aquéllos la geología, etcétera. Cada una de tales cosas se hace interesante en cuanto nos interesa y el que se interese por algo está mejor adaptado al mundo que aquel a quien no le preocupa nada".

AUGUSTO COMTE

Veamos ahora qué tiene que decir el positivismo al respecto. Y recurramos a su sumo pontífice, Augusto Comte. Como se sabe, el carácter fundamental de la filosofía positiva –que ejerció un peso muy determinante en el siglo XIX- consiste en considerar todos los fenómenos como sujetos a leyes naturales invariables, cuyo descubrimiento preciso y la posterior reducción al menor número posible de leyes constituyen la finalidad de nuestros esfuerzos. El corolario natural de esta doctrina es que mientras mayor sea el conocimiento que el hombre tenga del funcionamiento tanto del mundo material como espiritual y social, mayor serán las posibilidades de que las personas ajusten sus comportamientos y aspiraciones a lo real, a lo posible, logrando así una mayor felicidad.

Hacia el final de su libro más famoso, "Discurso sobre el espíritu positivo", Comte señala que "las reglas de conducta, ya generales, ya especiales, más conformes al orden universal, tendrán que resultar generalmente más favorables a la felicidad individual". Comte indica que espíritu positivo es social, pues para él "el hombre propiamente dicho no existe; sólo puede existir la Humanidad, puesto que todo nuestro desarrollo se debe a la sociedad en cualquier aspecto que lo consideremos. Si la idea de sociedad parece aún una abstracción de nuestra inteligencia, ello se debe sobre todo al antiguo régimen filosófico. El conjunto de nuestra filosofía tenderá siempre a poner de manifiesto, tanto en la vida activa como en la especulativa, la relación de cada uno con todos, en una serie de aspectos diversos, haciendo involuntariamente familiar el sentimiento íntimo de la solidaridad social, convenientemente extendido a todos los tiempos y a todos los lugares. No sólo la activa consecución del bien público será siempre considerada como el modo más propio de asegurar generalmente el bien privado, sino que, por una influencia a la vez más directa y más pura, y finalmente más eficaz, el más completo ejercicio posible de las inclinaciones generales llegará a ser la principal fuente de la felicidad personal, aun cuando, excepcionalmente, no procurara otra recompensa que una inevitable satisfacción interior".

"Pues si, como es indudable, la felicidad resulta sobre todo de una inteligente actividad, debe, pues, depender principalmente de los instintos afines, por más que nuestra organización no les conceda en general una fuerza preponderante; puesto que los sentimiento benévolos son los únicos que pueden desarrollarse libremente en el estado social, que los estimula de forma natural cada vez más abriéndoles un campo indefinido, mientras que exige, de toda necesidad, cierta comprensión permanente de los diversos impulsos personales, cuya manifestación espontánea suscitará conflictos continuos. En esta vasta extensión social, cada cual encontrará la satisfacción normal de esa tendencia a eternizarse que antes sólo podía hallarse con ayuda de ilusiones ya incompatibles con nuestra evolución mental. El individuo, al no poder ya prolongarse más que en la especie, se verá obligado a incorporarse a la misma de la manera más completa posible, uniéndose profundamente a toda su existencia colectiva, no sólo actual, sino también pasada y, sobre todo, futura, para sacar toda la intensidad de vida que implica, en cada caso, el conjunto de las leyes reales".

Comte dice que para la religión la vida social no existe, y no existe, según ella, por falta de una meta propia, que sí encuentra el individuo en el paraíso. Según la religión, continúa Comte, la sociedad humana no representa más que una simple aglomeración de individuos, ocupado cada uno exclusivamente en su salvación.

Esta filosofía, agrega, tiende a hacer prevalecer el atributo humano -lo que define como la "combinación de la inteligencia con la sociabilidad"- sobre la animalidad propiamente dicha.

Cabría decir aquí que el principio general del positivismo, ese de que el mayor conocimiento de los hechos que trae aparejado el desarrollo de las ciencias permitirá al hombre abandonar vanas ilusiones para adecuarse mejor a la realidad, con ser cierto, no ha demostrado tener consecuencias importantes en la felicidad de los hombres. En cierto sentido la historia conocida de la humanidad se puede seguir por el hilo conductor de ese proceso. Pero que se sepa, el hombre de hoy no es más feliz que el griego del siglo de Pericles. El avance de la ciencia y de la tecnología, en consecuencia, no ha redundado en más felicidad. Más aún, Ortega y Gasset decía que sus coetáneos estaban empezando a darse cuenta que la ciencia y la tecnología, así como el racionalismo, sistema filosófico que constituye su base, no habían, a la postre, provocado la satisfacción íntima que todos esperaban.

El pensador inglés Isaiah Berlin, indica en su libro "Cuatro Ensayos sobre la Libertad", que la posición de Comte "se inscribe en la de los pensadores racionalistas-deterministas, entre los que se encuentran los heraldos y profetas -desde Bacon hasta los teóricos modernos de la sociedad- de las ciencias naturales y del progreso material, que sostienen que el vicio y el sufrimiento son siempre, en último término, producto de la ignorancia. El fundamento de su fe está en la convicción de que es posible descubrir lo que verdaderamente quieren todos los hombres en todas las épocas, así como lo que pueden hacer y lo que está para siempre por encima de sus fuerzas y, a la luz de esto, inventar, descubrir y adaptar medios al servicio de fines que sean realizables. La debilidad y la miseria, la estupidez y el vicio y los defectos morales e intelectuales se deben a los malos ajustes. Entender lo que son las cosas es saber lo que el hombre quiere verdaderamente y saber cómo conseguirlo. Todo lo que es malo se debe a la ignorancia de los fines o de los medios y llegar al conocimiento de ambos es la finalidad y la función de las ciencias. Estas avanzarán, aumentará el conocimiento, los hombres sabrán más y, por consiguiente, serán más sabios, mejores y más felices".

Dice Berlin que el manifiesto más simple de esta creencia la expuso Condorcet en su "Esquisse" y en ella expone que no tiene ninguna duda de que la felicidad, el conocimiento científico, la virtud y la libertad están unidos como una cadena indisoluble, al mismo tiempo que la estupidez, el vicio, la injusticia y la infelicidad son tipos de enfermedades que el avance de la ciencia eliminará para siempre. Siguiendo a los estoicos, Condorcet señala que como estamos hechos como estamos por causas naturales, cuando entendemos dichas causas naturales entraremos en un estado de armonía con la naturaleza.

Puntualiza Berlin que "la creencia en la posibilidad de la felicidad como producto de la organización racional es lo que une a todos estos pensadores. Esta creencia está en el corazón de todas las utopías, desde Bacon pasando por Campanella, Lessing, Condorcet, Saint-Simon, Cabet, Fourier y Owen, culminando en las fantasías burocráticas de Comte. Como Marx y Hegel, todos están de acuerdo en que el mundo lleva una dirección y está gobernado por leyes, y que esta dirección y estas leyes pueden hasta cierto punto descubrirse empleando técnicas adecuadas para su investigación. También están de acuerdo en que el funcionamiento de estas leyes sólo puede ser comprendido por aquellos que se dan cuenta de que las vidas, los caracteres y los actos de los individuos están gobernados por totalidades más amplias a las que ellos pertenecen y que la evolución autónoma de estas totalidades es lo que constituye las llamadas fuerzas en términos de cuya dirección es como hay que formular la historia verdaderamente científica o filosófica".

EL LIBERALISMO

John Stuart Mill, padre del liberalismo, representa, según Isaiah Berlin, el polo opuesto de la concepción señalada. Tal como su padre, James Mill, un utilitarista contemporáneo del epónimo de este movimiento, Jeremy Bentham, John creyó hasta el final de sus días que la felicidad era el único fin de la existencia humana. Pero, a diferencia de su progenitor y de Bentham, su idea sobre qué era lo que contribuía a ella no era la racionalidad ni la satisfacción del utilitarismo, sino "la diversidad, la plasticidad y la plenitud de la vida; la chispa indestructible del genio individual, la espontaneidad y la singularidad de un hombre, un grupo, una civilización".

Agrega Berlin que "lo que más odiaba y temía era la mezquindad, la uniformidad, el efecto destructor de la persecución, la opresión de los individuos por el peso de la autoridad, la costumbre o la opinión pública. Se opuso al culto del orden, de la nitidez e incluso de la paz, si tenía que ser compradas al precio de destruir la variedad y color de los indómitos seres humanos de inextinguibles pasiones y libre imaginación".

En los escritos de John Stuart Mill, la felicidad viene a ser algo así como la realización de los propios deseos, sean estos los que sean. Los valores fundamentales de Mill eran la libertad, la variedad y la justicia. Sin variedad muchas formas de felicidad humana permanecerían desconocidas. Mill, que comenzó a opinar públicamente a partir de los diecisiete años, pronto inició una línea de pensamiento diferente a los de su padre y Bentham. Estos dos utilitaristas estaban dispuestos a justificar cualquier método para encontrar la felicidad con tal de que sea efectivo. Al respecto, dice Berlin que "Si alguien les hubiera ofrecido una medicina de la cual se pudiera mostrar científicamente que conducía a quienes la tomaran a una estado de satisfacción permanente, sus premisas les hubieran obligado a aceptarla como la panecea de todo lo que consideraban despreciable. Siempre que el mayor número posible de hombres recibiera una felicidad duradera, o incluso se liberaran del dolor, no importaba el medio de conseguirlo. Bentham y Mill padre creían que la educación y las leyes eran los caminos de la felicidad. Pero si se hubiera llegado a descubrir un camino más corto, en forma de pastillas, técnicas de sugestión subliminal o cualquier otro medio de condicionar a los seres humanos, ellos lo hubieran aceptado como una alternativa mejor, por ser más eficaz y quizás menos costosa, que los medios que habían predicado". John Stuart Mill, según Berlin, habría rechazado con todas sus fuerzas tal solución.

Bentham sostenía que lo que es bueno es el placer o la felicidad, palabras a su juicio sinónimas, y lo malo es el dolor. Por lo tanto, una situación es mejor que otra si implica una mayor cantidad de placer que de dolor, o una menor cantidad de dolor que de placer. De todas las situaciones posibles, la mejor es la que implica la mayor diferencia entre la cantidad de placer y la de dolor. Bentham no sostuvo solamente que el bien es la felicidad en general, sino que cada individuo persigue siempre lo que cree que es su propia felicidad. Bentham, al igual que James Mill, considera el placer como el único bien y el dolor como el único mal. Pero como Epicúreo, estimaba mucho el placer moderado. Consideraba los goces intelectuales como los mejores, y la templanza era para él la virtud principal. Como toda la escuela utilitarista era totalmente opuesto a toda forma de romanticismo.

En su libro "Sobre la libertad", John Stuart Mill señala que "los seres humanos no son como los carneros; y aun los carneros no son tan iguales que no se les pueda distinguir. Un hombre no puede conseguir un traje o un par de botas que le estén bien, a menos que se los haga a la medida o que pueda escogerlos en un gran almacén; ¿y es más fácil proveerle de una vida que de un traje, o son los seres humanos más semejantes unos a otros, en su total conformación física y espiritual, que en la configuración de sus pies? Si fuera sólo que las gentes tuvieran diversidad de gustos, ya sería razón bastante para no intentar imponer a todos un mismo modelo. Pero las personas diferentes requieren también diferentes condiciones para su desenvolvimiento espiritual; y no pueden vivir saludablemente en las mismas condiciones morales, como toda la variedad de plantas no pueden vivir en las mismas condiciones físicas, en la misma atmósfera o en el mismo clima. Las mismas cosas que ayudan a una persona en el cultivo de su naturaleza superior son obstáculos para otra. La misma manera de vivir excita a uno saludablemente, poniendo en el mejor orden todas sus facultades de acción y goce, mientras para otro es una carga abrumadora que suspende o aniquila toda su vida interior. Son tales las diferencias entre seres humanos en sus placeres y dolores, y en la manera de sentir la acción de las diferentes influencias físicas y morales, que, si no existe una diversidad correspondiente en sus modos de vivir, ni pueden obtener toda su parte en la felicidad ni llegar a la altura mental, moral y estética de que su naturaleza es capaz".

Luego, Mill aboga por la tolerancia. "En ninguna parte, excepto en algunas instituciones monásticas, es absolutamente negada la diversidad de gustos; a una persona puede gustarle o no gustarle, sin que sea vituperable, el remar, el fumar, la música, los ejercicios atléticos, los dados, las cartas o el estudio, porque el número de partidarios y enemigos de todas estas cosas es demasiado grande para ser reducidos al silencio. Pero el hombre, y todavía más la mujer, que puede ser acusado de hacer 'lo que nadie hace', o de no hacer 'lo que hace todo el mundo', es víctima de una calificación tan despectiva como si él o ella hubieran cometido algún grave delito moral. Es preciso poseer un título, o algún otro signo de rango que como tal se considere, para que se les consienta, en parte, el lujo de obrar a su gusto, sin perjudicar a su reputación. Para que se les consienta, en parte, repito, porque quien se fíe excesivamente en esta indulgencia corre el riesgo de algo peor que discursos injuriosos; estaría en peligro de comparecer ante una comisión como lunático y de verse desposeído de su propiedad, que sería entregada a sus parientes".

¡VIVA LA VIDA!, ¡VIVA EL HOMBRE!

Si a Friedrich Nietzsche le preguntáramos qué entiende por felicidad, lo pondríamos de mal humor, ya que declaró sentir el más vivo desprecio por el tipo de hombre que anda en busca de la felicidad: Habría dicho algo así como: "Mire señor, la verdad es que ese tema no me interesa. La felicidad es sólo un componente, que, junto a otros, dan forma a un hombre completo que no sólo se pasa la vida riéndose; y a mí me interesa ese hombre completo. Y, ¿quiere conocer usted a una persona feliz? Retroceda en la historia hasta llegar a una etapa en que el hombre caminaba de la mano con su naturaleza, sus instintos y sentidos, como quien camina por el parque con sus mejores y más queridos amigos". He aquí una presunta respuesta del filósofo alemán. Pero hay otras más específicas, como por ejemplo, la que señala en "El Anticristo". Felicidad, dice, "es el sentimiento de que el poder aumenta; que una resistencia ha sido vencida". "El primer efecto de la felicidad – señala en "Aurora"- es el sentimiento de poder: que quiere expresarse, ya sea contra nosotros mismos o contra otras personas o contra ideas o contra seres engreídos. Las formas más comunes de expresarse son: obsequiar, burlarse, aniquilar; todas ellas con un impulso fundamental común". Y también en "Aurora": "Las sensaciones de felicidad tienen en común dos cosas: plenitud del sentimiento y arrogancia por el mismo, igual que un pez siente que le rodea su elemento y salta dentro de él. Los buenos cristianos entenderán lo que es el desenfreno cristiano".

Escuchemos ahora lo que dice en su libro "Genealogía de la moral". Para alcanzar la meta señalada, esto es, que el hombre se reconcilie con su naturaleza, "falta un tipo de espíritu distinto de los que son probables precisamente en esta época: espíritus fortalecidos por guerras y victorias, para los que la conquista, la aventura, el peligro, el dolor incluso, hayan llegado a convertirse en una necesidad; haría falta para ello acostumbrarse al aire cortante de las alturas, a caminatas invernales, al hielo y la montaña en todos los sentidos; haría falta para ello incluso una especie de sublime maldad, una última travesura del conocimiento muy intencionada y segurísima de sí misma, que forme parte de la gran salud; ¡haría falta, dicho con toda brevedad y maldad, precisamente esa gran salud!". Y agrega que cuando la humanidad aún no se avergonzaba de sus instintos, de su naturaleza, de sus sentidos, "la vida sobre la tierra era más alegre que ahora que hay pesimistas. El encapotamiento del cielo sobre el hombre ha llegado a ser dominante en la misma proporción en que el hombre se ha ido avergonzando cada vez más del hombre. La cansada mirada pesimista, la desconfianza ante el enigma de la vida, el gélido no de la repugnancia por la vida: todas éstas no son señales de las épocas 'más malvadas' del género humano, sino que más bien estas plantas propias de aguas cenagosas, que eso es lo que son, no salen a la luz hasta que existe la ciénaga a la que pertenecen. Me refiero al enfermizo enternecimiento y moralización en virtud de los cuales el animal hombre termina por aprender a avergonzarse de todos sus instintos. De camino hacia el 'ángel' (para no utilizar aquí una palabra más dura), el hombre ha ido criando en sí mismo ese estómago estropeado y esa lengua cubierta que hacen no sólo que la alegría e inocencia del animal se le hayan tornado repugnantes, sino que la vida misma haya pasado a ser para él una cosa poco apetecible. Y ello hasta tal punto que en ocasiones tiene que taparse la nariz ante sí mismo y, con el Papa Inocencio III, repasa desaprobatoriamente el catálogo de lo que en él hay de repelente ('generación impura, alimentación repugnante en el seno materno, deficiencia de los materiales a partir de los que se desarrolla el hombre, horrible hedor, secreción de saliva, orina y excrementos'). Ahora que el sufrimiento tiene que abrir siempre el desfile de los argumentos contra la existencia, como su peor signo de interrogación, haremos bien en recordar los tiempos en los que se juzgaba al revés porque no se quería pasar sin el hacer sufrir y se veía en él un embrujo de primer rango, un auténtico reclamo y seducción hacia la vida".

Pero lo importante en Nietzsche, y que cuesta entender, es lo siguiente: que el hombre, al recobrar su amor por sí mismo, por su naturaleza, se hace más hombre. Por ejemplo, cuando habla en buenos términos de la crueldad, la reacción natural nuestra es a rechazar esa idea. El problema es que hoy la crueldad es ejercida por un hombre –entendido genéricamente- viciado, rencoroso, envidioso, solapado, enfermo, amargado, traicionero, que le da un carácter bastardo a todos sus instintos, incluyendo a la crueldad. En el hombre noble del pasado, alegre, audaz, desinteresado, responsable, la crueldad, ya sea que estuviera asociada a causas nobles o no, salía a la luz en forma natural y sin dobleces. Era ejercida abiertamente, a plena luz, de cara a todo el mundo y sin cargo de conciencia, fenómeno psicológico que vino mucho después. De modo que de lo que se trata es, primero, no negar que la crueldad está en la naturaleza del hombre (basta ver a un niño jugando con un animalito o cómo se arremolinan las personas en torno a un accidente para deleitarse en la agonía de las víctimas) y, segundo, imaginar cómo aparecería ésta en un ambiente en que imperen los mejores, los espíritus más libres de rencores, complejos, envidias, odios envenenados. Cuando éstos son los que mandan, no dejan, usando la metáfora que emplea Nietzsche, que salgan de la ciénaga los espíritus infectados y malolientes.

"Los 'bien nacidos' se sentían precisamente como los 'felices', no tenían que construir artificialmente su felicidad mirando a sus enemigos, en determinadas circunstancias autoconvenciéndose de ella, mintiéndola (como suelen hacerlo todos los hombres del resentimiento). Asimismo, como hombres plenos, repletos de fuerza, y en consecuencia necesariamente activos, no sabían separar de la felicidad el obrar; en ellos, la actividad se cuenta con necesidad entre lo perteneciente a la felicidad". Aquí el autor hace ver que la palabra felicidad proviene del griego, en que "obrar bien" significa "ser feliz, tener suerte, irle bien a uno". Y agrega Nietzsche, después de este paréntesis, que "todo ello muy en contraposición con la 'felicidad' en el nivel de los impotentes, apesadumbrados, ulcerados por sentimientos venenosos y de hostilidad, en quienes la felicidad aparece esencialmente como narcótico, sedante, tranquilidad, paz, 'sabbat', distensión del ánimo y relajamiento de los miembros; en suma, pasivamente. Mientras el hombre noble vive ante sí mismo con confianza y apertura, el hombre del resentimiento no es sincero ni ingenuo, ni tampoco veraz y rectilíneo consigo mismo. Su alma mira de reojo; su espíritu ama las guaridas, los caminos subrepticios y las puertas traseras; todos los escondrijos le parecen ser su mundo, su seguridad, su solaz; se le da muy bien callar, no olvidar, esperar, empequeñecerse provisionalmente, humillarse...".

En otro libro, "Aurora", dice: "¿Cuál es el mayor de los placeres para los hombres en estado de guerra de esa pequeña comunidad, siempre amenazada, donde impera la más estricta eticidad? Es decir, ¿Cuál es para las almas vigorosas, sedientas de venganza, hostiles, taimadas, suspicaces, dispuestas a lo más terrible y endurecidas por la privación y la eticidad?: el placer de la crueldad. Al igual que se incluye en la virtud de las almas en tales estados el ser ingenioso e insaciable en la crueldad. En la acción del cruel se alivia la comunidad, sacudiéndose de una vez por todas la lobreguez del miedo y la cautela continuos. La crueldad es uno de los festejos más antiguos de la humanidad. Consecuentemente, también se imagina a los dioses aliviados y de talante festivo cuando se les ofrenda la visión de la crueldad, y así entra de rondón en el mundo la idea de que el sufrimiento voluntario, el suplicio autoelegido, tiene un sentido y un valor buenos. Paulatinamente la costumbre va formando en la comunidad una praxis conforme con esta idea: desde ese momento se va siendo más desconfiado con todo bienestar disoluto, y más confiado con cualquier estado intensamente doloroso. Uno se dice: bien podría ser que los dioses nos mirasen inmisericordes por nuestra felicidad y misericordiosos por nuestro sufrimiento -¡mas no compasivos!, pues la compasión se tiene por despreciable e indigna de una alma fuerte y temerosa-, pero misericordiosos porque se regocijan y se divierten en ello: pues el cruel disfruta la comezón suprema del sentimiento de poder. Así entra en el concepto de 'hombre ético' de la comunidad la virtud del sufrimiento frecuente, de la privación, de la vida dura, de la mortificación cruel. Para repetirlo una vez más, no como medio de disciplina, de autodominio, de anhelo de felicidad individual, sino como una virtud de la comunidad muy estimada por los dioses malvados y que se sahúma y sublima hacia ellos sobre el altar como continuo sacrificio de reconciliación..."

Así, entonces, este polémico filósofo alemán afirma que si todos los instintos y sentidos del hombre vuelven a ser mirados en forma natural, estaremos frente a un hombre radicalmente distinto al actual, mejor, más confiable y noble, partidario siempre de empresas que hacen subir a la humanidad a niveles más altos. Aunque este filósofo no lo dice, es posible buscar un símil en el campo de los deportes. En un partido de fútbol, en que se enfrentan atletas libres de todo tipo de sentimientos malsanos, la crueldad, las ansias de poder, el egoísmo, no son mal vistos. Alguien, acaso, ha criticado nunca a un tenista de nuestras preferencias cuando deja en cero a su rival, sin dejarlo levantar cabeza; o cuando un futbolista mete un gol después de egoístamente dejar atrás a todo el equipo contrario; o cuando todo el equipo que apoyamos deja caer todo su poder, sin contemplaciones, contra los débiles y poco diestros jugadores que tienen al frente.

¿Qué pasó? ¿Cómo y por qué se trastocaron los valores, según Nietzsche? Este, claro, no es el tema de este libro; pero digamos sólo para incentivar la curiosidad del lector, que todo se produjo cuando la sociedad terminó por domar y pacificar al hombre. Entonces, todos esos instintos que quedaron en pie, porque no se pueden borrar, el hombre los volvió hacia sí mismo, hacia su interior, desgarrándose las entrañas y concluyendo por odiarse a él mismo, a la vida y al mundo. Profundizando en el tema Nietzsche dice en "La Genealogía de la Moral" que "los enfermos son el gran peligro de los sanos: no los malos, no los animales de presa. Los de antemano sometidos, desafortunados, rotos: ellos, los más débiles, son quienes más minan la vida entre las personas, quienes envenenan y ponen en cuestión de la manera más peligrosa nuestra confianza en la vida, en el hombre, en nosotros. Dónde podríamos hurtarnos a ella, a esa mirada vidriosa de la que se saca una profunda tristeza, a esa mirada hacia atrás de quien ya empezó haciendo mal y que deja traslucir cómo habla consigo mismo un hombre como ese: a esa mirada que es un suspiro. '¡Ojalá fuese yo otra persona!', suspira esa mirada, 'pero no hay esperanza. Soy el que soy: ¿Cómo podría liberarme de mí mismo? Y es que ¡estoy harto de mí!'. En ese suelo del autodesprecio, un auténtico terreno cenagoso, crece toda mala hierba, toda planta venenosa, y todo tan pequeño, tan escondido, tan poco honrado, tan dulzón. Aquí pululan los gusanos de los sentimientos vengativos y rencorosos; aquí apesta el aire a secretos y cosas inconfesadas; aquí se teje constantemente la red de la más malvada conjura: de la conjura de los dolientes contra los bien plantados y victoriosos, aquí se odia la vista del victorioso. ¡Y que falsía para no confesar ese odio como odio! ¡Qué gasto de grandes palabras y actitudes, qué arte de la calumnia 'honrada'! ¡Qué noble elocuencia brota de los labios de los que han salido mal! ¡Cuánta sumisión azucarada, untuosa, humilde! Nada en sus ojos. ¿Qué es lo que realmente quieren? Al menos representar la justicia, el amor, la sabiduría, la superioridad: ¡tal es la ambición de estos 'ínfimos', de estos enfermos! ¡Y qué hábil hace esa ambición! Es de admirar especialmente la habilidad de monederos falsos con la que aquí se imita el cuño de la virtud, incluso el tintineo, el sonido a moneda de oro de la virtud. Han arrendado ahora la virtud enteramente para sí, estos seres débiles y enfermizos sin remedio, de eso no cabe duda: 'sólo nosotros somos los buenos, los justos', así hablan, 'sólo nosotros somos los homines bonae voluntatis'. Andan por entre nosotros como reproches en persona, como advertencias que se nos hacen, como si la salud, la gallardía, la fuerza, el orgullo, la sensación de poder fuesen de suyo cosas viciosas por las que algún día se tuviese que hacer penitencia, una amarga penitencia: ¡oh, que dispuestos están en el fondo incluso a obligar a otros a hacer penitencia, qué sed tienen de ser verdugos! Entre ellos abundan los vengativos, disfrazados de jueces, que llevan siempre en la boca la palabra 'justicia' como una saliva venenosa, siempre expectantes y en tensión, siempre dispuestos a escupir a todo el que lo mira descontento y va por la calle con buen ánimo. Entre ellos tampoco falta aquella repugnantísima especie de vanidosos, los engendros fementidos, que van dándoselas de 'almas bellas' y ponen en el mercado, por ejemplo, su sensualidad echada a perder, envuelta en versos y otros pañales, como 'pureza del corazón': la especie de los onanistas morales, que, como se suele decir buscan 'autosatisfacerse'. La voluntad de los enfermos de mostrar alguna forma de superioridad, su instinto para los caminos subrepticios que lleven a una tiranía sobre los sanos. (...) Echese una mirada al trasfondo de toda familia, de toda corporación, de toda comunidad: por doquier la lucha de los enfermos contra los sanos, una lucha silenciosa la mayor parte de las veces, con pequeños polvos venenosos, con alfilerazos, con el maligno repertorio de gestos con los que quieren dar a entender lo mucho que se padece, pero a veces también con aquel fariseísmo de enfermo del gesto ruidoso, al que lo que más le gusta es fingir 'la noble indignación'. (...) Todos estos son hombres del resentimiento, todos estos desafortunados y agusanados fisiológicamente, toda una tierra temblorosa de venganza subterránea, inagotable, insaciable en exabruptos contra los felices, e igualmente enmascaradas de venganza, en pretextos para la venganza: ¿Cuándo llegarían a su último, más fino, más sublime triunfo de la venganza? Indudablemente, cuando lograsen que su propia desgracia, todas las desgracias en general, fuesen un cargo de conciencia para los felices, de manera que estos últimos un día empezasen a avergonzarse de su felicidad y se dijesen quizás unos a otros: '¡es una vergüenza ser feliz!, ¡hay demasiadas desgracias!'. Pero no podría haber, en modo alguno, un malentendido mayor y más fatídico que si de esa manera los felices, los bien plantados, los poderosos de cuerpo y alma empezasen a dudar de su derecho a la felicidad. ¡Fuera con ese 'mundo al revés'! ¡Fuera con ese vergonzoso reblandecimiento del sentimiento! Que los enfermos no hagan enfermar a los sanos –tal cosa sería ese reblandecimiento- debería ser el supremo punto de vista de este mundo: ahora bien, para ello hace falta sobre todo que los sanos permanezcan separados de los enfermos, protegidos incluso de la vista de los enfermos, que no se confundan con los enfermos. ¿O acaso sería su tarea la de ser enfermeros o médicos? Pero no podrían malentender su tarea y renegar de ella de peor manera que esa: ¡lo más alto no debe degradarse a ser herramienta de lo más bajo, el pathos de la distancia debe mantener separadas también las tareas por toda la eternidad! Su derecho a existir, el privilegio de la campana de sonido pleno sobre la que suena mal y está saltada, es mil veces mayor: sólo ellos son los garantes del futuro, sólo ellos están obligados para con el futuro de los hombres. Lo que ellos

pueden, lo que ellos deben, a los enfermos no debería estarles
permitido nunca poderlo ni deberlo: ahora bien, para poder lo que
ellos deben, ¿cómo iba a estar en su mano hacer de médicos, de
consolador, de salvador de enfermos? Y por eso ¡aire puro!, ¡aire
puro! ¡Y lejos, en cualquier caso, de todo manicomio y hospital de
la cultura! Y por eso ¡buena compañía, nuestra compañía! ¡O
soledad, si no hay más remedio! ¡Pero lejos en todo caso de las
malas emanaciones procedentes de la putrefacción interna y de las
secretas comeduras de gusanos sobre la carne enferma! Para
defendernos a nosotros mismos, amigos míos, al menos por un
momento, de las peores plagas que pueden estarnos reservadas
precisamente a nosotros: ¡de la gran repugnancia por el hombre!,
¡de la gran compasión por el hombre!".

El punto también lo aborda en "El Anticristo", donde dice: ¿Qué es
bueno? Todo lo que acrecienta en el hombre el sentimiento de
poder, la voluntad de poder, el poder mismo. ¿Qué es malo? Todo
lo que proviene de la debilidad. ¿Qué es felicidad? La conciencia
de que se acrecienta el poder; que queda superada una resistencia.
No contento, sino aumento de poder; no paz, sino guerra; no
virtud, sino aptitud (virtud al estilo renacentista, virtú, virtud
carente de moralina). Los débiles y malogrados deben perecer; tal
es el axioma capital de nuestro amor al hombre. Y hasta se les debe
ayudar a perecer. ¿Qué es más perjudicial que cualquier vicio? La
compasión activa con todos los débiles y malogrados; el
cristianismo...".

Y en "Cómo se Filosofa a Martillazos", indica que "Todas las
pasiones atraviesan una etapa en que son pura fatalidad, abismando
a su víctima por el peso de la insensatez, y por otra, muy posterior,
en que se desposan con el espíritu, se 'espiritualizan'. En tiempos
pasados, a causa de la insensatez inherente a la pasión, se hizo la
guerra a la misma trabajando por su destrucción; todos los antiguos

monstruos de la moral coincidían en exigir: 'hay que acabar con las pasiones'. La fórmula más célebre al respecto está en el Nuevo Testamento, en ese Sermón de la Montaña, donde, dicho sea de paso, nada se contempla desde lo alto. Allí se dice, por ejemplo, con respecto a la sexualidad: 'Si te fastidia tu ojo, sácalo'. Por fortuna, ningún cristiano cumple tal precepto. Destruir las pasiones y los apetitos nada más que para prevenir su insensatez y las consecuencias desagradables de su insensatez se nos antoja hoy, a su vez, una mera forma aguda de insensatez. Ya no admiramos a los dentistas, que extraen los dientes para que no duelan más. Ahora bien, admitamos en honor a la verdad que en el clima en que nació el cristianismo ni podía concebirse el concepto 'espiritualización de la pasión'. Sabido es que la Iglesia primitiva luchó contra los 'inteligentes' a favor de los pobres de espíritu; ¿cómo iba a librar a la pasión una guerra inteligente? Combate la Iglesia la pasión apelando a la extirpación de todo sentido; su práctica, su 'cura', es la castración. Jamás pregunta: '¿Cómo se hace para espiritualizar, embellecer, divinizar un apetito?'. En todos los tiempos ha hecho recaer el acento de la disciplina recomendando la exterminación de la sensualidad, el orgullo, el afán de dominar, la codicia y la sed de venganza. Mas atacar por la base las pasiones significa atacar por la base la vida misma; la práctica de la Iglesia es antivital".

Luego, más adelante, señala que "He aquí un principio reducido a fórmula. Todo naturalismo en la moral, esto es, toda moral 'sana', se rige por un instinto vital; algún requisito de la vida es cumplido mediante un determinado canon de 'debes' y 'no debes', removiéndose así algunos obstáculos del camino de la vida. A la inversa, la moral antinatural, esto es, poco menos que toda moral enseñada, exaltada y predicada hasta ahora, se vuelve precisamente contra los instintos de la vida, implica un repudio, ya solapado o abierto o insolente, de estos instintos. Diciendo 'Dios mira el corazón', dice no a las apetencias más bajas y más elevadas de la vida y concibe a Dios como enemigo de la vida... El santo grato a Dios es el castrado ideal... Termina la vida donde empieza el 'reino de Dios'".

Uno de los pilares de la filosofía de Nietzsche es la negación del libre albedrío, lo cual significa que para él todo es necesario. En "Ecce Homo" dice "conocer, afirmar la realidad, constituye una necesidad para el fuerte; del mismo modo que el débil necesita, a impulsos de su debilidad, esa cobardía y esa huida de la realidad que es el 'ideal'. Los decadentes necesitan la mentira". Y en otra parte indica que "mi fórmula para referirme a la grandeza del hombre es 'amar el destino', no querer que algo sea distinto, ni en el pasado ni en el futuro, ni por toda la eternidad. Amar lo necesario". Y también en "Ecce Homo" dice "lo que combato bajo el nombre de 'vicio' es todo lo que va en contra de la naturaleza o todo 'idealismo'". Reitera en "Crepúsculo de los Idolos" que "la razón contra los instintos no conduce a la felicidad. Tener que combatir los instintos es la fórmula de la decadencia. Mientras la vida asciende es felicidad igual a instinto".

"El individuo, siempre que quiera su felicidad -dice en "Aurora"-, no debe interponérsele ninguna norma en el camino a la felicidad; pues la felicidad individual mana de leyes propias, desconocidas a los demás; con normas provenientes de fuera no puede más que quedar impedida, inhibida. Las normas que se llaman 'morales' en realidad van dirigidas contra los individuos y no desean ni por asomo su felicidad. Igualmente estas normas tampoco se refieren a la 'felicidad y la prosperidad humanidad': palabras con las cuales apenas si es posible unir conceptos rigurosos, y menos aún pueden utilizarse como norte en el oscuro océano de las aspiraciones morales. No es verdad que la moralidad, como quiere el prejuicio, sea más favorable al desarrollo de la razón que la inmoralidad. No es verdad que el 'fin inconsciente' del desarrollo de todo ser consciente (animal, hombre, humanidad etc.) sea su 'felicidad suprema'; en todas las etapas del desarrollo hay más bien una felicidad particular e incomparable que debe alcanzarse, que no es ni superior ni inferior, sino una felicidad peculiar. El desarrollo no quiere felicidad, sino desarrollo, y nada más. Sólo si la humanidad tuviera un 'fin' reconocido, generalmente podría proponerse 'así y así debe actuarse'; por el momento no existe tal fin. Por tanto, las pretensiones de la moral no deben relacionarse con la humanidad: hacerlo es sin razón puerilidad. 'Recomendar' a la humanidad un fin es bien distinto: entonces el fin se piensa como algo que 'queda a nuestro albedrío'. Suponiendo que fuera tan del agrado de la humanidad como se ha propuesto, a continuación podría 'darse' también una ley moral, igualmente desde su albedrío. Pero hasta ahora la ley moral tenía que estar 'por encima' del albedrío: no queríamos realmente 'darnos' esa ley, sino 'tomarla' de cualquier sitio o 'hallarla' en cualquier lugar o 'hacernos ordenar' desde cualquier sitio".

Luego de señalar que el conocimiento de la realidad proporciona felicidad, señala, también en "Aurora", que "dos hombres fundamentalmente distintos, como Platón y Aristóteles, se pusieron de acuerdo sobre lo que constituye la felicidad suprema, no sólo para ellos o para los hombres, sino en sí, incluso para los dioses de la postrer gloria: la encontraron en el conocer, en la actividad, en la actividad de una razón buscadora e inventora bien ejercitada (no en la 'intuición' como los semiteólogos y omniteólogos alemanes, no en la visión, como los místicos, ni tampoco en la creación, como los prácticos). Un juicio similar tuvieron Descartes y Spinoza: ¡Cómo tuvieron que disfrutar todos ellos del conocimiento! ¡Y qué peligro para su honradez convertirse por ello en aduladores de las cosas!".

Y para terminar con "Aurora", señala casi al final del libro que "la forma más módica e inofensiva de vivir es la del pensador: porque, para decir ahora mismo lo más importante, las cosas que más necesita son precisamente las que los demás menosprecian y dejan de sobra. Por lo tanto, se deleita con facilidad y no conoce costosos accesos al placer; su trabajo no es duro, sino en cierto modo sureño; sus días y sus noches no se arruinan por los remordimientos de conciencia; se mueve, come, bebe y duerme en la medida que su espíritu se vuelve cada vez más apacible, más vigoroso y claro; disfruta su cuerpo y no tiene razón para temerlo; no necesita la compañía, salvo de cuando en cuando, para después abrazar su soledad aún con más ternura; tiene en los muertos el sustituto de los vivos y hasta de los amigos: justo en los mejores que jamás han vivido. Piénsese si no son los apetitos y hábitos opuestos de los que hacen costosa, y en consecuencia penosa y con frecuencia insoportable, la vida de las personas. Naturalmente en otro sentido la vida del pensador es la más costosa, nada hay demasiado bueno para él; y precisamente prescindir de lo mejor sería en este caso una privación insoportable".

En "Humano, Demasiado Humano" indica que "la filosofía se escindió de la ciencia cuando planteó la pregunta: ¿cuál es aquel conocimiento del mundo y de la vida con que el hombre vive más feliz? Esto tuvo lugar en la escuela socrática: con el punto de vista de la felicidad se le ligaron las venas a la investigación científica, y aún hoy se hace esto". A propósito de este aforismo, conviene recordar aquí que Nietzsche fue muy crítico de Sócrates y Platón, pues, a su juicio, jugaron un papel similar al que posteriormente desempeñó el cristianismo en la época romana, esto es, de debilitamiento de la energía y ansias de poder que hicieron grande a ambas civilizaciones. De modo que el tema de la búsqueda de la felicidad le suena a Nietzsche, si usamos sus palabras preferidas, como algo medio dulzón, femenino, enfermo. En "Cómo se

Filosofa a Martillazos" señala que "Si se está en la necesidad de
hacer de la razón un tirano, como ocurrió en el caso de Sócrates,
existe, por supuesto, un grave peligro de que otra cosa quiera ser
tirana. En aquel entonces se adivinaba la racionalidad como
salvadora; ni Sócrates ni sus 'enfermos' estaban en libertad de ser o
no racionales; la racionalidad era para ellos su último recurso. El
fanatismo con que a la sazón todo el pensamiento griego se
abalanzaba sobre ella revelaba un apremio; se estaba en peligro,
colocado entre la alternativa de sucumbir o ser absurdamente
racional... El moralismo de los filósofos griegos a partir de Platón
está patológicamente determinado, lo mismo que su culto a la
dialéctica. Razón igual a virtud igual a felicidad quiere decir
simplemente: hay que imitar el ejemplo de Sócrates y establecer
frente a los apetitos tenebroso una claridad permanente; la claridad
de la razón. Hay que ser cuerdo, claro, lúcido a toda costa; toda
transigencia con los instintos, con lo inconsciente, hunde...". Y más
adelante: "he dado a entender por qué fascinaba Sócrates: parecía
un médico, un salvador. ¿Es necesario señalar el error de su fe en
la 'racionalidad a toda costa'? Los filósofos y moralistas se
engañaban a sí mismos al creer que así se emancipan de la
décadence y la combaten. No está en su poder emanciparse de ella;
lo que eligen como recurso, como medida salvadora, sólo es, a su
vez, una expresión de la décadence; modifican la expresión de la
misma, pero no la eliminan. Sócrates fue un malentendido; toda la
moral correctiva, la cristiana inclusive, ha sido un malentendido.
La claridad más extrema, la racionalidad a ultranza, la vida clara,
fría, cautelosa, consciente, carente de instinto, en oposición a los
instintos, era a su vez una enfermedad, en modo alguno un retorno
a la 'virtud', a la 'salud', la felicidad... Estar en la necesidad de
combatir los instintos: he aquí la fórmula de la décadence; mientras
ascienda la vida, la felicidad se identifica con el instinto.
¿Comprendería esto él mismo, el más listo de todos los que han

practicado jamás el engaño de sí mismo? ¿Se lo confesaría, por último, en la sabiduría del valor con que enfrentó la muerte?... Sócrates quería morir: no fue Atenas, sino él mismo quien se condenó a beber la cicuta; obligó a Atenas a condenarlo a bebérsela... 'Sócrates no es un médico –murmuró para sus adentros-; únicamente la muerte es un médico... Sócrates mismo sólo ha estado enfermo durante largo tiempo...'".

Volvamos a "Humano, Demasiado Humano". "Una era feliz no es en absoluto posible sólo con que los hombres la quieran desear, pero no tener, y todo individuo, cuando le tocan días buenos, aprende literalmente a pedir quietud y miseria. El destino de los hombres está proyectado para momentos felices –toda vida los tiene-, pero no para épocas felices. Pese a ello, siguen éstas persistiendo en la fantasía del hombre como 'el allende las montañas', como legado de los ancestros; pues indudablemente, desde tiempo inmemorial se ha tomado prestado el concepto de la época dichosa de aquel estado en que el hombre, tras violento esfuerzo de caza y en la guerra, se entrega al reposo, estira los miembros y oye agitarse en su derredor las alas del sueño. Es una deducción falsa del hombre imaginarse, conforme a ese viejo hábito, que después de períodos enteros de penuria y fatigas, puede ahora disfrutar también de este estado de felicidad con intensidad y duración correspondientes". Y también "Cuánta más bondad y felicidad habría entre los hombres si en adelante se concediesen el tiempo, la energía, las facultades, el dominio del corazón, el desprendimiento, que hasta aquí le han concedido a Dios. ¿Cuánta más? Tal vez de ningún modo en exceso". En otro aforismo dice: "Quien tiene mucha alegría debe ser un hombre bueno; pero tal vez no sea el más listo, aunque alcance precisamente aquello a que el más listo aspira con toda su listeza". Y en otro: "La serpiente que nos muerde cree hacernos daño y se alegra de ello; el más ínfimo animal puede imaginarse el dolor ajeno. Pero imaginarse la alegría ajena y alegrarse de ella es privilegio supremo de los animales supremos y entre éstos tampoco accesible más que a los ejemplares selectos, es decir, se trata de una rara cualidad humana (humanum); de modo que filósofos ha habido que han negado la alegría compartida". El siguiente constituye un pensamiento repetido en Nietzsche: "Los hombres del mundo antiguo sabían disfrutar mejor, nosotros sabemos afligirnos menos; aquéllos encontraban cada vez nuevos motivos para sentirse bien y celebrar fiestas, con toda su riqueza de sagacidad y reflexión, mientras que nosotros aplicamos nuestro espíritu a la solución de problemas que miran más a la ausencia de dolor, a la supresión de fuentes de disgusto. Por lo que a la existencia doliente se refiere, los antiguos trataban de olvidar o de desviar el sentimiento de una u otra manera hacia lo agradable; de modo que en esto buscaban paliativos como remedio, mientras que nosotros afrontamos las causas del sufrimiento y en conjunto preferimos actuar profilácticamente. Quizá no estemos sino construyendo los cimientos sobre los que hombres posteriores vuelvan a levantar el templo del gozo".

Y los niños, señor Nietzsche, ¿Son felices? Respuesta: "La dicha del niño es un mito tanto como la dicha de los hiperbóreos (el pueblo, según los griegos, que vivía más allá del viento septentrión) de la que contaban los griegos. Si la dicha mora en general en la tierra, opinaban éstos, entonces es a buen seguro que es lo más lejos posible de nosotros, acaso allá en el confín de la tierra. Lo mismo piensan las personas mayores: si el hombre puede ser en general dichoso, entonces a buen seguro que es lo más lejos posible de nuestra edad, en los límites y comienzos de la vida. Para no pocos hombres es el espectáculo de los niños, a través del velo de este mito, la máxima dicha de la que pueden participar; ellos mismos entran en la antesala del reino de los cielos cuando dicen: 'dejad que los niños vengan a mí, pues suyo es el reino de los cielos' (Marcos). El mito del reino de los cielos de los niños es de alguna manera activo dondequiera que en el mundo moderno haya algo de sentimentalismo".

El papel que juega la ciencia en la felicidad es un punto interesante. En "El Gay Saber" dice Nietzsche ¿Qué? ¿La última meta de la ciencia es procurar al hombre el mayor placer posible y el menos displacer? ¿Qué ocurriría si ahora placer y displacer se les atase juntos con una cuerda de tal modo que si uno quisiera tener el máximo posible de uno, hubiese de tener también el máximo del otro? Y ¿qué quien quisiera aprender a 'saltar de júbilo', hubiera de estar dispuesto también a 'sufrir congoja hasta la muerte'? Y tal vez sean así las cosas. Los estoicos creían por lo menos que esto era así y eran consecuentes en cuanto aspiraban al mínimo placer para conseguir el mínimo displacer posible en la vida. (Si se pronunciaba la frase: 'el virtuoso es el más feliz', se consideraba propiamente un reclamo de la escuela para la gran masa, como también una exquisitez casuística para los exquisitos). Aún hoy podéis elegir: o el menor displacer posible, sencillamente ausencia de dolor –y en el fondo no podrían ya los socialistas y los políticos de todos los partidos prometerlo honradamente a sus gentes- o el mayor displacer posible como precio por el crecimiento de una plenitud de exquisitos placeres y alegrías que fueron hasta el presente costosos y raros. Si os decidís por lo primero, queréis reducir y disminuir así las dolencias de los hombres, pero también habéis de reducir y disminuir su capacidad de alegría. Con la ciencia se puede efectivamente fomentar tanto lo uno como lo otro. Acaso es más conocida la ciencia ahora debido a su poder para quitar al hombre sus alegrías y hacerlo más frío, más escultural y más estoico. Pero también podría descubrírsela como la gran portadora de dolor y tal vez se descubriera al mismo tiempo su fuerza contraria, su ingente poder de hacer encenderse nuevos mundos siderales de alegría".

"Peligro del muy feliz" titula Nietzsche su siguiente reflexión contenida en "El Gay Saber". "¡Quien no querría hacer posesión suya y que fuese su disposición: tener finos sentidos y gusto fino, estar acostumbrado a lo más exquisito y mejor del espíritu, tanto como al régimen alimenticio correcto y sencillo; disfrutar de un alma fuerte, intrépida y audaz; caminar por la vida con los ojos serenos y paso firme, dispuesto siempre hasta el último trance como para una fiesta, lleno de deseos hacia mundos y mares, hacia hombres y dioses no descubiertos; escuchar toda música festiva como cuando los hombres valientes, soldados y marinos, se toman un ligero descanso y expansión, cuando apurando hasta la última gota en el placer del instante sucumben a las lágrimas y a la entera pesadez purpúrea del afortunado! ¡Esto fue la felicidad de Homero! La situación de quien inventó sus dioses para los griegos: no inventó sus dioses para sí mismo. Pero que a nadie se le oculte que con esta felicidad de Homero en el alma es uno también la criatura bajo el sol más propensa a sufrir. Sólo a este precio se compra la concha más preciosa que las olas de la existencia han arrastrado hasta ahora a la orilla. Con su posesión se hace uno cada vez más sensible al dolor y al fin demasiado sensible. Una pequeña melancolía y asco bastarían al fin para quitar a Homero el gusto a la vida. Tenía un pequeño enigma insensato que le planteaban los jóvenes y no era capaz de acertar. ¡En efecto, los pequeños enigmas son el peligro de los afortunados!".

Es una mentira, dice Nietzsche, la teoría según la cual "toda felicidad surge primero con la anulación de la pasión y el silencio de la voluntad". Y recomienda: "Vive a escondidas para que puedas vivir para ti. Vive ignorante sobre lo que parece ser lo más importante en tu época. Coloca entre ti y hoy por lo menos la piel de tres siglos. Y para ti, las voces de hoy, el ruido de las guerras y revoluciones deben ser como un murmullo. También tu querrás ayudar, pero solamente a aquellos cuya necesidad comprendes plenamente, porque tienen contigo un mismo sufrimiento y una misma esperanza –a tus amigos y sólo del modo que te ayudas a ti mismo-, quiero hacerlos más animosos y resistentes, más sencillos y más alegres. Quiero que aprendan lo que ahora tan pocos entienden y menos que nadie los predicadores de la compasión, esto es, a alegrarse mutuamente".

UN VOLCAN

En su libro "Del Sentimiento Trágico de la Vida", Miguel de
Unamuno   polemiza con todas las filosofías y con la teología
tomista, racional, aristotélica, por no satisfacer los anhelos de la
persona individual de que la vida no se acabe con la muerte. Esto,
que exista algo después de esta vida, es lo único que, a juicio de
Unamuno, le da sentido a la existencia. Si todo se termina cuando
el hombre deja de respirar, entonces nada que hemos hecho tiene
sentido. Y hablando de la felicidad, dice que "una felicidad
corporal, de deleite, no sólo espiritual, no sólo visión, es lo que
apetecemos. Esa otra felicidad, esa beatitud racionalista, la de
anegarse en la comprensión, sólo puede... no digo satisfacer ni
engañar, porque creo que ni le satisfizo ni le engañó a un Spinoza.
El cual, al fin de su "Etica" establece que Dios se ama a sí mismo
con infinito amor intelectual; que el amor intelectual de la mente a
Dios es el mismo amor de Dios con que Dios se ama a sí mismo;
no en cuanto es infinito, sino en cuanto puede explicarse por la
esencia de la mente humana considerada en respecto de eternidad,
esto es, que el amor intelectual de la mente humana hacia Dios es
parte del infinito amor con que Dios a sí mismo se ama. Y después
de estas trágicas, de estas desoladoras proposiciones, la última del
libro todo, la cierra y corona esa tremenda tragedia de la "Etica",
nos dice que la felicidad no es premio de la virtud, sino la virtud
misma, y que no nos gozamos en ella por comprimir los apetitos,
sino que por gozar en ella podemos comprimirlos. ¡Amor
intelectual!, ¡amor intelectual! ¿Qué es eso de amor intelectual?
Algo así como un sabor rojo, o un sonido amargo, o un color
aromático o más bien, algo así como un triángulo enamorado o una
elipse encolerizada, una pura metáfora, pero una metáfora trágica.
Y una metáfora que corresponde trágicamente a aquellos de que

también el corazón tiene sus razones. ¡Razones de corazón!, ¡Amores de cabeza!, ¡Deleite intelectivo! ¡Intelección deleitosa!, ¡tragedia, tragedia y tragedia!

Unamuno, que caracteriza a Spinoza como "el más lógico y consecuente de los ateos, quiero decir de los que niegan la persistencia en el tiempo futuro indefinido de la conciencia individual, el más piadoso a la vez de ellos, dedicó la quinta y última parte de la "Etica" a dilucidar la vía que conduce a la libertad y a fijar el concepto de la felicidad. ¡El concepto! ¡El concepto y no el sentimiento! Para Spinoza la felicidad es un concepto y el amor a Dios un amor intelectual. Después de establecer que 'la mente no puede imaginarse nada ni acordarse de las cosas pasadas, sino mientras dura el cuerpo' –lo que equivale a negar la inmortalidad del alma, pues un alma separada del cuerpo en que vivió no se acuerda ya de su pasado, ni es inmortal ni es alma- procede a decirnos que la 'mente humana no puede destruirse en absoluto con el cuerpo, sino que queda algo de ella, que es eterno', y esa eternidad de la mente es cierto modo de pensar. Mas no os dejéis engañar; no hay tal eternidad de la mente individual. Todo es sub aeternitatis species, es decir, un puro engaño. Nada más triste, nada más desolador, nada más antivital que esta felicidad, esa beatitud spinoziana, que consiste en el amor intelectual a Dios, el cual no es sino el amor mismo de Dios, el amor con que Dios se ama a sí mismo. Nuestra felicidad, es decir, nuestra libertad, consiste en el constante y eterno amor de Dios a los hombres. Y todo para concluir con aquello de que la felicidad no es el premio de la virtud, sino la virtud misma. ¡Lo de todos! O dicho en plata: que de Dios salimos y a Dios volvemos; lo que, traducido al lenguaje vital, sentimental, concreto, quiere decir que mi conciencia personal brotó de la nada, de mi inconsciencia, y a la nada volverá. Y esa voz tristísima y desoladora de Spinoza es la voz misma de la razón. Y la libertad de que nos habla es una libertad terrible. Y contra Spinoza y su doctrina de la felicidad no cabe sino un argumento incontestable: el argumento ad hominem. ¿Fue feliz él, Spinoza, mientras para acallar su íntima infelicidad disertaba sobre la felicidad misma? ¿Fue él libre?... El, pobre judío intelectualista definidor del amor intelectual y de la felicidad, ¿fue feliz? Porque este y no otro es el problema. 'De qué te sirve saber definir la compunción, si no la sientes', dice el Kempis. Y, ¿de qué te sirve meterte a definir la felicidad si no logra uno con ello ser feliz? Aquí encaja aquel terrible cuento de Diderot sobre el eunuco que, para mejor poder escoger esclavas con destino al harén del sultán tomó lecciones de estética de un marsellés. A la primera lección, fisiológica, brutal y carnalmente fisiológica, exclamó el eunuco compungido: 'Está visto que yo nunca sabré de estética'. Y así es; ni los eunucos sabrán nunca estética aplicada a la selección de mujeres hermosas, ni los puros racionalistas sabrán ética nunca, ni llegarán a definir la felicidad, que es cosa que se vive y se siente, y no una cosa que se razona y se define".

Y en otra parte del mismo libro, Unamuno señala que "la congoja es algo mucho más hondo, más íntimo y más espiritual que el dolor. Suele uno sentirse acongojado hasta en medio de eso que llamamos felicidad y por la felicidad misma, a la que no se resigna y ante la cual tiembla. Los hombres felices que se resignan a su aparente dicha, a una dicha pasajera, creeríase que son hombres sin sustancia, o, por lo menos, que no la han descubierto en sí, que no se la han tocado. Tales hombres sueles ser impotentes para amar y para ser amados, y viven, en su fondo, sin pena ni gloria. No hay verdadero amor sino en el dolor, y en este mundo hay que escoger o el amor, que es el dolor, o la dicha. Y el amor no nos lleva a otra dicha que a las del amor mismo, y su trágico consuelo de esperanza incierta. Desde el momento que el amor se hace dichoso, se satisface, ya no desea y ya no es amor. Los satisfechos, los felices, no aman; duérmense en la costumbre, rayana en el anonadamiento. Acostumbrarse es ya empezar a no ser. El hombre es tanto más hombre, esto es, tanto más divino, cuanto más capacidad para el sufrimiento, o mejor dicho, para la congoja, tiene".

"Al venir al mundo dásenos a escoger entre el amor y la dicha, y queremos -¡pobrecillos!- uno y otra: la dicha de amar y el amor de la dicha. Pero debemos pedir que se nos dé amor y no dicha, que no se nos deje adormecernos en la costumbre, pues podríamos dormirnos del todo, y, sin despertar, perder conciencia para no recobrarla. Hay que pedir a Dios que se sienta uno en sí mismo, en su dolor".

"Eso que llaman los matemáticos un problema de máximos y mínimos, lo que también se llama ley de economía, es la fórmula de todo movimiento existencial, esto es, pasional. En mecánica material y en la social, en industria y en economía política, todo el problema se reduce a lograr el mayor resultado útil posible con el menor posible esfuerzo, lo más de ingresos con el menor gasto, lo más de placeres con lo menos de dolores. Y la fórmula, terrible, trágica, de la vida íntima espiritual, es: o lograr lo más de dicha con lo menos de amor o lo más de amor con lo menos de dicha. Y hay que escoger entre una y otra cosa. Y estar seguro de que quien se acerque al infinito del amor, al amor infinito, se acerca al cero de la dicha, a la suprema congoja".

Unamuno era un dragón que echaba fuego por las narices, por el corazón y por la cabeza. Era un volcán en dos patas. Sus opiniones en lo tocante a la felicidad son ciertas para este tipo de hombres de acción, extremadamente pasionales, que no pueden permanecer un segundo quietos. No somos todos así y, en consecuencia, sus opiniones no son aplicables a todos. Es claro que muchos son capaces de ser felices en la tranquilidad, sin dejar de ser pasionales. Para estos caracteres la paz no es sinónimo de muerte, de nulidad, de no ser. Viven con pasión en su tranquilidad, sin desperdiciar ni un minuto de su vida. Afirma Unamuno que Spinoza no fue feliz únicamente porque deduce de sus escritos que no creía en la vida después de la muerte. Si uno cree que no hay nada después de la muerte, tiene que ser infeliz, según el español. Un hombre, como Spinoza, que pasa su existencia completa pensando y escribiendo sus pensamientos, puede ser cualquier cosa menos un hombre infeliz. La felicidad, dicen otros, está precisamente en lo que hizo Spinoza, es decir, en arreglárselas para realizar, sin pausa, lo que le gusta. Era tanto lo que le apetecía a Spinoza filosofar, que sacrificó todo a dicho fin. ¿Cree alguien que una persona va a renunciar a todo por algo que lo hará infeliz? Por lo demás, Spinoza era un hombre honesto y, como vimos más arriba, no es creíble que mintiera cuando dice que una persona sana no piensa en la muerte. Es obvio que Unamuno no le cree, porque, como el mismo lo dice, los que no piensan como él, esto es, los que no se angustian por el tema de la trascendencia, los que no sienten anhelo de inmortalidad, de que la vida tenga algún fin, un sentido, o mienten o quieren engañar a los demás para engañarse a sí mismos.

UN CONDE

El conde Hermann de Keyserling, filósofo alemán amigo de
Ortega, también tiene algo que decir sobre la felicidad. En su obra
"El arte de la vida", hace ver que las personas "no pueden
encontrar una felicidad relativa sino viviendo conscientemente en
otro plano que el de la experiencia inmediata y profunda. Si se
escruta el fondo de las almas, ¿qué se descubre? No se encuentra
nunca esa satisfacción elemental que da el apaciguamiento de la
sed y del hambre de la vida, sino las desilusiones, disgustos,
rencores, resignaciones, mentiras conscientes, disfraces, comedias
en desarrollo o en proyecto que están casi siempre inventadas para
engañar a alguien; en el mejor de los casos se descubre la
confesión hecha a sí mismo que la vida es trágica. Digo en el mejor
de los casos porque la experiencia de lo trágico da al que la
experimenta esa satisfacción de amor propio que está ligado al
sentimiento de haber sido juzgado digno por el destino, de estar
mezclado a cualquier cosa grande, mientras que toda sumisión a lo
que es mezquino o bajo os degrada a vuestros propios ojos. Las
dificultades y adversidades de orden íntimo que forman la tela de
la vida de la inmensa mayoría de los hombres, intimidades que por
eso todo el mundo conviene tácitamente respetar en secreto,
representan para la conciencia subjetiva cierta cosa infinitamente
peor que casi todo lo que se divulga ante los tribunales. Desde el
punto de vista de los sujetos mismos casi todas las vidas que se
iniciaron, por poco que fuese su ambición, representan quiebres o
al menos fracasos. Y si la vida transcurrida, vista en grande como
lo hace la historia, parece ser un negocio menos malo y ofrece un
cuadro menos feo, es que ayudados por un egoísmo que huye de
toda impresión desagradable, por un lado, y por otro, gracias a la
eliminación real de los vencidos de la vida que casi siempre se

produce rápidamente, la mayoría no advierte a esos vencidos. Son justamente las medidas más crueles las que aparecen casi siempre, cuando más después de algunas décadas, legitimadas por sus consecuencias, porque aquellos a quienes hirieron ya no están allí para protestar. Toda la historia que se enseña ha sido escrita por los vencedores".

Keyserling afirma que la vida íntima es, por regla general, difícil y dura. "En esas condiciones no es sino natural que el hombre aproveche y aún que abuse, para soportar la vida, de esa facultad instintiva que Jules de Gaultier llama la facultad principal del hombre: el bovarismo o el poder de creerse lo que no es. Desde Adán y Eva el hombre, a fin de no señalar la realidad penosa, inventó y cultivó ese arte de la disimulación que es hoy no sólo el arte mejor practicado, sino probablemente el único arte que los humanos ejercen de una manera verdaderamente consumada. Este arte, altamente creador en su plano, permite introducir en la vida substitutos substanciales de felicidad; lo permite, en primer lugar, gracias al hecho que el hombre no se ve a sí mismo sino en el espejo que es la representación. En consecuencia, la opinión de los demás, la aceptación de convenciones irrealizables o transfigurantes, de mitos falsificadores, entre los cuales el que define la felicidad verdadera en función de ocultar la pérdida de las ilusiones es sin duda la más hábil, pueden de hecho crear una apariencia de felicidad que disfraza la realidad a los ojos de la conciencia. Sin embargo, en su profundidad inconsciente, nadie se engaña realmente con esos manejos y expedientes. De aquí esa manía del trabajo y de la ocupación sin tregua, que es tanto más señalada mientras más optimismo afectan los hombres. Los seres menos desgraciados de la humanidad media son probablemente esas mujeres que encuentran una suavidad en el dolor que ellas confiesan. El cuadro de la vida humana normal que acabamos de bosquejar corresponde bien a la regla general. Y sin embargo, no hay hombre que sea sincero y profundo a la vez que sienta que debería haber una mejor solución a la vida que disimular y resignarse. En nuestro fuero interno albergamos todos esta fe que la felicidad debería ser privilegio de todo el mundo. De aquí nuestra tendencia profundamente enraizada para mejorar el mundo".

Luego de destacar que el hombre no encuentra en la naturaleza su medio natural, a diferencia de los animales que sí hallan allí un estado de equilibrio perfecto, Keyserling indica que el hombre "es impulso hacia el ideal, hacia lo espiritual. En esta tendencia la naturaleza lo limita y obstaculiza. La libertad no es capaz de vencer estas resistencias. De modo que la cuestión de la felicidad está mal planteada. Es no sólo práctica, sino lógicamente imposible que el hombre pueda alcanzar la felicidad abandonándose a la pendiente natural de la vida. La creencia corriente de que si todos los deseos pudieran ser satisfechos, todo sería y concluiría bien, es el gran error, el error original del hombre pensante. Porque lo verdadero es exactamente lo contrario de esa creencia".

Como el espíritu es el centro vital del hombre, agrega Keyserling, el hombre debe, cual un artista, crear un arte de la vida. No ese arte de la vida que consiste en la disimulación y la mentira, sino aquel por el cual se revela la verdad más profunda del espíritu. "De modo que mientras no exista un estado del alma y del espíritu que permita dominar y moldearse una materia de experiencia mucho más vasta de la que jamás se ofreciera a nuestros antepasados, la infelicidad y no la felicidad humana aumenta en razón directa del pretendido progreso, es decir, del despertar de la conciencia, de la accesibilidad del saber y del ensanchamiento del radio de acción posible. Está desde ahora probado que el saber y la ciencia por sí mismos no constituyen un remedio".

Dicho esto, Keyserling se pregunta "¿Cuáles son los verdaderos

felices y bienaventurados entre los hombres? La respuesta no
ofrece duda. Son los que han vencido, domado y dominado desde
el interior las condiciones exteriores, si no muy duras, al menos
muy difíciles. El prototipo del bienaventurado sobre la tierra es el
Santo", dice Keyserling, quien, a través de razonamientos
diferentes, vino a dar en lo mismo que dijera un siglo antes el ya
mencionado Arturo Schopenhauer. Lo que hace el santo, dice
Keyserling, es dominar lo que él llama "gana" y Schopenhauer
"voluntad", de modo que el santo lo que hace es vivir desde el
espíritu y no desde la gana. El santo logra la espiritualización
completa de la vida, logro que es siempre producto de un esfuerzo.
Así entonces, dice Keyserling, se comprende porqué nunca ha
habido santo auténtico que no haya estado resplandeciente de gozo
y muchos lo han sido en medio de las peores torturas. "Es que el
gozo es la emoción propia de la vida completamente
espiritualizada, así como el miedo, el hambre, la inquietud y la
tristeza son las emociones propias de la vida de la gana o de una
vida determinada por ella. En el santo ninguna manifestación vital
que puede contar para la conciencia moral es abandonada a sus
inclinaciones naturales. Todo movimiento está regido por un
principio espiritual que penetra todo".

Se entiende que no por santo el santo es feliz, sino por haber
logrado dominar las "ganas", la voluntad, el querer irracional y sin
límite que nos domina a todos y que vive dependiente del mundo
material externo, que es su alimento. Ahora, la forma de ser del
santo, su carácter, es consecuencia de lo anterior. En el ejemplo
que dábamos más arriba, de que en ocasiones de mucho
sufrimiento nuestra voluntad, nuestro desear, nuestra "gana"
desaparece, el hombre logra un estado similar al del santo, puesto
que nada es capaz de irritarlo, quiere a todo el mundo por igual y
queda en condiciones de poner todo su ser, incluyendo sus bienes,
a disposición del prójimo. Como dice Keyserling, el egoísmo, el

miedo, la tristeza, son las emociones propias de la vida de la "gana", del deseo descontrolado, o de una vida determinada por ella. Al controlar la "gana", o la voluntad de Schopenhauer, se acaba el egoísmo, el miedo, la tristeza, en suma la infelicidad.

ORTEGA Y GASSET

Volvamos Ahora con más calma a Ortega y Gasset. Ante la pregunta sobre qué es la felicidad, el filósofo español responde en un ensayo publicado en El Espectador: "La felicidad consiste en encontrar algo que nos satisfaga completamente. Mas, en rigor, esta respuesta no hace sino plantearnos dos series de nuevos problemas. Por una parte, tendremos que preguntarnos en qué consiste ese estado subjetivo de plena satisfacción. Por otra, qué condiciones objetivas habrá de tener algo para conseguir satisfacernos". Luego, cita a Mérimée, quien dice que la felicidad es como una gana de dormir. "He aquí un pensamiento donde se obtiene un lado de la verdad a costa de todos los demás. El sueño se opone a la vigilia como la inacción a la actividad. ¿Tiene sentido que hagamos consistir la felicidad de la vida en un no vivir? Claro es que no". En una frase intercalada, puesta entre guiones, el filósofo pregunta si acaso hay otro asunto más importante que la felicidad.

Pero sigamos con Ortega. "No podemos ver nada claro en este sublime asunto de la felicidad –agrega Ortega– si no comenzamos por advertir que frente a las cosas es el sujeto una pura actividad. Llámese alma, conciencia, espíritu o como se quiera, eso que somos consiste en un haz de actividades, de las cuales unas se ejecutan y otras aspiran a ejercerse. Consistimos, pues, en un potencial de actos: vivir es ir dando salida a ese potencial, es ir convirtiéndolo en actuación. Dicho de otra manera: somos un poder ver, un poder gustar y oír, un poder recordar, un poder entristecernos y alegrarnos, llorar o reír, un poder amar y odiar, imaginar, saber, dudar, creer, desear y temer. ¿Cómo es posible que imaginemos la felicidad con el semblante del sueño, que es la negación de todo eso? El mismo Mérimée no dice que sea como el sueño, sino como la gana de dormir, y esta gana es ya una voluntad, un deseo, bien que de apagarse y sumirse en la nada. Alude, pues, a ese estado intermedio en que de la vigilia pasamos al sueño. En tales momentos parecen haberse borrado de nuestro espíritu todos los impulsos que lo constituyen: sólo queda uno en pie y es precisamente el deseo de ese dulce aniquilamiento. Y como en cada estadio de la situación va cumpliéndose mejor ese deseo, única actividad que nos queda, crece éste de una manera progresiva, va siendo un deseo, cada vez mayor, de más complejo apagamiento, de total desaparición. Y en el instante preciso de dormirnos llega a su extremo esa actividad de anhelar nuestro propio desvanecimiento".

"Estas consideraciones llevan, creo yo, a una idea más adecuada del mecanismo de la felicidad. Se suele cometer el error de creer que ésta radica en la satisfacción de nuestros deseos, como si los deseos constituyeran toda nuestra personalidad". En una nota al pie luego de este párrafo, Ortega señala que "el origen de este error es patente. La felicidad es un objeto vago, indefinido, hacia el cual se dirige constantemente un deseo integral y difuso que emana de nosotros. De esto a imaginar la misma felicidad deseada como un deseo satisfecho no hay más que un paso. Yo diría que la consecución de lo deseado es la forma particular de ser felices nuestros deseos, pero no la felicidad de nuestro ser entero". Hasta aquí la nota. Luego sigue Ortega señalando que "Conducía esta opinión a hacer depender nuestra ventura de la obtención de cosas externas a nosotros mismos, con lo cual resulta inexplicable el caso tan frecuente de hombres afortunados, como Salomón, cuyos deseos se colman y que, sin embargo, se consumen de infelicidad".

"En modo alguno puede ser ése el papel que las cosas representan en nuestra dicha. No como poseídas u obtenidas contribuyen a hacernos felices, sino como motivos de nuestra actividad, como materia sobre la cual ésta se dispare y de mera potencia pase a ejercicio. Cuando pedimos a la existencia cuentas claras de su sentido no hacemos sino exigirle que nos presente alguna cosa capaz de absorber nuestra actividad. Si notásemos que algo en el mundo bastaba a henchir el volumen de nuestra energía vital nos sentiríamos felices y el universo nos parecería justificado. ¿Puede hacer eso la ciencia o el arte o el placer? Todo depende que esas cosas dejen o no en nosotros porciones de vitalidad vacantes, inejercidas o como en bostezo".

"Aquí está, aquí está el origen de la infelicidad. ¿Quién que se halle totalmente absorbido por una ocupación se siente infeliz? Este sentimiento no aparece sino cuando una parte de nuestro espíritu está desocupada, inactiva, cesante. La melancolía, la tristeza, el descontento son inconcebibles cuando nuestro ser íntegro está operando. Basta, en cambio, que nuestra actividad se haga un calderón para que asciendan del espíritu quieto esas emociones de desazón, de desamparo y vacío infinito. Entonces advertimos el desequilibrio entre nuestro ser potencial y nuestro ser actual. Y eso, eso es la infelicidad".

Más adelante Ortega indica que "cuando menor sea la expansión de nuestras actividades, en mayor grado seremos espectadores de nosotros mismos. Y el espectáculo que se nos ofrece es nuestro yo atado como un Prometeo que pugna por moverse y no lo logra; nuestro yo convertido en puro anhelo, en propósitos irrealidades, en tendencias paralíticas y conatos deprimidos. Si en los momentos de infelicidad, cuando el mundo nos parece vacío y todo sin sugestiones, nos preguntan qué es lo que más ambicionamos, creo yo que contestaríamos: salir de nosotros mismos, huir de ese espectáculo del yo agarrotado y paralítico. Y envidiamos los seres ingenuos, cuya conciencia nos parece verterse íntegra en lo que están haciendo, en el trabajo de su oficio, en el goce de su juego o de su pasión. La felicidad es estar fuera de sí, pensamos. De lo que llevo dicho se desprende que en ese estar fuera de sí consiste precisamente el vivir espontáneo, el ser, y que, al entrar dentro de sí, el hombre deja de vivir y de ser y se encuentra frente a frente con el lívido espectro de si mismo. Los lamentos de acedía que salen de todas las literaturas románticas son los ladridos de la sensibilidad, irritada como un can, ante ese espectro que es el propio espíritu inactivo".

"La vida asiática –dice Ortega en su libro "El tema de nuestro tiempo"- culmina con el budismo: es éste la forma clásica, la fruta madura del árbol de Oriente. Con la claridad, sencillez y plenitud propias a todo clasicismo, expresa en él el alma asiática sus radicales tendencias. ¿Y qué es la vida para el Buda? Con penetrante mirada sorprende Gautama la esencia del proceso vital y lo define como una sed. La vida es sed, es ansia, es afán, deseo. No es lograr, porque lo logrado se convierte automáticamente en punto de arranque para un nuevo deseo. Mirada así la existencia, torrente de sed insaciable, aparece como un puro mal y tiene sólo un valor absolutamente negativo. La única actitud razonable ante ella es negarla. Si Buda no hubiese creído en la doctrina tradicional de las reencarnaciones, su único dogma hubiese sido el suicidio. Pero la muerte no anula la vida: el sujeto personal transmigra a existencias sucesivas, prisionero de la rueda eterna que gira loca, impulsada por la sed cósmica. ¿Cómo salvarse de la vida, cómo burlar la cadena sin fin de los renacimientos? Eso es lo único que debe preocupar, lo único que en la vida puede tener valor: la huida, la fuga de la existencia, la aniquilación. El sumo bien, el valor supremo que Oriente opone al sumo mal del vivir es precisamente el no vivir, el puro no ser del sujeto. Nótese como la sensibilidad del asiático es en su raíz última de signo inversa a la europea. Mientras ésta imagina la felicidad como una vida en plenitud, como una vida que fuese lo más vida posible, el afán más vital del indo es dejar de vivir, borrarse de la existencia, sumirse en un infinito vacío, dejar de sentirse a sí mismo. Así dice el iluminado: 'Como el enorme mar del universo sólo tiene un sabor, el sabor a sal, así la doctrina entera sólo un sabor tiene: el sabor a la salvación'. Y esta salvación consiste en la extinción, nirvana, parinirvana. El budismo proporciona la táctica para conseguirla, y el que ejercita sus preceptos logra dar a la vida un sentido que por sí no tiene: la convierte en un medio de anularse a sí misma. La vida budista es un 'sendero', una ruta hacia la aniquilación de la vida... El cristiano no es pesimista como Buda, pero, en rigor, tampoco es un optimista de lo terrenal. El mundo le es, por lo pronto, indiferente. Lo único que para el hombre tiene valor es la posesión de Dios, la beatitud, que sólo se logra más allá de esta vida, en una existencia posterior que es otra vida, la vita beata... Si estimamos la vida por lo que ella es, si la afirmamos por sí misma, nos apartamos de Dios, único valor verdadero. En tal caso es la vida un mal incalculable, es un puro pecado. Porque la esencia de todo pecado consiste para el cristiano en que tributamos a nuestra carrera mundanal estimación. Ahora bien, en el deseo, en el placer va incluida una tácita y honda aquiescencia a la vida. Por eso el cristianismo hace del deseo de placeres, de la cupiditas, el pecado por excelencia... Lo temporal es una fluencia de miserias que se ennoblece al desembocar en lo eterno. Esta vida es buena sólo como tránsito y adaptación a la otra. En lugar de vivirla por ella misma, debe el hombre convertirla en un ejercicio y entrenamiento constante para la muerte, hora en que comienza la vida verdadera", termina Ortega.

La princesa María, en "La Guerra y la Paz", profundamente católica, la presenta Tolstoi de la siguiente manera: "Andrés (su hermano) y la religión eran el consuelo y la alegría de la princesa. Pero, por otra parte, así como todo el mundo tiene necesidad de esperanzas personales, en el fondo del alma de la princesa María se ocultaba un sueño, una esperanza que constituía el principal consuelo de su vida. Este sueño consolador, esta esperanza se la habían comunicado los pobres, los inocentes y los peregrinos que iban a su casa a hurtadillas del príncipe. Cuantos más años pasaban, más la vida la ponía a prueba, más se admiraba de la ceguera de los seres humanos que buscan aquí en la tierra el placer y la felicidad, que trabajan, que sufren, que luchan, que se hieren los unos a los otros para alcanzar esta felicidad imaginaria, imposible y perniciosa. El príncipe Andrés amaba a su esposa; ella ha muerto; esto no basta, quiere encontrar la felicidad en otra mujer. Mi padre no quiere porque desea que su hijo haga una boda más brillante, más rica. Y todos luchan, se atormentan, pierden su alma para obtener un bien efímero. Cristo, el hijo de Dios, vino a la tierra y nos ha dicho que esta vida no es más que un corto momento, una prueba, y, sin embargo, nos empeñamos en encontrar en él la felicidad. ¿Cómo es posible que nadie lo comprenda?".

La princesa María se imaginaba entregada a Dios, "sin amor terrenal, sin deseos, y así hasta el fin, allá donde no hay tristezas ni suspiros, sino la dicha, la beatitud eterna. 'Llegaré a un lugar, rezaré; todavía no habré tenido tiempo de acostumbrarme a aquel sitio, de amarlo, cuando marcharé más lejos aún, hasta que las piernas se me doblen; iré a morir quién sabe dónde y finalmente llegaré a aquel asilo eterno y tranquilo, donde no hay ni tristezas ni gemidos', pensaba".

CHINA Y EL ORIENTE

En el contexto de una apreciación muy global sobre la sabiduría ancestral que exhibe Oriente y Occidente en las formas de enfrentar la vida -de pararse frente a la naturaleza y el prójimo-, la mayoría de los observadores suelen concordar en que las tradiciones del Oriente entregan a sus hijos mejores herramientas para ser feliz. Esto, reitero, dicho así en términos muy generales, porque si uno observa desde fuera, sin entrar en la intimidad del hombre oriental, el estilo de vida que uno ve llevan hoy los coreanos del sur, o los japoneses, o los habitantes de algunas ciudades chinas, la verdad es que ya no se advierten muchas diferencias entre Occidente y Oriente. Desde este punto de vista, entonces, la globalización ha jugado en contra de la felicidad, al ir, de apoco, apagando y extinguiendo las milenarias costumbres que ayudaban a las personas a desmentir la tradición cristiana-occidental de que este mundo, por oposición al del más allá, al celestial, no es más que un "valle de lágrimas". Con todo, no resulta aventurado suponer que a pesar de los profundos cambios que se registraron en el Lejano Oriente en el siglo XX, aún permanecen en los senos profundos del espíritu de esos hombres y mujeres las huellas de hermosas y sabias costumbres.

Los pueblos orientales desarrollaron, con los siglos, una sensibilidad muy especial para gozar y disfrutar de lo que nosotros solemos llamar las cosas simples de la vida. Las amistades, la comida, la naturaleza, el parentesco dieron siempre pábulo al cultivo de muy finos y refinados deleites, frente a los cuales las costumbres occidentales aparecían como extremadamente rudas, toscas y primitivas. Un ejemplo puede ilustrar mejor el punto. Los chinos son muy aficionados al incienso y han hecho de su aplicación todo un arte. El objetivo final es que el amigo, la pareja o el visitante en general, sienta, al entrar en nuestra casa, un aroma agradable, tenue, casi imperceptible y de imprecisa procedencia. Pues bien, compárese lo anterior con las bombas lacrimógenas que acostumbran a usarse en Chile; palos humeantes que envician el aire y hasta provocan tos e irritación de ojos. Lo mismo se puede decir con respecto a muchas otras cosas.

En general, hablaremos aquí de los chinos, en el entendido de que su cultura, filosofía y religión se esparció por todos los rincones del Oriente, transfiriendo a cada uno de esos pueblos, si no todos, algunos de los componentes más importantes. Sin ser lo mismo, la posición de los pensadores chinos frente al mundo es comparable al estoicismo occidental. Su preocupación fundamental era hacer lo más agradable posible la existencia de la persona, sin inquietarse por las preguntas que quitaron el sueño a los filósofos de la Grecia de Platón, Sócrates y Aristóteles, principalmente referido al ser de las cosas y del hombre. Es probable que aquí también pueda aplicarse la tesis de Isaiah Berlin de que en Grecia el pensamiento desembocó en el estoicismo debido a la pérdida de la democracia. Es claro que cuando los pensadores empiezan a preguntarse por el ser de las cosas, y, sobre todo, por el ser del hombre, es como abrir la caja de Pandora. Comienzan a surgir asuntos, como la libertad del ser humano, por ejemplo, que no son aceptables para las tiranías. Y los pensadores orientales no conocieron nunca la democracia, no contaron con la libertad que se precisa para que las ideas y los análisis emprendan vuelo hacia los más profundos misterios de la vida y se desprendan de los temas contingentes, ligados más bien a la sabiduría de cómo sobrellevar lo mejor posible la diaria existencia.

El año 1940, decía Lin Yutang en su libro "La Importancia de Vivir", que "no sé si eventualmente se juntarán Oriente y Occidente; lo cierto es que ya se están encontrando, y se encontrarán más y más estrechamente a medida que se extienda la civilización moderna, con el aumento de facilidades de comunicación. En su momento habrá que resolver el problema de cómo llegaremos a fundir estas dos culturas, la antigua filosofía china de la vida y la moderna civilización tecnológica, e integrarlas de forma tal que sirvan para una mejor vida".

"El filósofo chino –dice Lin Yutang- sueña con ojo abierto, considera la vida con amor y dulce ironía, mezcla su cinismo con una bondadosa tolerancia, y alternativamente despierta del sueño de la vida y vuelve a adormecerse, pues se siente con más vida cuando está soñando que cuando está despierto, con lo cual inviste a su vida de una cualidad de mundo de ensueños. Ve con un ojo cerrado y otro abierto la inutilidad de mucho de lo que ocurre a su alrededor y de sus propias empresas, pero conserva suficiente sentido de la realidad para decidirse a seguir adelante. Rara vez se desilusiona, porque no tiene ilusiones, y rara vez se decepciona, porque nunca ha tenido esperanzas extravagantes. De esta manera está emancipado su espíritu. Porque después de recorrer el campo de la literatura y de la filosofía china, llego a la conclusión de que el más alto ideal de la cultura china ha sido siempre un hombre con sentido de desapego hacia la vida, basado en un sentido de sabio desencanto. De este desapego viene el alto espíritu que nos permite ir por la vida con tolerante ironía y escapar a las tentaciones de fama y riqueza y logro, y eventualmente nos hace aceptar lo que venga. Y de ese desapego surge también un sentido de libertad, un amor por el vagabundeo y el orgullo y la despreocupación. Sólo con ese sentido de libertad y esta despreocupación llega uno eventualmente a la aguda, a la intensa alegría de vivir".

Yutang destaca también el intenso realismo del hombre oriental, en que su principal función es "la eliminación de todos los factores no esenciales en la filosofía de la vida; significa tener a la vida por el cuello, por temor a que las alas de la imaginación la lleven a un mundo imaginario y posiblemente hermoso, pero irreal. Y, al fin y al cabo, la sabiduría de la vida consiste en la eliminación de lo no esencial, en reducir los problemas de la filosofía a unos pocos solamente -el goce del hogar (la relación entre hombre, mujer y niño), de la vida, de la naturaleza y la cultura- y en echar por la puerta a todas las demás disciplinas científicas y sin importancia, a la inútil persecución del conocimiento. Así, los problemas de la vida se hacen asombrosamente pocos y sencillos. Significa también una impaciencia frente a la metafísica y a la búsqueda de conocimientos que no conducen a ningún efecto práctico sobre la vida misma. El fin de la vida no es ninguna entidad metafísica, sino tan sólo vivir".

Y puntualiza, "¡Cómo resplandece un espíritu chino después de un buen festín! ¡Cuán fácil es que proclame la hermosura de la vida cuando están bien llenos su estómago y sus intestinos! De este estómago bien lleno se desprende e irradia una felicidad que es espiritual. El chino confía en el instinto y su instinto le dice que cuando está bien el estómago, todo está bien. Por eso es que adjudico a los chinos una vida más próxima al instinto y una filosofía que hace posible un más amplio reconocimiento de él. La idea china de la felicidad es estar 'tibio, bien lleno, a oscuras y dulce', con referencia a la condición de ir a la cama después de una buena cena. Por esta misma razón, dice un poeta chino: 'Un estómago bien lleno es en verdad una gran cosa; todo lo demás es lujo'".

"El único problema que todos los filósofos chinos presuponen, inconscientemente, que tiene alguna importancia es: ¿Cómo gozaremos de la vida, y quién puede gozar mejor de la vida? Nada de perfeccionismo, nada de bregar por lo inasequible, nada de postular lo incognocible; nada de eso, sino tomar la pobre, la mortal naturaleza humana tal como es, y ver cómo organizaremos nuestra vida para poder trabajar pacíficamente, soportar noblemente y vivir con felicidad".

"La cuestión que afronta a todos los hombres nacidos en este mundo no es la de cuál debe ser su propósito, qué debe tratar de lograr, sino, apenas, qué hacer con la vida, una vida que se le da por un período de, digamos, cincuenta o sesenta años. La respuesta de que debe ordenar su vida de manera de poder encontrar la mayor felicidad en ella, es más una cuestión práctica, similar a la de cómo debemos pasar un fin de semana, que una proposición metafísica en cuanto a cuál es el propósito místico de su vida en el plan general del universo". A juicio de este pensador "toda felicidad humana es felicidad biológica. Esto es estrictamente científico. A riesgo de ser mal interpretado, lo diré con mayor claridad: toda felicidad humana es sensoria. ¿En este problema de lograr la felicidad hemos de ser engañados por los espiritualistas, y admitir que la verdadera felicidad es solamente la felicidad del espíritu? La felicidad, para mí, es en gran parte cuestión de digestión".

"Vayamos a los hechos –dice- y analicemos cuáles son los momentos verdaderamente felices de nuestra vida. La felicidad es muy a menudo negativa: la completa ausencia de pesares o mortificaciones o dolores físicos. Pero la felicidad puede ser también positiva, y entonces la llamamos alegría. Para mí, por ejemplo, los momentos verdaderamente felices son: cuando me levanto por la mañana después de una noche de perfecto sueño y aspiro el aire matinal y una expansibidad en los pulmones, que me inclina a inhalar hondamente, y siento una bella sensación de movimiento en torno a la piel y los músculos del pecho, y cuando, por ende, estoy bien para trabajar". Yutang puntualiza que le cuesta mucho separar los goces físicos de los espirituales. Por ejemplo –

dice-, "¿Ama alguien espiritualmente a una mujer sin amarla físicamente? Y, ¿es cosa tan fácil para un hombre analizar y separar los encantos de la mujer que ama, como una risa, sus sonrisas, la forma que tiene de ladear la cabeza, cierta actitud hacia las cosas? Tengo la sospecha de que la razón por la cual cerramos voluntariamente los ojos a este mundo, glorioso, vibrante con su propia sensualidad, es la de que los espiritualistas nos han llevado a temer los sentidos. Un tipo más noble de filosofía debería restablecer nuestra confianza en este hermoso órgano receptor que tenemos, y que llamamos cuerpo, y desterrar primero el desprecio por nuestros sentidos, y después el temor a nuestros sentidos. A menos que estos filósofos puedan sublimar la materia y esterilizar nuestro cuerpo, para convertirlo en un alma sin nervios, sin sabor, sin olfato y sin sentido del color y del movimiento y del tacto, y a menos que estemos prontos para hacer lo mismo que los hindúes que se mortifican la carne, debemos enfrentarnos valientemente con lo que somos. Porque sólo una filosofía que reconozca la realidad puede conducirnos a la verdadera felicidad, y sólo esa clase de filosofía es buena y sana".

En Oriente es difícil distinguir entre la filosofía y la religión. El budismo, el taoísmo y el confucianismo están, de una u otra forma, en la raíz de todo el pensamiento oriental. El taoísmo, de carácter panteísta, concibe el tao (camino) como el principio espiritual y material creador y ordenador del mundo. La norma ética fundamental es el no perturbar su acción. En el terreno práctico propugna la vida contemplativa y la supresión de todo deseo, coincidiendo en esto con el budismo. En este punto, el taoísmo calza plenamente con la filosofía de Schopenhauer, quien, como ya vimos, atribuye la infelicidad del hombre a la inclemente voluntad, al deseo irrefrenable y permanente de cualquier cosa, que no da respiro ni tregua. La persona, no bien consigue al fin lo que desea, cuando nuevamente surge otro apetito, y así en una cadena sin fin.

De modo que la supresión de todo deseo conduce a la felicidad, dice el taoísmo. Su finalidad es prolongar la vida, concebida como un bien. El taoísmo se caracteriza por su contribución particular a la creación del temperamento ocioso, al reconocer que no existen cosas tales como la suerte y la adversidad. La enseñanza taoísta por excelencia es la de acentuar el ser sobre el hacer, el carácter sobre los logros, y la calma sobre la acción. Pero la calma interna sólo es posible cuando el hombre no está perturbado por las vicisitudes de la fortuna.

El filósofo taoísta Liehtsé, como es muy común entre los sabios orientales, explica esta filosofía de la vida a través de una parábola, la del Anciano del Fuerte. Un anciano vivía con su hijo en un fuerte abandonado en la cumbre de una colina, y un día perdió un caballo. Los vecinos llegaron a expresar su pesar por este infortunio y el anciano preguntó: ¿Cómo sabéis que es mala suerte? Pocos días más tarde volvió su caballo con una cantidad de caballos salvajes, y esta vez vinieron sus vecinos a felicitarle por esta muestra de fortuna, y el anciano respondió: ¿Cómo sabéis que es buena suerte? Con tantos caballos a su alcance, el hijo empezó a cabalgar en ellos, y un día se fracturó una pierna. Otra vez llegaron los vecinos a expresar sus condolencias y el anciano respondió: ¿Cómo sabéis que es mala suerte? Al año siguiente hubo una guerra y porque el hijo del anciano estaba lisiado no tuvo que ir al frente.

"Evidentemente –dice Yutang- esta filosofía permite al hombre soportar unos cuantos golpes duras en la vida, con la creencia de que no hay golpes duros sin sus ventajas. La posibilidad de la calma, el poco gusto por la acción y el movimiento por sí mismo, y el desprecio del buen éxito y de las realizaciones se hacen posibles con esta filosofía que dice 'nada importa a un hombre que dice que nada importa'. El deseo de un triunfo muere a manos de la corazonada de que el deseo de triunfo significa casi lo mismo que el temor del fracaso. Cuantos más triunfos ha conseguido un hombre, tanto más teme su caída. Las ilusorias recompensas de la fama se ven puestas frente a las tremendas ventajas de la oscuridad. Desde el punto de vista taoísta un hombre educado es el que cree que no ha triunfado cuando ha triunfado, pero no está tan seguro de haber fracasado cuando fracasa, en tanto que la marca del hombre semi educado es su presunción de que sus triunfos y fracasos son absolutos y reales". La distinción entre el taoísmo y el budismo es que mientras para este último la meta es no necesitar nada, la del taoísta es no ser necesitado para nada. Sólo los individuos despreocupados, que no son necesitados por el público, pueden ser felices.

El budismo tiene sus orígenes en las creencias y prácticas que surgieron en el norte de la India en torno a la figura y la predicación de Buda, su fundador, en el siglo VI antes de Cristo. Curiosamente, alrededor de igual fecha surgen también el confucianismo y el taoísmo. El término budismo fue acuñado en el siglo XVII por europeos que tomaron contactos con esos cultos. Buda, un personaje histórico, tras una serie de pruebas y una etapa de retiro y meditación, alcanzó la iluminación y el supremo conocimiento. Buda significa en sánscrito "despierto", "vigilante". La doctrina de Buda defiende el concepto de "anatta", la negación del yo. No hay un yo permanente -puesto que nada es permanente, todo es vacío-, sino una serie de agregados (corporeidad, sensaciones, percepciones, formaciones mentales y consciencia), que se combinan de modo transitorio y temporal. Mantiene el hinduismo la creencia en las reencarnaciones. Replantea el papel del hombre en el mundo a partir del concepto de dolor, que sirve de marco a las "cuatro verdades nobles" expuesta en el Sermón de Benarés. La primera verdad es que en el mundo todo es dolor y sufrimiento. La segunda es que la causa del dolor es el deseo, puesto que todo deseo provoca karma (una retribución de los actos) y hace girar la rueda de las reencarnaciones. La tercera verdad es que, suprimir el deseo es eliminar el dolor, liberarse del karma y de las reencarnaciones. Y la cuarta es el camino de sabiduría que lleva al nirvana, esto es, a la extinción de todo deseo, hasta de vivir, y que disuelve el karma. Para recorrer este camino se necesita primero tener una comprensión justa, pensamiento justo, palabra justa, acción justa, medio de existencia justo, esfuerzo justo, atención justa y concentración justa. Confucio (Kong fu zi), filósofo y político chino, nació en el siglo VI antes de Cristo. El confucianismo desarrolla la preocupación humanista de Confucio, centrada en la idea del hombre moralmente superior y de una sociedad bien ordenada. Confucio recogió, en parte, las tendencias humanistas de su tiempo, que vio la sustitución del dios tribal y antropomórfico por un Cielo universal e imparcial. Preconiza el ideal de hombre sabio, humano y animoso, impulsado más por la justicia que por su beneficio personal.

El paso siguiente en el confucianismo fue dado por Mencio (siglo IV antes de Cristo), quien afirma que la naturaleza del hombre es originalmente buena y contrapone el amor a las cosas concretas al amor universal. El confucianismo se convirtió el año 136 antes de Cristo en ideología oficial del Estado. De Confucio emana el famoso yang y yin. El hombre y todas las manifestaciones de la naturaleza son una manifestación del espíritu. Este espíritu, como toda la vida en el universo, es producido por la unión del principio masculino, activo, positivo o yang, y el principio femenino, pasivo, negativo o yin, lo cual, según Yutang, "no es más que una conjetura afortunada y sagaz sobre la electricidad positiva y negativa. El punto de vista confucionista –añade- supone que todos los hombres y las mujeres tienen pasiones, deseos naturales y nobles ambiciones, y también una conciencia; tienen sexo, hambre, temor, enojo y están sujetos a enfermedades, dolores, sufrimientos y muerte. El confucianismo indica que la cultura consiste en producir en armonía la expresión de estas pasiones y que viviendo en armonía con esta naturaleza humana que se nos ha dado, podemos llegar a tener una vida agradable. Los budistas, en cambio, consideran los deseos de la carne esencialmente como los cristianos, es decir, como una molestia de la que hay que librarse". En general, el confucianismo aconseja ser razonables, esto es, no esperar demasiado ni muy poco de la vida. "El hombre está colocado entre el cielo y la tierra, entre el idealismo y el realismo, entre pensamientos elevados y pasiones bajas". Tal es, dice Yutang, "la esencia misma de la humanidad".

EL ARROJADO

José Ortega y Gasset, Martin Heidegger y Jean-Paul Sartre tienen en común el haber creado y dado forma a una nueva ontología, que se basa en el hombre viviendo en el mundo, existiendo, esto es, amando, llorando, invirtiendo en la Bolsa, etcétera. Si bien Heidegger, en su libro "Ser y Tiempo", fue el primero que dio una presentación ordenada y sistemática a esta nueva metafísica, Ortega, con cierto grado de razón, reclama prioridad. Para ello cita algunos libros suyos, publicados antes que "Ser y Tiempo", en los cuales desarrolla aspectos fundamentales de esta filosofía. Pero el pecado de Ortega a este respecto fue no haber hecho, como Heidegger, una presentación oficial y acabada sobre el particular. En vez de esto, presentó sus ideas en formas dispersas y mezcladas con temas varios, en tres o cuatro libros. Él, por lo demás, reconoce este error. Sartre escribió "El Ser y la Nada" después que "Ser y Tiempo" y toda su obra está hecha al hilo del libro de Heidegger. No se crea, por lo dicho, que no existen diferencias entre estos filósofos. Sobre varios aspectos expresaron sus desavenencias; sobre la muerte, por ejemplo.

En fin, ¿a qué viene todo esto?, se preguntará usted, considerando que nuestro tema es la felicidad. Pues viene al caso porque en la filosofía de los tres autores hay un elemento fundamental, sobre el cual coinciden, y que sí tiene que ver con la felicidad. Tanto Sartre, como Heidegger y Ortega analizan a fondo un aspecto de la existencia del hombre que se relaciona con su condición de "arrojado" al mundo, sin haber tenido, por añadidura, arte ni parte en su creación y condición. El hombre es lanzado al mundo y tiene que empezar a construir su vida, que no le fue entregada ya hecha, como al león, por ejemplo. El león llega al mundo con un programa de vida totalmente hecho y acabado. El hombre no; el hombre tiene que elegir una vida y hacérsela solo. Esta realidad causa angustia, preocupación, lo cual, sin duda, se relaciona con nuestro tema.

En su libro "¿Qué es Filosofía?" Ortega dice que "vivimos aquí, ahora, es decir, nos encontramos en un lugar del mundo y nos parece que hemos venido a este lugar libérrimamente. La vida, en efecto, deja un margen de posibilidades dentro del mundo, pero no somos libres para estar o no en este mundo que es el de ahora. Cabe renunciar a la vida, pero si se vive no cabe elegir el mundo en que se vive. Esto da a nuestra existencia un gesto terriblemente dramático. Vivir no es entrar por gusto en un sitio previamente elegido a sabor, como se elige el teatro después de la cena, sino que es encontrarse de pronto, y sin saber cómo, caído, sumergido, proyectado en un mundo incanjeable, en este de ahora. Nuestra vida empieza por ser la perpetua sorpresa de existir, sin nuestra anuencia previa, náufragos en un orbe impremeditado. No nos hemos dado a nosotros la vida, sino que nos la encontramos justamente al encontrarnos con nosotros. Un símil esclarecedor fuera el de alguien que, dormido, es llevado a los bastidores de un teatro y allí, de un empujón que le despierta, es lanzado a las baterías, delante del público. Al hallarse ahí ¿qué es lo que halla ese personaje? Pues se halla sumido en una situación difícil sin saber cómo ni por qué, en una peripecia: la situación difícil consiste en resolver de algún modo decoroso aquella exposición ante el público, que él no ha buscado ni preparado ni previsto. En sus líneas radicales la vida es siempre imprevista. No nos han anunciado antes de entrar en ella, en su escenario que es siempre uno concreto y determinado; no nos han preparado".

"Este carácter súbito e imprevisto –añade Ortega- es esencial en la vida. Fuera muy otra cosa si pudiéramos prepararnos antes de entrar en ella. Ya decía Dante que 'la flecha prevista viene más despacio'. Pero la vida en su totalidad y en cada uno de sus instantes tiene algo de pistoletazo que nos es disparado a quemarropa. Yo creo que esta imagen dibuja con bastante pulcritud la esencia del vivir. La vida nos es dada, mejor dicho, nos es arrojada o somos arrojados a ella, pero eso que nos es dado, la vida, es un problema que necesitamos resolver nosotros. Y lo es no sólo en esos casos de especial dificultad que calificamos peculiarmente de conflictos y apuros, sino que lo es siempre. Cuando han venido ustedes aquí (se refiere al auditorio) han tenido que decidirse a ello, que resolverse a vivir este rato en esta forma. Dicho de otro modo: vivimos sosteniéndonos en vilo a nosotros mismos, llevando el peso de nuestra vida por entre las esquinas del mundo. Y con esto no prejuzgamos si es triste o jovial nuestra existencia: sea lo uno o lo otro, está constituida por una incesante forzosidad de resolver el problema de sí misma". Dice Ortega que la "vida pesa siempre, porque consiste en llevarse y soportarse y conducirse a sí mismo. Parejamente la palabra 'alegría' viene acaso de aligerar, que es hacer perder peso".

Pues bien, según esta filosofía, la vida es, en su raíz, preocupación y cuidado; algo que cada uno tiene que hacer. La vida es, en consecuencia, algo complicado, difícil, cansadora a ratos y en otros no tanto. De acuerdo a esta filosofía –en suma- en la vida es difícil ser feliz.

"Muy finamente –agrega Ortega- Heidegger dice: entonces la vida es 'cuidado', cuidar –sorge- lo que los italianos llaman 'cura', de donde viene procurar, curar, curiosidad. En antiguo español la palabra cuidas tenía exactamente el sentido que nos conviene en giros tales como cura de almas, curador, procurador. Pero prefiero expresar una idea parecida, aunque no idéntica, con un vocablo que me parece más justo, y digo: vida es preocupación y lo es no sólo en los momentos difíciles, sino que lo es siempre y, en esencia, no es más que eso: preocuparse. En cada instante tenemos que decidir lo que vamos a hacer en el siguiente, lo que va a ocupar nuestra vida. Es, pues, ocuparse por anticipado, es pre-ocuparse".

El hombre, como una forma de aligerar el peso de esta responsabilidad vital, como una forma de despreocuparse, pone su vida en manos de la "gente" y hace lo que hace la mayoría, es decir, opta por seguir la corriente. "Cuando creemos no preocuparnos en nuestra vida –dice Ortega-, en cada instante de ella la dejamos flotar a la deriva, como una boya sin amarras, que va y viene empujada por las corrientes sociales. Y esto es lo que hace el hombre medio y la mujer mediocre, es decir, la inmensa mayoría de las criaturas humanas. Para ellas vivir es entregarse a lo unánime, dejar que las costumbres, los prejuicios, los usos, los tópicos se instalen en su interior, los hagan vivir a ellos y tomen sobre sí la tarea de hacerlos vivir. Son ánimos débiles que al sentir el peso, a un tiempo doloroso y deleitoso, de su propia vida, se sientes sobrecogidos y entonces se preocupan, precisamente para quitar de sus hombros el peso mismo que ellos son y arrojarlo sobre la colectividad; es decir, se preocupan de despreocuparse. Bajo la aparente indiferencia de la despreocupación late siempre un secreto pavor de tener que resolver por sí mismo, originariamente, los actos, las acciones, las emociones, un humilde afán de ser como los demás, de renunciar a la responsabilidad ante el propio destino, disolviéndolo entre la multitud; es el ideal eterno del débil: hacer lo que hace todo el mundo es su preocupación".

Heidegger, a su vez, destaca el mismo aspecto y señala que ante la desazón que le provoca al hombre su condición de arrojado, lo lleva a buscar alivio en la gente. El hombre, al no poder soportar el peso de tener que hacerse el solo una vida, se deja caer en manos de la gente, sigue la corriente de la mayoría. Ante esta condición de arrojado, señala Heidegger, el hombre huye "ante la desazón que

caracteriza desde lo más hondo el estar en el mundo en su
aislamiento. Esta desazón se revela de un modo propio en la
disposición afectiva fundamental de la angustia...". "La desazón es
el modo fundamental, aunque cotidianamente encubierto, del estar
en el mundo".

Pascal, a su vez, indica que "Viendo la ceguedad y miseria del
hombre, mirando a todo el universo mudo, y al hombre sin luz,
abandonado a sí mismo y como perdido en este rincón del
universo, sin saber quién le ha puesto allí, lo que ha venido a hacer,
lo que vendrá a ser al morir, incapaz de todo conocimiento, yo me
horrorizo como un hombre a quien se hubiera transportado
dormido a una isla desierta y espantable y se despertara sin saber
dónde estaba y sin medios de salir de ella. Yo admiro cómo no se
desespera uno de semejante situación. Veo otras personas cerca de
mí, de naturaleza semejante: les pregunto si saben más que yo
acerca de esto; me dicen que no; y en este punto, esos miserables
extraviados, habiendo mirado alrededor de sí, y viendo algunos
objetos placenteros, a ellos se han entregado y a ellos se han
asido".

Por su parte, Baltasar Gracián indica: "Cauta, si no engañosa,
procedió la naturaleza con el hombre al introducirle en este mundo,
pues trazó que entrase sin género alguno de conocimiento, para
deslumbrar (engañar) todo reparo; a oscuras llega, y aun a ciegas,
quien comienza a vivir, sin advertir que vive y sin saber qué es
vivir. Críase niño, y tan rapaz, que cuando llora, con cualquier
niñería se acalla y con cualquier juguete le contenta. Parece que le
introduce en un reino de felicidades, y no es sino un cautiverio de
desdichas: que cuando llega a abrir los ojos del alma, dando en la
cuenta de su engaño, hállase empeñado sin remedio, vese metido
en el lodo de que fue formado, y ya ¿qué puede hacer sino pisarlo,
procurando salir de él como mejor pudiere? Persuádome que si no

fuera con este universal ardid, ninguno quisiera entrar en un tan engañoso mundo, y que pocos aceptaran la vida después, si tuvieran estas noticias antes. Porque, ¿quién, sabiéndolo, quisiera meter el pie en un reino mentido y cárcel verdadera, a padecer tan muchas como variadas penalidades? En el cuerpo, hambre, sed, frío, calor, cansancio, desnudez, dolores, enfermedades; y en el ánimo, engaños, persecuciones, envidias, desprecios, deshonras, ahogos, tristezas, temores, iras, desesperaciones; y salir al cabo condenado a miserable muerte, con pérdida de todas las cosas, casa, hacienda, bienes, dignidades, amigos, parientes, hermanos, padres y la misma vida cuando más amada. Bien supo la naturaleza lo que hizo y mal el hombre lo que aceptó. Quien no te conoce, ¡Oh vivir!, te estime; pero un desengañado tomará antes haber sido trasladado de la cuna a la urna, del tálamo al túmulo. Presagio común es de miserias el llorar al nacer, que, aunque el más dichoso cae de pies, triste posesión toma; y el clarín con que este hombre rey entra en el mundo, no es otro que ese llanto, señal que su reinado todo ha de ser de penas. Pero, ¿cuál puede ser una vida que comienza entre los gritos de la madre que la da y los llantos del hijo que la recibe? Por lo menos, ya que le faltó el conocimiento, no el presagio de sus males, y si no los concibe, los adivina".

A la condición de "arrojado" a la vida del hombre, Sartre puntualiza también el hecho de que el hombre no es fundamento de su ser ni de su presencia en el mundo. Si cada uno de nosotros hubiese sido el artesano de su ser, es claro que nos habríamos hecho perfectos. "Un ser –dice Sartre- que fuera su propio fundamento, no podría consentir el menor desnivel entre lo que él es y lo que concibe, pues se produciría a sí mismo conforme a su comprensión del ser".

"Estoy arrojado en el mundo, no en el sentido de que permanezca abandonado y pasivo en un universo hostil, como la tabla que flota sobre el agua, sino, al contrario, en el sentido de que me encuentro de pronto solo y sin ayuda, comprometido en el mundo de que soy enteramente responsable, sin poder, por mucho que haga, arrancarme ni un instante a esa responsabilidad, pues soy responsable hasta de mi propio deseo de rehuir las responsabilidades; hacerme pasivo en el mundo, negarse a actuar sobre las cosas y sobre los otros, es también elegirnos, y el suicidio es un modo entre otros de ser en el mundo. Empero, me encuentro con una responsabilidad absoluta". Este estar condenado a ser íntegramente responsable de mí mismo, Sartre lo llama "facticidad".

El peso de esta facticidad uno la siente en el hecho de no poder renunciar al esfuerzo de vivir. No sólo estamos forzados a vivir, sino que hay que prepararse y esforzarse para no quedar botado en el camino; hay que salir a trotar, comer sano, tomar harta agua, hacerse los controles médicos anuales, etcétera, para llegar como corresponde… a la muerte. No existe forma de que uno pueda proceder como lo haría en una carrera de 5 mil metros planos en que a la mitad uno se retira porque sí, porque se cansó o porque se aburrió. Con la vida no se puede, no hay cómo.

El hecho, por otra parte, de no ser uno el creador de sí mismo, nos hace recordar la vieja idea de que sólo conocemos en su totalidad lo que fabricamos con nuestras propias manos. Como efectivamente se da el caso de que no hemos sido nosotros los creadores de nuestro ser, no hay forma de que sepamos en un ciento por ciento lo que somos. Y así, en efecto, periódicamente aparecen en las noticias descubrimientos científicos que explican procesos que suceden en nuestro cuerpo y que hasta ayer eran desconocido. Somos y no sabemos bien lo que somos o cómo funcionamos. Éstas, claro, son preguntas que se suman a las milenarias de dónde venimos, hacia dónde vamos. Sigue siendo

cierto el perturbador hecho de que estamos aquí en el mundo y no
sabemos cómo fue ello posible. Vemos frente a nosotros un
computador, un cenicero, un encendedor, una tasa, una mesa.
Sobre cada una de estas cosas sabemos todo. De dónde salieron,
cómo se hicieron, de qué están compuestas, por qué son como son.
Un auto está allí y no nos inquieta, porque sabemos que podemos
saber todo sobre él, desde que nace hasta que muere y por qué.

¿Se puede decir lo mismo del hombre? No. No sabemos cómo nos
hicieron. No sabemos cómo funcionamos. Yo, que pienso, hablo,
imagino, creo y pienso, dejo a mi espalda, como olvidado, como
haciéndome el tonto, el hecho básico de que sobre mí sé muy poco.
Es posible que, al igual que lo que ha sucedido con el arte hasta
ahora, el hombre no llegue nunca a ser acotado, definido,
determinado hasta sus últimos detalles; que siempre quede un resto
por explicar y saber.

En "El doctor Zhivago", Boris Pasternak dice "Estoy convencido
de que el arte no es la denominación de una categoría o de un
ámbito que comprende una cantidad ilimitada de conceptos y de
sus fenómenos con sus ramificaciones, sino, al contrario, que es
algo restringido, concentrado, la designación de un principio que
integra la obra de arte, el nombre de la fuerza aplicada en ella o de
la verdad que se ha trabajado. El arte nunca me ha parecido un
objeto o un aspecto de la forma, sino más bien la parte misteriosa y
oculta de contenido. Para mí está claro como la luz del día, lo
siento con todas las fibras de mi ser, pero ¿cómo expresar y
formular este pensamiento? Las obras hablan de muy diversas
forma: con los temas, las situaciones, las trampas y los personajes.
Pero sobre todo hablan con la presencia de arte en ellas contenido.
El arte presente en las páginas de "Crimen y castigo" trastorna más
que el crimen de Raskólnikov. El arte primitivo, el egipcio, el
griego, el nuestro son, con toda probabilidad, en el transcurso de

muchos milenios, una misma cosa, siempre en singular. Es una especie de pensamiento, de cierta afirmación de la vida, que por amplitud lo abarca todo, no puede ser disgregado en palabras separadas, y cuando una pizca de esta fuerza integra cualquier compuesto más complejo, el aditivo del arte aumenta el significado de todo lo demás y se revela como esencia, el alma y el fundamento de lo representado"

Complicado esto del arte. Uno puede imaginar que en el mismo momento en que sepamos todo sobre el hombre, comenzaríamos a perder nuestra humanidad y a tratarnos unos a otros como máquinas. Por lo mismo que no es posible definir al hombre ciento por ciento, su manifestación máxima, el arte, tampoco puede ser determinada en su totalidad. Uno logra especificar completamente un auto, un destornillador, un cacharro de greda, porque es el producto de lo que hay de mecánico en el hombre; resultado de todo aquello que el hombre puede aprender. Pero el arte emana de la totalidad del hombre y en tanto no sepamos qué es el hombre en su totalidad no podremos –¡por suerte!- poner punto final a los esfuerzos que ha puesto el individuo en tratar de meter en una definición clara y precisa el significado del del hombre y del arte.

HISTORIA DE LA FELICIDAD

Autor: Osvaldo Cifuentes Visconti

www.ingramcontent.com/pod-product-compliance
Lightning Source LLC
Chambersburg PA
CBHW070505160726
48003CB00004B/1433